21世纪会计专业主干课程教材

Design of Accounting System

会计制度设计

李端生 王玉兰 主编

（第五版）

东北财经大学出版社
Dongbei University of Finance & Economics Press
大连

图书在版编目（CIP）数据

会计制度设计 / 李端生，王玉兰主编 .—5 版 .—大连 ：东北财经大学出版社，2014.8（2015.8 重印）
（21 世纪高职高专会计专业主干课程教材）
ISBN 978-7-5654-1659-0

Ⅰ. 会… Ⅱ. ①李… ②王… Ⅲ. 会计制度-设计-高等职业教育-教材 Ⅳ. F233

中国版本图书馆 CIP 数据核字（2014）第 186603 号

东北财经大学出版社出版
（大连市黑石礁尖山街 217 号 邮政编码 116025）
教学支持：（0411）84710309
营 销 部：（0411）84710711
总 编 室：（0411）84710523
网 址：http：//www. dufep. cn
读者信箱：dufep @ dufe. edu. cn

大连东泰彩印技术开发有限公司印刷 东北财经大学出版社发行

幅面尺寸：185mm×260mm 字数：336 千字 印张：14 1/2 插页：1
2014 年 8 月第 5 版 2015 年 8 月第 16 次印刷

责任编辑：包利华 曲以欢 责任校对：孙 萍
封面设计：张智波 版式设计：钟福建

ISBN 978-7-5654-1659-0
定价：26.00 元

第五版前言

随着我国会计国际趋同进程的加快，设计企业内部会计制度已成为每一个企业所面临的重要工作。作为一门基础性专业课程，会计制度设计是高等职业教育院校会计专业的必修内容。作为一项具体性会计工作，任何一个企业的会计人员都必须掌握会计制度设计的基本理论和基本方法。为适应这种趋势，我们集多年教学、科研与实践经验编写了本教材。

本教材的编写力求理论联系实际，注重规范性、适用性、通俗性、时代性和前瞻性。所谓规范性，是指严格遵循国家有关的会计法规制度；所谓适用性，是指紧密联系企业会计实践，着重阐述企业内部会计制度的设计原理与方法；所谓通俗性，是指教材内容及表述方式力求浅显易懂、可读性强；所谓时代性，是指教材内容紧跟国家会计制度改革的步伐；所谓前瞻性，是指力求对会计学科的最新知识和发展动态作出概括反映和科学预测，以延长教材的使用周期。对企业会计制度设计的基本理论、基本原则、基本程序和基本方法的系统阐述，构建了本书的总体框架。对会计机构、会计科目、会计凭证、会计账簿、财务报表、账务处理程序、内部控制制度、成本核算制度的具体设计，形成了本书的完整体系。因此，本书既可作为教材，供高等职业教育院校会计专业教学以及在职会计人员培训使用，又可作为指导性读物，供各企业内部会计制度设计人员参考。

教材编写过程中，我们针对高等职业教育院校会计专业的教学模式和学生接受知识的特点，在每一章开始提出学习目标，包括知识目标和技能目标；每一章最后设计基本训练，包括单项选择题、多项选择题、思考题和制度设计题等。在此基础上，设计了一套综合模拟试题，同时提供了章后基本训练和综合模拟试题的参考答案。因此，教材体系不仅有助于提高学生学习会计制度设计知识的效率和效果，增强其理性认识，而且有利于培养他们的动手操作能力，深化其感性认识。

本书由山西财经大学李端生教授、王玉兰副教授主编。具体分工如下：李端生编写第一、第八和第十章；王玉兰编写第二、第三和第九章；张海燕编写第四章；刘雅荣编写第五章；李列平编写第六章；许燕编写第七章。最后由李端生、王玉兰总纂和定稿。

会计制度设计工作具有很强的理论性、政策性和实务性，教材编写难度较大，加之作者水平所限，书中难免有疏漏或谬误，恳请会计界同仁批评指正。

编　者

2014 年 7 月于太原

目　录

第一章

会计制度设计综述

学习目标

□知识目标

了解会计规范体系的含义及组成要素，认识企业会计制度在会计规范体系中的地位，明确会计制度设计的意义、内容、种类和程序，掌握会计制度设计应当遵循的原则，会计制度设计人员应当具备的条件。

□技能目标

掌握会计制度设计的基本程序和方法，培育会计制度设计的认知能力。

第一节　会计规范体系与会计制度

一、会计规范体系的含义及组成内容

（一）会计规范体系的含义

会计是伴随人类生产实践和经济管理的客观需要而产生并发展的一项管理活动，其本质是对企业的经济业务事项进行确认、计量、记录和报告，并通过所提供的会计资料作出预测、参与决策和实行监督。因此，会计的管理职能首先表现在企业内部。但任何一个单位的经济活动都不可能是孤立的，必然与各方面发生直接或间接的联系。如一个生产企业，既要与供应单位和购货单位发生购销关系和债权债务关系，又要与银行和投资者分别发生信贷关系和权益关系，还要与政府有关部门发生税收征纳关系或管理与被管理的关系。这就是说，会计在处理经济业务事项时，所涉及的经济利益关系远远超出企业范围。会计如何处理这些经济关系，不仅影响本单位的财务收支和利益分配，而且影响国家、投资者、债权人、客户以及职工个人的经济利益。因此，为了保证会计处理过程的合法合理性和会计处理结果的客观正确性，必须制定一套具有指导性和约束力的会计规范。

会计规范是指用来指导和约束会计实践工作和会计人员行为的各种会计法律、会计行政法规、会计规章制度和会计职业道德，由此而按照一定的逻辑关系所组成的整体则为会计规范体系。它具有三个方面的特征：一是结构性，即它是由各种会计规范构成的，各种会计规范之间具有一定的结构和内在联系；二是功能性，即各种会计规范都有其特定的作用，对会计工作都起着一定的指导和约束作用，且又具有明显的整体功能；三是互补性，即组成会计规范体系的各种规范之间相互联系、相互作用和相互补充，从而保证了这一体系的严密性和完整性。

（二）会计规范体系的组成内容

笼统地讲，会计规范体系由会计法律制度和会计职业道德两部分组成。

1. 会计法律制度

会计法律制度包括会计法律、会计行政法规和会计规章制度三个层次。

（1）会计法律，是指调整我国经济生活中会计关系的法律总规范，如《中华人民共和国会计法》。它属于会计法律制度的最高层次，是指导会计工作的最高准则，也是制定其他会计法规的依据。它由国家最高权力机关（全国人民代表大会及其常委会）制定。

（2）会计行政法规，是指调整经济生活中某些方面会计关系的法律规范。它由国家行政机关（国务院）制定发布，如《总会计师条例》、《企业财务会计报告条例》等。

（3）会计规章制度，是指由主管全国会计工作的行政部门——财政部就会计工作中某些方面内容所制定的规范性文件，具体表现为制度、准则、办法、规范、指引等。如《企业产品成本核算制度（试行）》、《行政单位会计制度》、《事业单位会计制度》、《小企业会计准则》、《企业会计准则——基本准则》、《会计档案管理办法》、《会计从业资格管理办法》、《会计基础工作规范》、《企业内部控制基本规范》、《企业会计信息化工作规范》、《企业内部控制配套指引》等。作为会计法律制度的最低层次，会计规章制度必须依据会计法律和会计行政法规制定。

2. 会计职业道德

会计职业道德是社会道德规范在会计工作中的具体化，它存在于会计工作者的思想意识和社会舆论之中，既是会计工作者在长期会计实践中形成的共同认可并自觉遵守的规范，也是会计工作者发自内心的要求。与会计法律制度的成文性、强制性等特点相比，会计职业道德更多地表现为习惯性和自律性，它对会计法律制度的有效施行起着明显的保证作用。换句话讲，只有严密完善的会计法律制度而没有会计工作者较高的职业道德水平和道德决策能力，会计法律制度的作用将大打折扣，会计工作就很难规范有序地运行。因此，会计职业道德不仅自身属于会计规范，而且影响其他会计规范作用的发挥。

新中国成立以来，我国一直十分关注会计职业道德建设问题，尤其是20世纪90年代以来，会计职业道德建设取得了很大成绩。1996年财政部颁布的《会计基础工作规范》，对会计职业道德提出了更加系统和具体的要求；1998年财政部颁布的《会计职业道德规范》将我国会计人员的职业道德内容概括为：爱岗敬业、诚实守信、廉洁自律、客观公正、坚持准则、提高技能、参与管理和强化服务；1999年10月，九届全国人大常委会第十二次会议修订通过的《会计法》，将"会计人员应当遵守职业道德，提高业务素质"作为一项法律要求确定下来；2012年财政部颁布的《会计从业资格管理办法》，将遵守会计职业道德作为取得会计从业资格、从事会计工作的基本条件。可见，会计职业道德在会计法规体系中的重要地位和对会计工作的重大指导意义。

会计规范体系的组成内容如图1-1所示 。

二、会计制度的意义与特点

（一）会计制度及其演变

会计制度是指由政府有关部门和企事业单位制定的，用来指导和约束会计具体工作的一种会计规范。作为会计规范体系的组成部分，会计制度是随着会计发展而不断演变并且日趋完善的。最初的会计作为记录经济活动的一种方法，并无专人承担，而由生产者或经

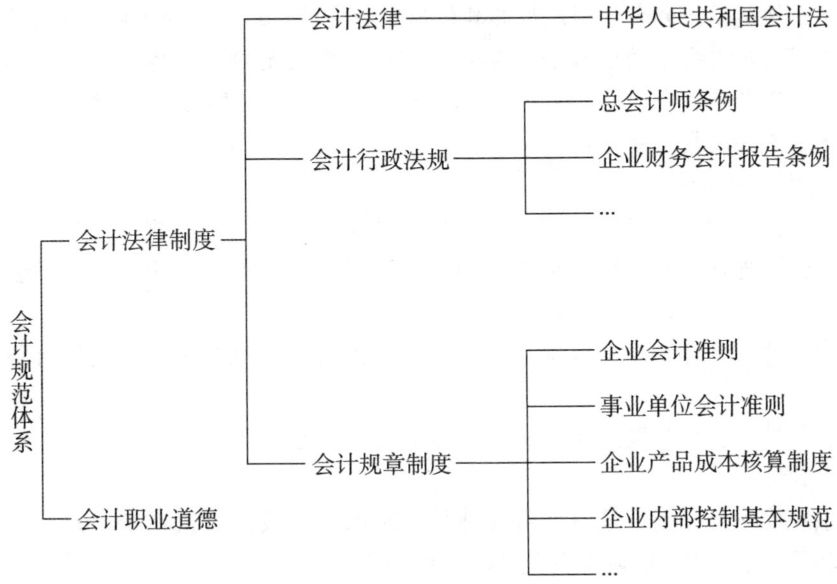

图 1-1　会计规范体系构成图

营者兼办，相应地也没有真正的会计制度。随着社会生产力的发展，工商企业经营规模的扩大，出现了专门从事会计工作的账房先生，其凭自己的工作经验和习惯形成了一定的会计行为守则，即最简单粗放的会计制度。这时的会计制度具有明显的自发性和随意性特征。直至近代，由于科学技术的进步、产品交换的发达、企业经营规模的扩大以及股份公司的出现，使得企业的所有权与经营权分离，经济利益关系日趋复杂。在这种情况下，会计提供的数据资料不再局限于满足企业经营者的需求，还必须同时满足企业投资者、债权人、政府及劳动者的需求，由此而决定了企业会计资料的生成必须严格遵守特定的准则，执行统一的规范。此时的会计制度不再是随意性的经验总结和自发性的工作习惯，而必须由专门机构按照一定程序和要求制定和颁布。

可见，会计制度的演变是一个从简单到复杂、从随意到规范、从粗放到精细、从松散到严密的发展过程。

（二）会计制度的种类及主要区别

根据会计制度的制定机构和作用范围不同，可将会计制度划分为统一会计制度和单位内部会计制度两类。二者的主要区别如下：

（1）制定机构不同。统一会计制度一般由主管全国会计工作的部门——财政部制定，而单位内部会计制度则由企事业单位财会机构制定。

（2）适用范围不同。统一会计制度在全国范围内或国民经济的某个部门内通用，具有普遍的指导意义，而内部会计制度只适用于其制定单位，具有特定的指导意义。

（3）施行要求不同。统一会计制度的施行带有较大的强制性，一般情况下基层单位必须无条件地贯彻执行，而内部会计制度在施行中则相对灵活，可由会计人员根据实际情况的变化具体选择和把握。

（4）调整对象不同。统一会计制度用来调整国民经济各部门经济活动中各方面的会计关系，而内部会计制度只能用来调整其制定主体经济活动中的会计关系。

必须指出的是，内部会计制度按其具体内容和提供信息的目的不同，又可分为外向型的财务会计制度和内向型的管理会计制度。前者主要规定对外披露会计信息的要求和标准，后者主要规定单位内部信息披露的要求和标准。但多数情况下，两种制度是交织在一起的，不能也不应该截然分开。

（三）会计制度的特点

（1）目的性。会计制度的这一特点表现在两个方面：①为了规范、指导特定主体的会计工作，从而适应一定的经济管理目的；②为了实现为各利益相关者提供会计信息的目的。

（2）合法性。会计制度是根据会计法律和会计行政法规制定的，它符合各种法律法规的要求。

（3）实践性。会计制度是会计实践经验的总结，它来源于会计实践并经过提高升华后指导会计实践。

（4）系统性。会计制度是一个由各种具体制度所组成的有机系统，并且是一个既能发挥各种制度个体作用又能确保其整体功能的系统。

（5）强制性。会计制度要求在特定主体范围内执行，且执行者必须承担相应的责任，包括经济责任、行政责任和法律责任。

三、会计制度在会计法规体系中的地位

在会计规范体系中，会计制度处于基础地位，这是因为：

（一）会计制度是会计法律法规的具体说明和详细规定

我们知道，会计法律法规是就会计活动的普遍规律所作的总结，是国家对国民经济活动中的会计共性问题作出的统一规定，因此它具有高度概括性。正因为如此，它也就很难兼顾不同部门、不同行业的特殊情况，满足会计实践的具体要求。换句话讲，如果只有会计法律法规而没有会计制度，会计法律法规的普遍指导意义就很难与会计实践的具体需求有机地结合，不可避免地会削弱会计法律法规的效力。因此，必须在会计法律法规的指导下制定会计制度，包括统一会计制度和单位内部会计制度。从这个意义上讲，会计制度实质上是会计法律法规的具体说明和详细规定，是指导会计实践工作、约束会计人员行为的直接依据和基本标准。

（二）会计制度是会计规范体系形成的先决条件

从会计规范的演变过程可以看出，最初的会计规范是带有自发性、随意性的会计制度，以后随着商品经济的发展、股份公司的出现、所有权与经营管理权的分离，各利益相关者对企业会计信息披露的要求越来越高，才出现了以会计准则为特征的会计规范。在此基础上，为适应市场经济是法治经济的特点，又形成了以会计法律为指导的会计规范。会计规范从随意性制度阶段向有序性准则阶段、强制性法律阶段的转化，一方面表明会计法规体系的不断完善，另一方面也反映出会计制度始终是会计规范体系的基础内容，是会计规范体系形成的先决条件。

值得指出的是，建立以会计法律法规为指导、以会计准则为核心、以单位内部会计制度为基础、以会计职业道德为保证的会计规范体系，是我国会计规范体系的发展趋势。这种发展趋势不会改变会计制度在会计规范体系中的基础地位。

第二节　会计制度设计的意义、内容与原则

一、会计制度设计的意义

任何单位的会计工作，都是围绕一定的会计目标，为完成一定的会计任务而开展的。要想保证会计任务的圆满完成、会计目标的实现，并充分发挥会计在经济管理中的作用，必须具备多方面的条件。严密完善的会计制度是开展会计工作的基础，是建立现代企业制度不可缺少的一环。离开会计制度设计，就无法形成会计工作的指导规范，其结果必然使会计工作陷入无章可循、无所适从的困境，从而使得“会计行为的合理化、会计运转的规范化、会计工作效率的提高、会计信息质量的保证、会计作用的发挥”成为一句空话。可以说，会计制度设计是整个会计工作的“基本建设”工作，主要解决“建账”的问题。如果能够用“记账、算账、报账、用账和查账”概括会计的其他全部工作的话，“建账”无疑是它们的基础和必备条件，这一“基础”的质量直接决定“建筑”在“基础”之上的其他项目的质量。许多单位往往由于会计制度不健全、不科学、不合理，而发生贪污盗窃和损失浪费的现象，给一些违法乱纪行为造成可乘之机。实践证明，会计制度设计的好坏，不仅对会计工作有极强的制约作用，而且直接影响审计工作的进行和整个企业管理工作的质量。如果会计制度设计这一“先天”工作做得不好，那么会计的其他工作即使再予以改善，也终难收到理想的效果。由此可见，设计会计制度对任何单位都具有重要意义。

但是，在高度集中的计划经济体制下，企业作为国家行政机关的附属物，缺少经营管理方面的自主权，经营活动也较简单，因此，会计制度设计往往是财政部门或上级主管部门的职责，企业会计人员只能无条件地执行统一会计制度，不允许也没有必要设计企业内部会计制度。社会主义市场经济体制的建立和完善，使企业成为自主经营、自负盈亏、自我约束和自我发展的经济实体；现代企业制度的推行，又使企业的筹资渠道不断拓宽、投资主体呈现多元化、财务活动领域扩大、会计关系趋向复杂。在这种情况下，国家制定的统一会计制度或会计准则无法满足各企业的实际需要，在它们的指导下设计单位内部会计制度，已成为每一个企事业单位财会工作的重要内容。换句话讲，设计会计制度不只是财政部门或上级主管部门的事，而是每一个企事业单位的财会人员都应从事的工作，会计制度设计的理论与方法应是每一个财会人员掌握的知识。

企业会计制度设计，就是根据国家有关会计法律法规，运用一定的会计理论，结合企业实际，采用文字或图表等形式，对企业会计工作应遵循的原则、应采用的程序和方法、应满足的要求、应达到的目的等，作出明确的规定，作为会计工作的指导规范。设计会计制度的意义，概括地讲，主要有以下几个方面：

（一）完善会计规范体系

会计规范体系，是指由指导和约束会计行为的各种法律法规、规章制度所组成的有机统一整体。会计规范既有反映和揭示全社会会计活动普遍性的内容，又有反映和揭示国民经济某个部门或某个单位会计活动特殊性的内容；既有指导各部门、各单位会计工作的法律法规，又有指导某个部门或某个单位会计工作的规章制度。会计制度是会计规范体系的组成内容，因此，设计会计制度，有利于进一步完善会计规范体系，使会计规范形成通用性与专用性相结合、强制性与灵活性相结合、宏观指导性与微观指导性相结合的有机统一

整体。同时，由于设计会计制度必须以具有普遍指导作用的国家会计法律法规为依据，将会计法律法规的普遍性与企业的具体会计实践紧密结合起来，因此，它将使国家会计法律法规的普遍指导意义更加具体化、对象化，为国家会计法律法规在企业的施行奠定良好的基础。这就是说，设计会计制度，又能够对国家会计法律法规的贯彻执行起到一定的保护和推动作用。

（二）优化会计组织结构，规范企业的会计行为

会计机构是企业内部组织和直接从事会计工作的职能部门，会计人员是从事会计工作的各类人员。企业的会计行为是否规范化、合理化，很大程度上取决于财会机构和财会人员的组织。如何设置会计机构、配备会计人员，并对会计人员的职责、工作权限等作出明确的规定，直接关系到会计工作能否顺利进行。通过企业会计制度的设计，能够促进企业选择最佳组织结构，科学配备会计人员，解决因结构不合理、组织不严密、责权不相称、手续不健全等带来的会计行为不规范的问题，为规范进行会计工作提供了组织上的保证。

此外，通过设计会计制度，详细具体地规定了各方面会计工作应遵守的规范，如进行会计核算应设置的总账科目和明细科目；应使用的凭证、账簿的种类和格式以及它们的操作方法；进行会计分析应建立的指标项目、应采用的分析程序和分析方法；实行内部控制应符合的要求、应采用的手段等等。这就为保证企业会计行为的规范化奠定了扎实的基础。所以，设计会计制度，对优化会计组织机构、规范企业会计行为起着不可忽视的作用。

（三）完善会计内部控制，强化企业的经营管理制度

内部控制制度是指凡涉及财产物资的增减、货币资金的收付、往来款项的结算等任何一项会计工作，都应由两人或两人以上分工掌管、相互制约的一种工作制度。实行内部控制制度，既有利于加强会计人员之间的相互制约、相互监督，防止舞弊行为发生，又有利于合理组织会计工作，防止工作失误，及时纠正差错，保证工作质量。内部控制制度作为会计制度的一项内容，有赖于会计制度的设计。科学的会计制度，不仅能够防止会计工作中的漏洞，避免或减少各种不法行为，强化内部控制，完善会计内部控制体系，而且有利于健全和完善企业经营管理制度，充分发挥会计在企业管理中的作用。

（四）提高会计工作效率

会计工作效率的高低，取决于组织形式、人员素质、操作工具等多种因素，但毋庸置疑，作为会计工作指导规范的会计制度是重要的决定因素。在设计会计制度时，对会计机构的设置、会计人员的分工协作关系、会计事项的处理办法以及会计工作的许多具体方法都有合理的规定，客观上为促进会计工作效率的不断提高创造了条件。

（五）保证会计工作质量，提高会计信息的使用价值

设计会计制度，将对企业会计工作应遵守的原则、应采用的程序和方法、应达到的要求等作出具体、明确的规定，这不仅使会计人员在进行会计工作时有了确认依据和标准，并在这些标准的指导下，规范地完成各项工作，使会计记录具备及时性和准确性、会计报告具备完整性和可验证性，从而强化会计基础工作，提高会计工作质量，而且为会计信息使用者了解和理解会计信息提供了依据。在市场经济条件下，会计信息的使用者分为内部使用者和外部使用者。内部使用者一般对企业的会计工作比较熟悉，便于了解和理解各种会计信息，进而充分利用。而外部使用者一般不了解企业的会计工作情况，也就无法判断

和相信企业会计信息的质量，会计信息的使用价值就会受到不同程度的影响。由于市场经济的发展将使会计信息外部使用者的范围不断扩大，除国家财税部门外，银行、控股公司、个人投资者、外商投资者、供应商、客户、社区等都将成为会计信息的使用者。因此，企业只有设计科学性强、透明度高的会计制度，才能满足内外使用者的需求，便于他们理解和利用会计信息。

总之，对市场经济体制下的任何一个企业来说，会计制度的设计都是必不可少的。科学的会计制度，不仅是做好单位会计工作的基础，而且对于开展内部审计和提高外部审计的工作效率，保证企业经济活动的合理性、合法性都是十分有利的。因此，如何设计严密完善的、高质量的会计制度，是每一个会计工作者都应认真考虑的问题和必须掌握的知识。

二、会计制度设计的内容

设计会计制度，要求根据会计工作的一般原理，用系统的理论和方法将会计科目、会计凭证、会计账簿、财务报表的种类和格式以及内部控制制度、成本核算制度、会计核算形式等加以规范化，组成一套可以实施的会计程序和方法。为此，组织和从事会计工作所需要的一切规定、标准和要求，都属于会计制度设计的内容。

在企业里，应当设计哪些会计制度，主要取决于两个因素：一是企业会计活动内容的简繁；二是企业会计管理要求的程度。一般来讲，会计内容复杂、管理要求高的企业，需要设计的会计制度内容就较多，反之则较简单。由于会计活动的范围、内容与会计管理的要求由企业经营规模和企业管理水平所决定，所以也可以说会计制度的设计内容与企业规模和经营管理要求直接相关。在一般企业里，需要设计的会计制度内容包括三个大的方面：

（一）会计工作基本条件方面的制度

作为企业会计工作的基础和主要内容的会计核算，必须具备一定的条件才能展开。也就是说，只有设计好会计科目、会计凭证、会计账簿等方面的制度，才能为开展会计工作提供基本条件和依据。具体来讲，属于这方面设计的制度内容主要有：

（1）会计科目及其使用说明。这要求规定企业所需要的总分类科目和明细分类科目的名称、类别、编号、核算内容和使用方法。

（2）会计凭证（包括原始凭证和记账凭证）。这要求对会计工作中所使用的各种凭证的格式、联次、用途、传递程序、填制要求、保管方法等作出规定。

（3）会计账簿的种类、格式及各种账簿之间的勾稽关系的规定，建立严密完善的会计账簿体系和使用保管制度。

（4）财务报表（主要是内部财务报表）的规定。这要求明确规定内部财务报表的种类、格式、内容、用途及编制方法和报送对象等，并将内部报表的有关指标与外送报表衔接起来，内外结合，形成完整的财务报表体系。

此外，使用何种记账方法也应在会计制度设计时予以说明。

（二）会计组织方面的制度

要想合理利用会计工作的基本条件，妥善组织会计工作，就要设计会计组织方面的制度。其主要内容包括：

（1）关于账务处理程序的规定。这要求对企业采用何种账务处理程序以及由此决定所需要的凭证和账簿作出明确规定，保证企业的会计核算在高效低耗的基础上进行。

（2）关于核算工作组织形式的规定。企业采用集中核算形式，还是分散核算形式，采用某种形式时有哪些具体要求，会计部门与车间核算之间的关系如何确定，在设计企业会计制度时都应作出明确的规定。

（3）关于会计机构内部组织及人员分工的规定。这要求合理规定内部组织结构，划分工作岗位、妥善配备各个岗位上的会计人员数量和技术职称，制定各工作岗位的职责权限和各岗位之间的协调方式。

（4）关于会计档案管理和会计工作交接的规定。这要求对会计档案的保管、调阅和销毁以及会计工作如何交接作出明确规定，保证会计档案的完整性和安全性，会计交接的有序性和责任感。

（三）会计管理方面的制度

会计管理制度主要是针对企业的会计决策、会计控制、会计分析、会计检查等内容作出的规定。设计这方面的会计制度，目的在于强化会计的管理功能，提高会计管理水平，并保证会计核算工作的质量。这方面需要设计的会计制度内容比较广泛，且层次较高，企业之间的差别较大。一般地讲，应当考虑以下几方面的内容：

（1）内部控制制度。这要求对经济活动实施会计控制的目的、方法、程序、手续等作出严密的规定，确保各种经济活动的有序运行，从制度上堵塞业务处理过程中可能出现的各种漏洞，杜绝营私舞弊行为的发生。

（2）内部结算制度。这是指为了加强企业内部的经济核算，完善岗位责任制，调动各部门、各车间的工作积极性并考核他们的工作业绩而设计的会计制度。

（3）成本核算和成本管理制度。这要求根据企业的具体情况，确定成本计算对象、成本计算期、成本项目、费用的归集和分配程序、成本计算方法以及成本管理方面的规章制度，保证成本核算的准确性和客观性，促进成本管理工作。

（4）其他有关的制度，如会计预测、会计决策、会计分析、会计考核、会计检查等方面的制度。这是企业会计制度中层次较高的内容，各企业可根据自身的管理要求和会计工作现状确定是否设计，小型企业可不予考虑。

除上述内容外，进行财产清查、实行会计电算化以及企业破产清算等，都需要设计相应的会计制度。

需要指出的是，由于各单位的情况不同，会计制度设计的内容也不完全相同。各企事业单位必须针对自身情况，实事求是，并注意借鉴成功的经验，这样才能设计出科学合理的会计制度。

三、会计制度设计的原则

设计会计制度是一项复杂而严肃的会计工作，设计质量如何，直接决定会计制度的效能。为此，在设计会计制度时，应当遵循以下原则：

（一）合规性原则

为保证社会主义市场经济健康有序的运行，国家颁布了一系列财经法规政策，这些法规政策，既体现了社会主义市场经济发展的方向，又反映了宏观上管理市场经济的要求。由于企事业单位的会计行为涉及社会经济活动的诸多领域，所以设计会计制度不仅要以会计法律法规为依据，而且必须遵守国家有关的各种财税法规政策，包括金融、证券、财政、税务、外贸外汇、公司管理等方面的法规政策。只有这样，才能使设计出的会计制度与国家财经法规政策保持一致，充分发挥会计制度在指导会计工作中的作用，促进社会主义市场经济健康有序地运行。

（二）实用性原则

设计会计制度的直接目的是指导企事业单位的会计工作，规范其会计行为，此外，对完善单位内部的经营管理制度也起着不可忽视的作用。要想保证上述目的的实现和作用的发挥，必须针对单位的生产经营特点和经营管理要求设计会计制度，绝不能脱离实际。特别是企业设计内部会计制度时，必须充分考虑企业的经营规模、经营范围、生产工艺过程和管理要求等方面的具体情况。各企业之间只能借鉴吸收而不能简单模仿。如果忽视这一点，企业设计的会计制度必然适应性弱、指导性差，甚至将企业的会计工作引入歧途，导致事倍功半。例如，企业的生产类型不同，使用的成本计算方法就不一样，如果一个单步骤大批量生产的企业，硬去照搬连续式加工大批量生产企业的成本计算方法，其结果必然是人、财、物的浪费。又如，一个只有产品销售收入的企业，如果简单模仿具有多种经营收入企业的会计科目，结果只能是画蛇添足。

（三）系统性原则

如前所述，会计制度的设计内容涉及会计工作的方方面面，相当复杂。如何使繁多的会计制度成为一个有机的统一整体，既有利于各种制度自身作用的充分发挥，又能最大限度地实现会计制度的整体功能，是设计会计制度必须认真考虑的问题。为此，应当按照系统理论科学组织，统筹规划，规范设计。确保所设计的会计制度从内容组成到体例结构上都能形成一个完整的体系，既防止疏漏和短缺，又避免重复和冲突。

（四）前瞻性原则

会计制度是用来指导会计工作的，一经建立，就应保持较长时期的稳定，不宜经常改变，否则，会使会计人员难以掌握、无所适从，会计信息缺乏可比性，并造成人力、财力、物力的浪费。但是，会计制度总是适应一定的会计管理体制和企业经营机制而产生的，且必然随着市场体系的完善、企业经营规模的扩大和管理要求的提高而发展变化。这就是说，会计制度的稳定只能是相对的，固定不变的会计制度终将不能适应会计工作的发展变化。因此，设计会计制度必须具有超前意识，要能够科学预测未来会计领域的发展趋向和工作内容的扩充，相应地设计出当前会计工作虽不需要、但不远的将来可能使用的会计制度，并与其他会计制度的内容协调一致。只有这样，才能确保会计制度在较长时期的稳定性，并最大限度地发挥其作用。

此外，为了有利于修改会计制度、不经常改变制度的基本框架结构，在设计会计制度时，最好对各项规定留有适当的余地，以有效节约设计费用和提高设计的工作效率。例如，会计科目的分类编号，应当留出一些空号，以便在业务扩展需要增设会计科目时，不改变原有的编号系统即可予以解决。

（五）效益性原则

会计质量包括会计手续的严密性，会计确认的准确性，会计记录的客观性、可靠性和一致性，会计内容的全面性和完整性，会计信息的相关性、真实性和适用性等各个方面。要想保证会计质量，首先必须具有严密完善的会计制度。这就是说，设计会计制度，应当首先考虑如何保证会计质量的问题。但由于会计制度要在会计实践中贯彻执行，因此设计时绝不能片面追求繁琐，更不能故弄玄虚，摆花架子。应当在保证质量的前提下，力求简便易行，使会计制度的执行者学起来浅显易懂，用起来得心应手，花最少的劳动耗费完成自己的工作任务。这就要求设计会计制度时，符合成本效益原则，既使设计工作中的自身耗费最少，又使设计的产品——会计制度所产生的效益最高，达到成本效益的最优组合。

需要指出的是，简化会计制度的内容和手续，必须在保证会计信息质量的前提下，否则，必然影响会计工作的进行。例如，曾有一段时期将工业企业的成本费用类账户——“基本生产成本”、“辅助生产成本”、“车间经费”、“企业管理费”等合并为一个“生产费用”账户，并在此账户下设置大量的明细账户，导致账户内容庞杂、职责不清、资金来龙去脉不明、会计资料提供困难且数字不准，不仅无法保证会计质量，而且也做不到简便易行。会计制度的设计必须防止类似情况发生。

第三节 会计制度设计的种类和程序

一、会计制度设计的种类

按照会计制度设计的范围和内容不同，会计制度的设计可分为全面性设计、局部性设计和修订性设计三类。

（一）全面性设计

全面性设计是指对会计工作所应遵循的一切规范进行设计，形成会计制度的基本框架，并产生一套完整的会计制度体系。全面性设计的内容包括本章第二节中阐述的三大类制度，诸如，应当设计哪些财务报表；财务报表所需要的各种数据资料如何通过会计凭证的记录和账簿的登记得到；采用何种会计核算形式才能最大限度地减少会计无效劳动；设置哪些会计科目才能保证经济业务的系统分类、会计资料的准确可靠；采用何种成本计算方法才能真实反映各种产品的实际耗费；各种经济业务的会计处理程序和手续如何制定才能完善内部控制制度，并提高会计工作效率和会计信息的质量等等。通常情况下，这种设计对于新建企业较为适用。

由于全面性的会计制度设计内容复杂、涉及面广、设计难度大、质量要求高、头绪比较多，因此，设计时应由总体设计到具体设计。总体设计是对所要设计的会计制度内容和范围进行的总体规划；具体设计是在总体设计的基础上，采用具体的方法和程序来完成总体设计的要求，并用文字或表格等形式作出具体规定。总体设计和具体设计，是两个紧密联系的环节，可以说，总体设计是“纲”，具体设计是“目”。不进行总体设计，就无法勾勒出会计制度的“蓝图”和对设计的全部内容做到心中有数，难免产生顾此失彼或返工的现象。不进行具体设计，就无法将“蓝图”变为现实，形不成会计制度。

（二）局部性设计

局部性设计是指对会计工作的部分规范，主要是对部分经济业务的会计处理程序和方法进行的设计。设计的内容，一般是原会计制度中不具有的，大多是由于经营规模的扩大、经营范围的拓宽、经营方式的改变和管理要求的提高等而引起的。例如，企业实行内部结算，就需要设计内部结算制度；企业进行股份制改造，就需要设计“股本”方面的会计核算办法；企业实行会计电算化，就需要设计电算化会计制度，等等。

（三）修订性设计

修订性设计是指对原有的会计制度予以修改而进行的设计，如材料的实际成本计价改为计划成本计价；固定资产的直线折旧法改为加速折旧法；坏账损失的直接冲销法改为备抵法；材料领用的先进先出法改为加权平均法；长期股权投资核算的成本法改为权益法等等。通过设计，更新会计制度的部分内容。

局部性设计和修订性设计，一般涉及面较小，设计内容较简单，因此主要是搞具体设计。但在设计时，必须注意与原有会计制度内容的协调配套。

二、会计制度设计的方式

根据企业会计人员的业务素质、知识水平状况，会计制度的设计可以采用不同的方式。

（一）自行设计

自行设计是指由本企业的会计人员独立组织进行的设计，这是设计会计制度的主要方式。其优点是设计人员了解企业的各方面情况，熟悉企业供、产、销各种业务和人、财、物各种要素，容易得到企业各职能部门和各有关人员的支持和配合，且能够节省设计时间和减少设计费用，便于会计制度的贯彻落实。其缺点是设计人员容易受传统习惯的影响，不利于大胆革新和借鉴吸收新知识、新经验、新做法，如果设计人员的学识水平达不到要求，就难以提高会计制度的质量。

（二）委托设计

委托设计是指设计会计制度的企业委托会计师事务所等中介机构为企业设计会计制度。无论国内还是国外，无论是现在还是将来，为企业设计会计制度都是会计师事务所的一项重要业务。委托设计的优点是设计人员业务水平高，知识面宽，革新精神强，便于通过制度的设计促进企业的会计工作。缺点是不易得到企业各方面人员的配合，对企业的了解较少，难免使制度的某些内容脱离企业的实际，从而削弱会计制度的指导作用。

（三）联合设计

联合设计是指以企业的会计人员为基础，聘请设计会计制度的专家作指导共同设计企业的会计制度。这样做，有利于充分发挥自行设计和委托设计的优点，克服各自的缺点，相互配合，取长补短，使企业会计制度设计更加科学完善，把会计发展的最新动向和相关的知识与企业的实际情况充分体现在企业的会计制度设计中。

三、会计制度设计的程序

会计制度设计的程序是指设计工作的步骤。合理的设计程序，不仅有利于保证设计质量，而且可以提高工作效率、降低设计费用，便于各部门和有关人员了解企业会计制度。一般地讲，应按以下步骤进行设计工作：

（一）准备阶段

（1）确定会计制度的设计类型及具体内容。如前所述，会计制度的设计有三种类型，即全面性设计、局部性设计和修订性设计，不同种类的设计具有不同的设计要求。因此，必须首先确定设计类型，以便进一步确定设计范围和具体内容，明确设计的目的，从而有的放矢地开展准备工作。

（2）进行调查研究并搜集有关的资料。根据设计的内容和课题，对有关的业务活动进行调查研究，了解与设计项目相关的各种情况，掌握第一手材料。设计人员只有做到心中有数，才能设计出质量高、适用性强的会计制度。需要调查研究的问题包括许多方面，现概括列举主要内容：

①企业的经营方式和经营范围；

②现代企业制度的建立情况；

③企业的内部组织机构及职责权限规定；

④企业的筹资方式与利润分配方式；

⑤企业会计机构内部组织及岗位责任；

⑥企业资本金的构成情况；

⑦企业的产品生产组织方式和工艺技术特点（工业企业）；

⑧企业的材料（商品）采购方式和产品（商品）销售方式；

⑨企业内部的经济核算形式及要求；

⑩企业的办公条件及自动化水平；

⑪企业会计制度的现状及实施情况；

⑫企业会计人员的技术职称构成、理论水平及实际工作能力；

⑬各种业务，包括材料（商品）采购业务、存货业务、工薪业务、销售业务、投资业务、货币收支业务等处理程序；

⑭企业的远期规划和近期目标；

⑮广大干部职工对完善企业管理制度及财务会计制度的建议和意见；

⑯国家关于会计工作的一切指导性规范和财经法规制度；

⑰会计、统计、业务核算人员的培训计划和要求；

⑱其他需要调查的内容。

（3）拟订工作提纲，提出会计制度设计的基本方案和总体规划，并编制工作日程表，妥善安排工作进度。

（二）编写阶段

根据工作提纲，综合调查研究的结果，针对设计的内容，按照会计制度设计的原则，具体编写会计制度。编写工作的顺序可针对具体情况分别采取以下两种形式；

（1）会计处理程序式。即按照会计事项的处理程序，从原始凭证的设计开始，到财务报表的设计为止，包括：①设计原始凭证；②设计会计科目和记账方法；③设计记账凭证；④设计会计账簿和辅助记录；⑤设计各种财务报表；⑥规划会计事项的处理办法；⑦制定会计核算程序，编写会计制度说明。

（2）会计核算指标式。即以会计制度的目的为出发点，先确定会计制度所要提供的指标体系，产生相应的财务报表。然后确定提供这些指标所需要的各种记录、计算和汇集手段，包括：①制定各种会计指标；②设计会计科目；③设计会计账簿和辅助记录；④设计记账凭证和原始凭证；⑤规划各种会计事项的处理方法；⑥制定会计核算程序，编写会计制度的说明。

以上第二种工作顺序适于为新成立的企业设计会计制度时使用。因为在这种情况下，会计工作一切从头开始，参考资料少，可供借鉴的经验不多，这种工作顺序有利于保证会计制度主要目标的完成，组织严密，目的明确，环环相扣。第一种工作顺序适于对原有制度加以修订时使用。在这种情况下，原有的制度体系比较完善，各部分制度之间衔接严密，指标的提供已有保证，只是需要修改或补充部分内容，而这种工作顺序可以分阶段对各部分会计制度进行设计，因此比较适用。但无论采用哪种工作顺序，都必须按总体设计的有关要求进行。需要指出的是，在具体设计和编写过程中，应由财会部门组织和牵头，吸收供销、生产、计划、劳资、设备等有关职能管理部门以及职工代表参加，以便集思广益，减少无效劳动，防止失误，并有利于企业各职能管理部门和广大干部职工尽快熟悉会计制度，以自觉地遵守执行。

（三）试行和修订阶段

设计会计制度是一项要求极高的工作，即使在设计时已作了非常周密细致的安排和考虑，但仍可能有不符合实际需要之处。例如，某些内容过于繁琐，不便于施行；某些内容之间衔接不严，存在漏洞；某些内容被排斥在外，无法满足工作需要等等。因此，对设计出来的会计制度，应当经过一段时间的试行，以便在实践中检验其适用性和有效性，总结经验，发现问题，及时采取修订措施。对于过分简化不能充分提供会计信息和满足实际需要的，应当予以细化；对于过分繁琐不易在实际工作中应用的，应当予以概括提炼；对于内部控制不严、相互之间衔接不紧密存在漏洞的，应当彻底堵塞；表现落后不利于会计发展提高的，应当坚决更改。使会计制度逐步趋于严密和完善，然后正式施行，有效地指导会计工作。

需要说明的是，为了保证新制度的贯彻实施，应当做好宣传工作，向企业各级各部门主管人员以及一般职工介绍新制度的优点、内容和执行要求。具体说明各种业务的处理规程和采用的方法、编制的凭证、登记的账簿以及与财会部门的联系方式。特别是对各业务部门、各有关业务经办人员，更需要提出具体明确的要求，以便在具体操作过程中，照章办事，防止发生错误和产生误解，保证会计制度的施行。

由于企业会计制度对完善企业管理制度起着重要作用，因此，企业的主要行政领导必须重视企业会计制度，全力支持会计部门推行新会计制度的工作，帮助会计部门协调各方面的关系，采用必要的行政手段推进会计制度的施行和不断完善。

第四节 会计制度设计人员的条件

会计制度设计人员的素质直接决定会计制度的质量。因此，不管采用何种方式设计会计制度，都要求设计人员必须具备较高的政策水平、系统的理论知识、丰富的实践经验、大胆的开拓精神和良好的工作作风。具体地讲，应当具备以下条件：

一、谙熟国家有关的财经法规政策

前已述及，会计制度必须符合国家有关财经法规政策的要求。这就要求会计制度的设计人员必须具有强烈的法制意识和政策观念，熟悉会计、审计、财政、税收、信贷、保险、证券、物价、工资、外汇、劳保福利等方面的法令制度和经济政策，正确理解和掌握各项法规政策对会计制度设计的指导或影响作用，确保所设计的制度与有关的法规政策之间的统一性，促进会计法规体系的完善。

二、通晓会计理论和会计实务

会计制度的设计人员必须对会计的基本理论、基本原则有深刻的理解，精通会计工作的基本内容和基本方法，掌握会计工作的规律性，了解国际国内会计发展的新动向，并能够熟练地应用会计理论来解释、回答和指导实际会计问题。只有这样，才能对会计制度设计工作中出现的各种疑难问题作出明确的解释，使各种特殊的要求得到相应的满足，从而设计出高质量的制度。如果对会计理论甚至会计具体业务都只是一知半解，或者只知其然，不知其所以然，是无论如何也设计不出高质量的会计制度的。例如，设计人员如果不精通基本会计准则和各项具体会计准则，就很难设计出严密完善的会计核算制度；如果对内部控制制度的内涵和外延不熟悉，就很难保证各种经济业务的处理程序和方法的科学合理；如果不了解原始凭证的设计理论，就很难设计出规范、标准、适用的原始凭证。

三、具备企业组织管理方面的知识

财会部门是企业内部的职能管理机构，主要从事价值核算与管理，既是会计制度的制定机构，又是会计制度的直接执行机构。但执行会计制度是企业各职能管理部门的共同职责，会计工作的许多内容涉及企业各职能部门，许多会计原始资料来源于各有关部门，并经过会计加工整理后为各职能部门所用。因此，会计制度的设计人员，应当对企业供、产、销、人、财、物各方面的管理知识都有所了解和掌握，熟悉各职能管理部门的职责及其与会计部门的关系，以便在设计会计制度时，做到有的放矢，得心应手，各方兼顾，保证各部门处理经济业务的相互协调和相互制约，并强化会计制度的权威性和适用性。

四、明确审计与会计的关系，熟知审计工作的特点

一般地讲，审计工作是对会计工作的检查和审核，而审查的依据除统一的财经法律法规和有关财经制度外，还包括企业内部会计制度。因此，审计与会计制度设计之间存在极为密切的关系。会计制度的设计如果符合审计的要求，不仅有利于会计工作的进行，而且能及时提供审计需要的会计资料，强化审计监督。反之，既容易造成会计工作上的漏洞，又不利于审计证据的搜集，妨碍审计工作的开展。所以，设计人员必须明确会计与审计的关系，了解和掌握审计知识和审计技能。

五、具有创新精神和严谨的工作作风

随着社会主义市场经济体系的完善，现代企业制度的建立，国际之间经济交往的日益加强，促使会计的国际化趋势越来越明显，这就要求会计制度的设计人员应当具有超前意识、勇于开拓创新，不拘泥于传统做法，在设计制度时敢于吸收外来经验，大胆应用会计的最新知识和科研成果，不断提高“产品”质量；同时，要具备实事求是的工作态度和严谨的工作作风，将外来经验与企业实际情况结合起来，设计出具有企业特色的会计制度。

六、语言文字功夫过硬

如前所述，设计会计制度主要采用文字和图表两种形式，其中，绝大多数的会计制度都必须形成文字，以便执行者阅读、学习、理解、掌握。因此，设计的会计制度，不仅要做到内容齐全、详细具体，而且要做到结构严谨、概念准确、表达清楚、语言流畅、用词恰当。这就要求设计人员必须具备过硬的文字功夫，善于用通俗的语言表达专业性强且较为抽象的会计内容，力求设计出浅显易懂的会计制度。

总之，随着会计的不断发展和深化，会计制度设计人员必须相应地提高自身素质、拓宽视野、丰富知识、更新观念，才能设计出科学先进、严密完善、切实可行的会计制度。

基本训练

一、单项选择题

1. 会计规范体系的核心是(　　)。

A. 会计法律　　B. 会计部门规章

C. 会计职业道德　　D. 单位内部会计制度

2. 从会计工作的内容上看，企业会计准则属于(　　)。

A. 会计核算制度　　B. 会计管理制度

C. 会计监督制度　　D. 会计分析制度

3. 由注册会计师、本单位高级会计师和企业管理人员共同组成设计小组来承担会计制度设计任务，这种设计方式是(　　)。

A. 委托设计　　B. 自行设计

C. 联合设计　　D. 会议设计

4. 一般根据企业所属行业特点，企业经济性质和企业规模来确定的是(　　)。

A. 会计制度设计内容　　B. 会计制度设计方式

C. 会计制度设计思路　　D. 会计制度设计手段

5. 企业因增加新业务而进行的会计制度设计属于(　　)。

A. 联合制度设计　　B. 全面性制度设计

C. 局部性制度设计　　D. 修订性制度设计

6. 在试行期内，将原制度中的直线折旧法改为加速折旧法，属于(　　)。

A. 局部性制度设计　　B. 修订性制度设计

C. 个别性制度设计　　D. 完善性制度设计

7. 对于新建单位，适用的会计制度编写方式是(　　)。

A. 会计核算指标式　　B. 会计处理程序式

C. 集体讨论式　　D. 合作式

8. 新建会计制度的试行期一般为(　　)。

A. 3 个月　　B. 24 个月　　C. 12 个月　　D. 不固定

9. 做好会计制度设计的关键环节是(　　)。

A. 调查研究　　B. 确定设计类型

C. 确定设计方式　　D. 选择设计手段

10. 下列不属于会计制度设计人员应具备的条件的是(　　)。

A. 通晓会计理论　　B. 熟知审计工作的特点

C. 掌握企业管理知识　　D. 熟练操作电脑

二、多项选择题

1. 企业会计制度设计的内容一般包括(　　)。

A. 会计工作基本条件方面的制度　　B. 会计组织方面的制度

C. 会计管理方面的制度　　D. 会计法规制度

E. 内部审计方面的制度

2. 按照会计制度设计的范围和内容不同，会计制度设计一般分为(　　)。

A. 全面性设计　　B. 局部性设计　　C. 修订性设计
D. 选择性设计　　E. 完善性设计

3. 根据企业会计人员的业务素质、知识水平状况，会计制度设计可以采用的方式有(　　)。

A. 自行设计　　B. 委托设计　　C. 集中设计
D. 会议设计　　E. 联合设计

4. 会计工作基本条件方面的制度设计包括(　　)。

A. 会计科目的设计　　B. 会计凭证的设计　　C. 会计岗位的设计
D. 会计账簿的设计　　E. 账务处理程序的设计

5. 企业会计制度设计遵循的原则一般有(　　)。

A. 前瞻性原则　　B. 合规性原则　　C. 灵活性原则
D. 统一性原则　　E. 效益性原则

6. 下列各项中，属于会计管理方面的制度有(　　)。

A. 内部控制制度　　B. 成本管理制度　　C. 内部结算制度
D. 账务处理程序制度　　E. 会计核算组织形式制度

7. 根据会计制度的制定机构和作用范围不同，可将会计制度分为(　　)。

A. 国家统一的会计制度　　B. 单位内部会计制度　　C. 会计核算制度
D. 会计管理制度　　E. 会计监督制度

8. 下列属于会计制度特点的有(　　)。

A. 目的性　　B. 合法性　　C. 强制性
D. 自愿性　　E. 独立性

9. 下列属于会计部门规章的有(　　)。

A. 企业会计准则　　B. 会计基础工作规范　　C. 会计档案管理制度
D. 会计职业道德　　E. 企业内部控制基本规范

10. 下列属于会计行政法规的有(　　)。

A. 会计人民共和国会计法　　B. 总会计师条例
C. 企业财务会计报告条例　　D. 会计从业资格管理办法
E. 会计基础工作规范

三、思考题

1. 什么是会计规范体系？其包括哪些内容？
2. 简述统一会计制度与单位内部会计制度的主要区别。
3. 设计会计制度有何意义？设计的内容包括哪些？
4. 设计会计制度应遵循哪些原则？
5. 设计会计制度的程序及每一程序的主要工作内容是什么？
6. 会计制度设计有哪几种类型和方式？各适用于何种情况？
7. 会计制度设计人员应具备哪些条件？

第二章

会计工作组织制度设计

学习目标

□知识目标

掌握会计工作组织制度的内容与设计原则，明确财务机构与会计机构分设与合设的优缺点及适用范围，了解会计机构设置、会计岗位设置、会计人员配备、会计档案管理和会计工作交接的法律规定。

□技能目标

掌握会计工作组织制度设计的基本程序和方法。能够针对企业具体情况选择会计机构设置模式、划分会计岗位类型、确定会计档案管理办法、制定会计工作交接制度。

第一节　会计工作组织制度的内容与设计原则

一、会计工作组织制度的内容

（一）会计工作组织制度的意义

正确反映和监督会计对象是会计的基本职能，保证会计信息的真实性和完整性、提高会计信息的使用价值是会计工作的基本目标。要想充分发挥会计职能，及时完成会计任务，有效实现会计目标，必须建立健全会计工作的组织制度，科学合理地组织和规划会计工作。会计工作组织制度就是根据国家有关法规制度的规定，结合本单位的具体情况，对会计工作进行科学组织而设计的会计制度。

设计会计工作组织制度的意义表现在三个方面：一是建立最优化的会计组织机构和会计运行机制，确保会计工作的高效率、低消耗；二是完善会计工作的支持与保障系统，确保会计工作的科学化、有序化；三是营造严谨规范的会计工作环境，强化会计人员的责任感、使命感。

（二）会计工作组织制度的内容

会计工作组织制度的任务是运用组织、规划和协调等手段，完善会计组织机构，优化会计人员结构，提高会计工作效率，降低人、财、物力的消耗，实现会计工作目标。因此，它包含的内容是多方面的，主要有：

①会计机构的设置与内部的岗位分工及岗位责任制的建立。

②会计人员的配备与职责划分及任免。

③会计档案的保管、查询及销毁。

④会计工作的交接。

⑤会计核算的组织形式及账务处理程序。

⑥会计工作中的其他组织制度。

上述六个方面的制度并不是完全独立的，它们往往交织在一起，共同保障会计工作的有序运行。本章主要介绍前四个方面的制度设计理论与方法，后两方面的内容留待以后章节讨论。

二、会计工作组织制度的设计原则

要充分发挥会计在经济活动中的管理作用，科学严谨地组织会计工作，有效地完成会计任务，必须按照一定的原则设计会计工作组织制度。一般来讲，应遵循以下五条原则：

（一）适应性原则

这一原则要求会计机构的规模大小、级别高低必须与单位的经营规模或行政级别相适应；会计人员的数量多少、层次高低必须与单位的业务数量和工作难度相适应；会计档案的管理制度、会计工作的交接制度既要与国家有关规定相吻合，又必须适应本单位的具体要求。

（二）保障性原则

如前所述，会计工作组织制度的基本功能是保证会计工作的有序运行，防止因组织、规划及分工不合理而造成会计工作秩序紊乱、效率降低、消耗加大、责任不清。因此，设计会计工作组织制度，必须遵守保障性原则，使这方面的制度确实能够起到保证会计工作科学有序进行的作用。

（三）精简性原则

这一原则要求会计机构必须精明干练、高效低耗，以最少的人、财、物力的耗费为信息需求者提供使用价值最大的会计信息资料，追求会计效益的最大化。要坚决防止机构臃肿、人浮于事和形式主义，避免产生内耗，影响会计工作的效率和质量。

（四）岗位责任制原则

这一原则要求会计机构的内部分工必须明确具体，将会计工作的全部内容合理划分，并落实到每个小组或每个会计人员，建立健全会计工作的岗位责任制。做到各小组之间、有关人员之间，既有明确的分工，能有效地防止相互推诿、工作扯皮现象，又有默契的配合，能有力地加强内部控制制度，减少会计差错，防止营私舞弊。只有这样，才能充分调动会计人员的积极性，建立起正常的工作秩序和明朗的工作目标，并促进工作目标的顺利实现。

（五）协调性原则

该原则要求会计机构与单位的其他职能管理部门之间，必须建立有机的协调关系，包括与供应部门、销售部门、生产车间、劳资部门等的协调配合。既能保证企业管理总目标的实现，又有助于充分发挥财会管理在企业管理中的核心作用。因此，设计会计工作的组织制度，必须遵循协调性原则。

第二节　会计机构的设置

一、设置会计机构的意义

会计机构是单位内部组织领导和直接从事会计工作的职能部门，同时也是会计制度的主要执行机构；会计人员是从事财务会计工作的人员，同时又是会计制度的主要执行人员。会计制度的贯彻执行情况如何，主要取决于会计机构和会计人员。因此，建立健全会计机构，配备专职的会计人员，并明确规定他们的工作范围和职责，是会计制度设计必须首先解决的问题。

关于会计机构的设置，我国会计工作的根本大法——《中华人民共和国会计法》（以下简称《会计法》）第三十六条明确规定：“各单位应当根据会计业务的需要，设置会计机构，或者在有关机构中设置会计人员并指定会计主管人员；不具备设置条件的，应当委托经批准设立从事会计代理记账业务的中介机构代理记账。”具体地讲，凡实行独立核算的企事业单位都必须单独设置会计机构，配备相应的会计人员；会计业务不多的小型单位经有关部门批准后，虽可以不单独设置会计机构，但必须配备专职的会计人员，或者委托经批准设立从事会计代理记账业务的中介机构代理记账。

为什么要单独设置会计机构或配备专职会计人员呢?

我们知道，会计的职能是对各单位的经济活动过程和结果进行反映和监督，以保证经济活动的合理合法性，会计信息的及时准确性。要想充分发挥会计的职能，尤其是监督职能，必须首先保证会计监督职权的独立性和会计业务处理的专一性，使其不受其他机构的干扰或制约。这就要求会计必须有独立的工作机构和专职的工作人员，以便有组织、有秩序、规范地办理会计业务，实施会计监督。因此，设置会计机构，对于明确会计工作的范围和内容以及责任、确定会计的任务并保证其完成、完善会计核算体系、强化会计监督、充分发挥会计在经营管理中的作用等，都具有非常重要的意义。否则，会计工作就会处于组织纪律松散、职责不清、推诿扯皮的混乱状态。

但是，由于会计机构只是单位内部的一个职能管理部门，受其工作权限的限制，要想组织全面性的经济核算，并对单位内部的各个职能管理机构实施有效的监督是存在一定困难的。因此，《会计法》第三十六条还规定：“国有的和国有资产占控股地位或者主导地位的大、中型企业必须设置总会计师。”由于总会计师相当于单位行政领导副职（在企业里直接对厂长或经理负责），在其直接领导下的会计机构相应地增强了专业性、独立性和权威性，从组织上保证了会计独立行使监督职权，对单位的全部经济活动、各职能管理机构的业务实施会计监督，组织经济核算。同时，总会计师的设置，又可以使会计直接参与企业经营决策，制订企业发展规划，有利于会计管理作用的充分发挥、会计社会地位的不断提高。

二、会计机构与财务机构的分设与合设

一般来讲，财务部门的主要职责是组织筹集和供应资金，管理各项财务收支和分配企业的财务成果，监督检查各项财务活动和企业财务计划执行情况，简单地理解就是负责资金的筹集、调拨、使用、分配、保护和归还。会计部门的主要职责是对资金运动的过程及结果进行确认、记录、计算、报告和分析。因此，会计与财务的研究对象、工作内容、工作任务以及工作方法等各有差异，客观上决定了会计机构与财务机构有分别设置的必要；但由于实际工作中会计工作与财务工作往往交叉进行，同时完成，很难严格区分，因而会计机构与财务机构又有合并设置的可能。

会计机构与财务机构采用哪种设置办法，应当根据企业的经营规模、业务量的大小决定。一般来讲，中小型企业由于生产经营过程和业务往来关系比较简单，发生的经济业务量相对不多，财会人员配备较少，易采用合设的办法；而大型企业的经营管理要求高，会计人员数量多，经济业务复杂，往来关系频繁，为了保证工作的专一性，进而提高工作质量，应当采用分设的办法。在我国，目前绝大多数单位将会计机构和财务机构合并设置，通称为“财会科”、“财务科”或“会计科”，并以第一种叫法最多。

机构的分设与合设，既不影响财务工作与会计工作的不同性质，一般也不改变从事这些工作的人员，只是由同样多的财会人员在两个部门或同一部门中进行两种不同性质的工

作。但在设计会计制度时，必须明确它们的区别与联系，并作为两个不同的职能机构加以考虑，以便使设计出的制度更好地满足各自的工作需要。

下面就会计机构和财务机构的分设与合设进行比较，从中可以看出两种办法的主要区别以及各自的优缺点，参见表2-1。

表2-1 财会机构分设与合设比较表

设置办法	分设		合设
机构名称	会计科	财务科	财会科
机构负责人	会计科长	财务科长	财会科长
组成人员	记账员、稽核员、成本核算员、工资核算员、材料核算员、报表编审员等	出纳员、资金管理员、利润管理员等	会计部门和财务部门的全体工作人员
主要工作内容	资金运动过程及结果的确认、记录、计算、报告和分析	资金的筹集、调拨、使用、分配、归还和保护	会计、财务的全部工作
优点	①分工明确，各司其职、各负其责； ②防止重核算、轻管理的现象； ③便于加强内部控制制度		①密切财务会计联系，便于协调工作； ②会计记录及时、直接； ③减少信息传递，提高工作效率
缺点	信息传递慢；工作手续多；协调相对困难；费用增加		难免造成职责不清；内控减弱；忙于事务，忽视管理
适应范围	大型企事业单位		中小型单位

通常情况下，设置会计机构涉及的内容至少应包括：会计机构的内部组织、会计人员的内部分工、会计机构和会计人员的职责、在单位中的地位以及同其他职能部门的关系等。由于各单位的经营特点、管理要求等各不相同，会计机构的设置也不可能完全一致。但无论任何单位，设置的会计机构都必须与其他各职能部门相互协调。

三、会计机构的内部组织

会计机构的内部组织与会计岗位设置密切相关。按照我国《会计基础工作规范》第十一条的规定，会计工作岗位一般可分为：会计机构负责人或者会计主管人员、出纳、财产物资核算、工资核算、成本费用核算、财务成果核算、资金核算、往来结算、总账报表、稽核、档案管理等。开展会计电算化和管理会计的单位，可以根据需要设置相应工作岗位，也可以与其他工作岗位相结合。所以，企业单位应结合自身业务特点、规模大小和管理要求，将会计工作的全部内容合理划分，并落实到每个岗位或每个会计人员，建立健全会计工作的岗位责任制。

会计机构的内部组织，就是指在会计机构内部，如何根据各种会计业务及其相互之间的联系，进行合理的分工和组合，使机构内部形成若干相对独立的工作小组，专门负责某类经济业务的会计处理。会计机构内部组织的合理，不仅有利于各小组之间的职责划分，建立岗位责任制，有条不紊地组织和从事会计工作，而且有利于强化内部控制，做到相互制约、相互监督，防止工作中的失误和弊端。同时，由于会计人员承担的工作任务专一，因此能够在搞好核算的前提下，积极参与企业经营管理。以大中型工业企业为例，按照会计机构与财务机构合设的要求，全部的财会业务大致可以分为固定资产、采购及应付款、工资、成本、销售及应收款、出纳、投资、稽核和总账报表、税金和利润等不同类型。因此，会计机构内部应大致分成：

①设备组，负责固定资产和在建工程的日常核算与管理。

②材料组，负责原材料、低值易耗品、包装物等存货的核算和应付账款的核算。

③成本组，负责各种生产费用的核算和产品成本的计算。

④工资组，负责工资的计算、分配、发放及相应的核算。

⑤销售组，负责产成品、销售、应收账款以及税金、利润等业务的核算。

⑥出纳组，负责现金、银行存款等货币资金的核算与管理。

⑦资金组，负责筹资业务和对外投资业务的核算与管理。

⑧综合组，负责凭证汇总、总账登记、稽核、档案管理、报表编制及报送等工作。

上述各组最少应由一人专门负责，在主管会计工作的单位负责人统领和会计机构负责人的直接领导下实行分工协作，形成一个以主管会计工作的单位负责人为首、以财会部门负责人为主管的、包括若干专门核算小组的财会机构组织体系，如图 2–1 所示。

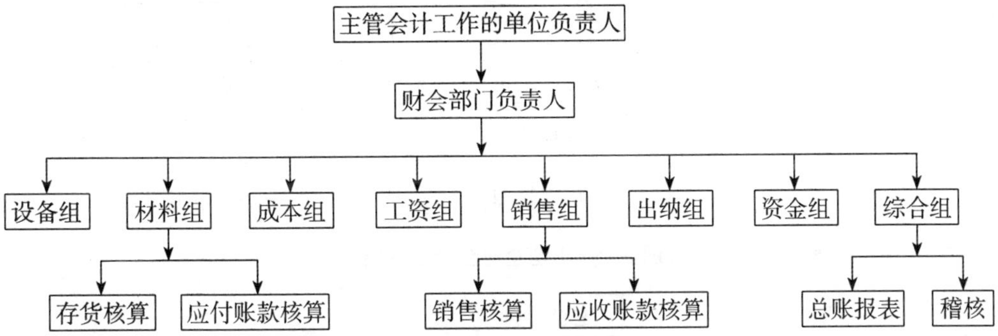

图 2–1　财会机构组织体系

对于企业规模较大、业务量较多、分支机构较复杂的单位，考虑到材料组、销售组和综合组的工作量较大，同时为了加强内部控制，又可作进一步的划分。如企业的债权债务结算业务量很大，也可单独设置“结算组”；因涉税业务较多，可单独设置“税务组”。总之，在人员配备许可的情况下，可参照图示进行财会机构的内部组织，做到事有专人管，人有专责，职责分明，控制严密，分工合理，配合默契。

四、企业会计机构的组织形式

会计机构组织形式涉及企业会计机构的设置层次、会计核算资料整理和提供的方式以及会计分工的方法。在实际工作中，组织形式一般分为集中核算和分散核算两种类型。所谓集中核算，是指企业一般只设一个厂级会计机构，把整个企业的主要会计核算工作，包括总分类核算、明细分类核算、财务报表的编制和各有关项目的考核分析等，都集中在企业财会部门进行。其他职能部门、车间、仓库配备专职或兼职核算人员，对本部门发生的经济业务，只负责填制或取得原始凭证，并对原始凭证进行适当的汇总，定期将其送交企业会计部门，为企业会计部门进行会计核算提供资料。所谓分散核算，又称非集中核算，就是对企业规模较大的二级单位，设置专门的会计机构，并对本部门所发生的经济业务，在厂级会计机构的指导下进行较为全面的核算，完成填制原始凭证或原始凭证汇总表、登记有关明细账簿、单独核算本部门的成本费用、计算盈亏、编制内部财务报表等项工作。企业会计部门只负责货币资金的管理和核算、债权债务的管理和核算、总账和部分明细账的登记，以及财务报表的编制等工作。

在实际工作中，有的企业往往对某些业务采用集中核算，而对另一些业务采用非集中核算。采取何种核算形式，主要取决于企业内部经营管理的需要，取决于企业内部是否实行分级管理、分级核算，也就是与企业的内部经济核算制度密切相关。但无论采用哪一种核算形式，企业对外的现金往来、银行存款收付、物资购销、债权债务的结算都应由企业会计部门集中办理。

不同类型的会计组织结构，如图 2-2 至图 2-5 所示。

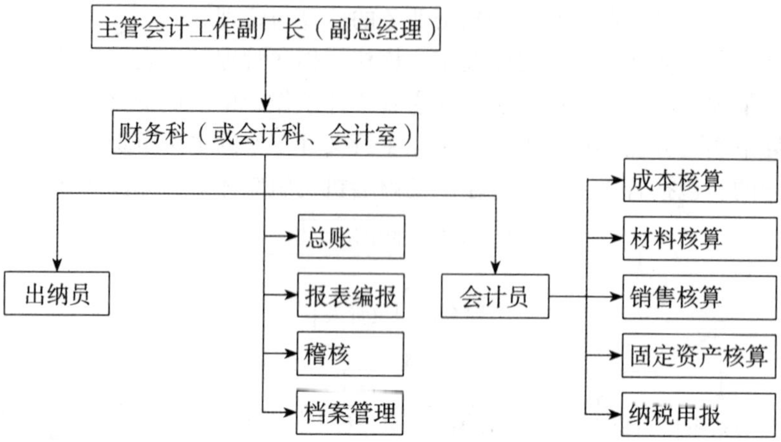

图 2-2 小型企业会计组织结构

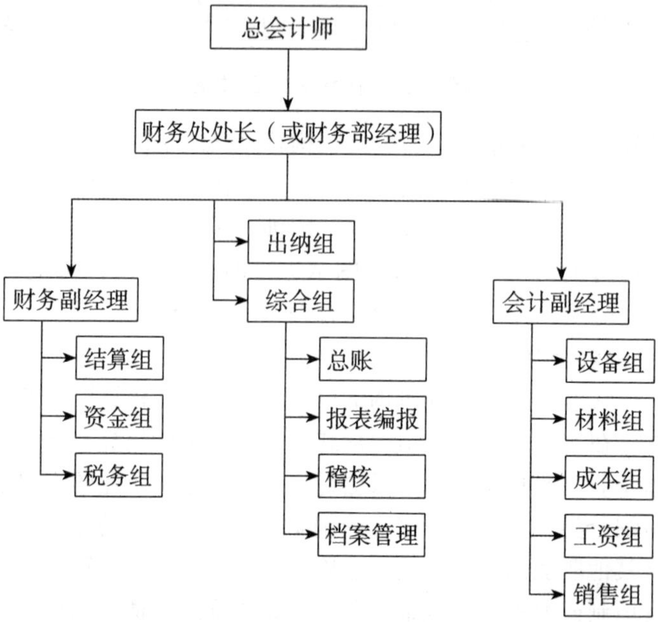

图 2-3 大中型企业集中核算制下会计与财务合设结构

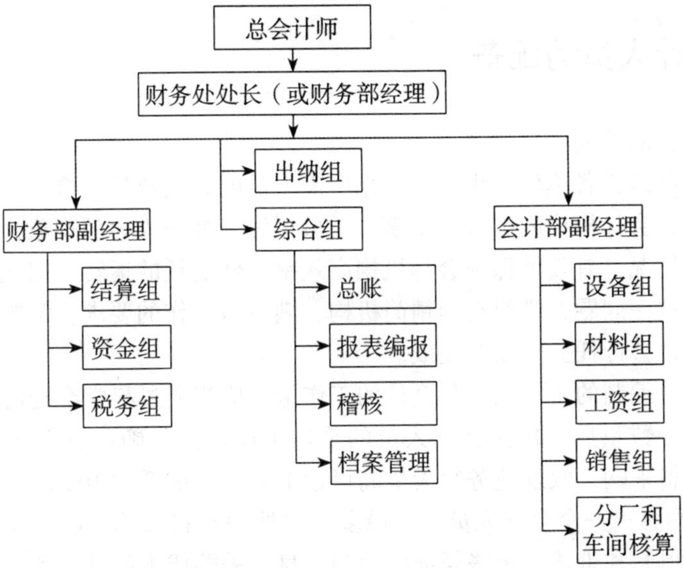

图 2-4　大中型分散核算制下会计与财务合设结构

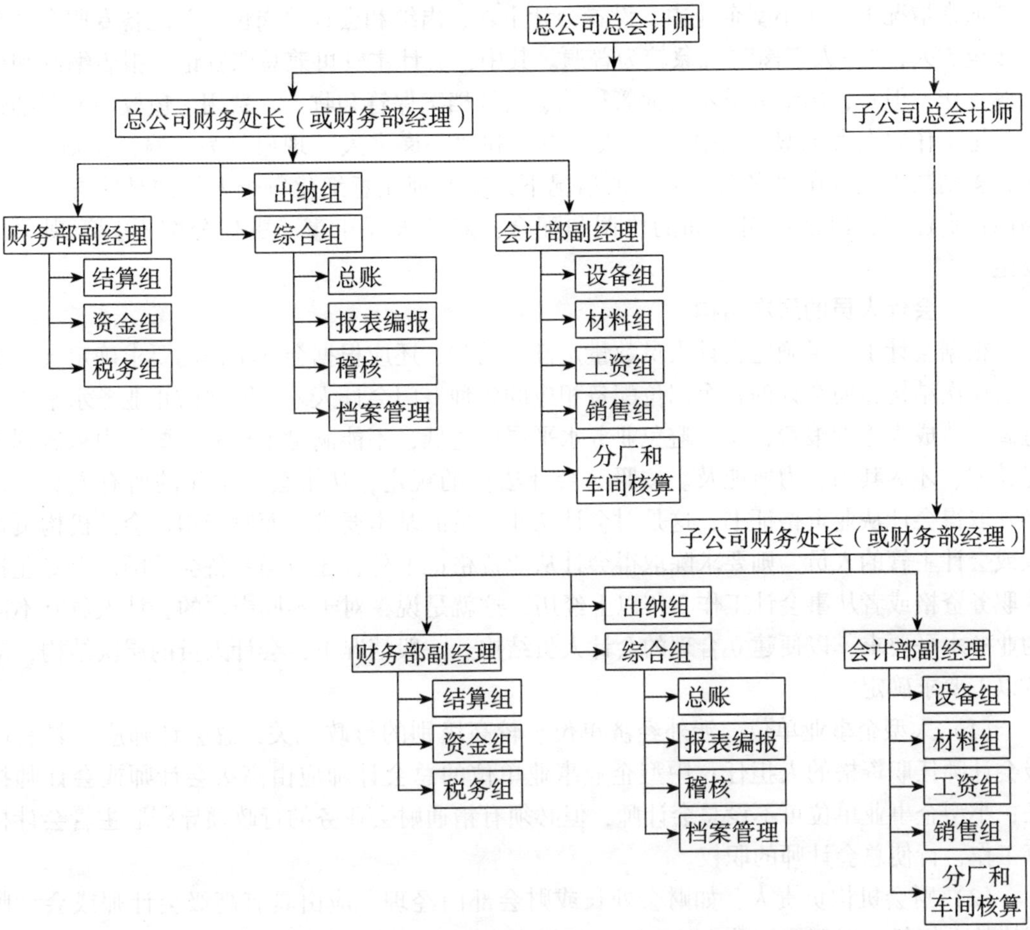

图 2-5　企业集团集中核算制下会计组织结构

第三节 会计人员的配备

一、会计人员的编制

会计人员编制是指各单位从事会计工作所需人员的有效数量。合理确定会计人员的编制，不仅可以防止会计机构内部人浮于事、无事可做、浪费人力的现象，又能避免事多压人、劳逸不均的情况，有效地保证会计机构高效率、低消耗的运转。因此，在设置会计机构时，必须重视这一问题，既要符合精简机构、满负荷工作的要求，又要配备足够数量的会计人员，以保证会计任务的及时完成。

确定会计人员编制的主要依据是会计的工作量。应当通过科学合理的方法计算出各会计工作岗位的业务数量后，按照会计人员的平均工作定额，确定所需会计人员数量。例如：某企业的材料采购、收发业务每天最高可达 150 次，最低约 100 次，日平均业务量在 120 次左右。经测算，一个会计人员一天最多可以处理材料采购、收发业务 60 笔，包括：有关原始凭证的填制和审核、记账凭证的编制、材料采购成本的计算和有关账簿的登记等具体工作，则材料组最少应当配备两名会计人员，才能保证材料核算任务的及时完成。

通常情况下，在小型企业中，设置会计主管、出纳和会计等岗位，并配备专职会计人员 2 至 5 人，"一人多岗"现象较为普遍。其中，会计主管可兼总账登记、报表编制和稽核等工作。但是，出纳人员不得兼管稽核、会计档案保管和收入、费用、债权债务明细账的登记工作。在大中型企业中，"一人一岗"和"一岗多人"现象较为普遍，少则 6 ~ 10 人，多则数十人。在"多人一岗"的情况下，应特别注意细化每个人员的具体责任，严格岗位责任制，以及各岗位间的协调和配合，避免人浮于事、责任分配不公等现象的发生。

二、会计人员的层次结构

根据会计工作量确定会计人员数量定额的同时，还应根据会计工作的要求确定会计人员的层次结构，使会计的各个岗位配备相应的各种专门会计人才。既要防止业务水平层次过高，造成人才的浪费，又要避免业务水平层次过低，不能满足工作的需要。力求做到人尽其才、才尽其用、力所能及。按照《会计法》的规定，从事会计工作的所有人员，都必须取得会计从业资格证书，这是对会计从业人员的基本要求。而对于担任会计机构负责人或会计主管的人员，则要求除取得会计从业资格证书外，还应当具备会计师以上专业技术职务资格或者从事会计工作 3 年以上经历。这就是说，对于不同岗位的会计人员有不同的业务水平要求，以便建立合理的会计人员结构。一般情况下，会计人员的层次结构，应按以下要求确定：

（1）大型企事业单位、涉外经济单位、较高级别的行政机关，总会计师应由具有高级会计师任职资格的人担任；中型企业事业单位的总会计师应由高级会计师或会计师担任；小型企事业单位可不设总会计师，但必须有精通财会业务的行政领导副职主管会计核算工作，行使总会计师的职权。

（2）财会机构负责人，如财会处长或财会部门经理，应由具有高级会计师或会计师资格的人担任，以便能够独立地组织和领导大中型企事业单位的会计工作，正确处理较为复杂的经济业务；小型企事业单位的财会机构负责人或会计主管人员，应由会计师或具有

3 年以上会计工作经历的助理会计师担任。

(3) 财会机构内部各核算小组的负责人，应由具有助理会计师任职条件的人担任，以便保质保量地处理各类经济业务，独立完成任务。其余的一般会计工作则由具有会计从业资格的人员担任。

需要指出的是，负责领导财会工作的人员也应合理配置。总会计师一般不宜设副职，以免权责不相称或权责分不清；大中型企事业单位的财会处长或财会科长（财会部经理）可适当配备一至两名副职；小型企事业单位的财会部门负责人一人即可，不必再设副职，这样做有利于克服官僚主义，避免工作扯皮推诿现象，提高工作效率。对于国有企业，单位领导人的直系亲属（指夫妻关系、直系血亲关系、三代以内旁系血亲以及近姻亲关系）不得担任本单位的会计机构负责人、会计主管人员；会计机构负责人、会计主管人员的直系亲属不得在本单位会计机构中担任出纳工作。

三、会计人员的职责

会计人员的职责，一般指担任各种职务或各工作岗位上的会计人员应承担的责任，或者说应尽的义务，它由企业会计工作的具体任务所决定，是会计人员必须履行的岗位责任。按照《会计法》的有关规定，会计人员的主要职责是进行会计核算，实行会计监督，但对于不同岗位的会计人员来讲，其具体职责各不相同。因此，设计会计制度，应当结合会计机构的内部组织情况，将会计人员的职责加以明确化、具体化，以促使会计人员尽职尽责，努力完成本职工作。同时，也有利于考核各岗位会计人员的工作业绩，建立健全奖惩制度。

不同的岗位具有不同的职责。现就各个会计工作岗位的主要职责分别说明如下：

（一）总会计师职责

按照《总会计师条例》的规定，总会计师的主要职责包括：

①编制和执行预算、财务收支计划、信贷计划，拟订资金筹措和使用方案，开辟财源，有效地使用资金。

②进行成本费用预测、计划、控制、核算、分析和考核，督促本单位有关部门降低消耗，节约费用，提高经济效益。

③建立健全经济核算制度，利用财务会计资料进行经济活动分析。

④负责本单位财会机构的设置和财会人员的配备、培训、考核等管理工作。

⑤协助主要行政领导人对企业的生产经营作出决策，参与新产品开发、技术改造、科技研究等方案的制订和重大经济合同的研究、审查等。

⑥监督本单位贯彻执行国家的各项财经政策、法令和制度。

（二）财会机构负责人（会计主管）职责

①在总会计师的领导下，负责具体领导本单位的财会工作，组织开展会计核算和会计监督。

②组织制定本单位的财务、会计制度，并负责贯彻执行。

③参与编制各种经济计划和业务计划。

④监督各项资金的使用和分配，贯彻执行国家有关的财经政策和财政制度。

⑤负责会计人员的业绩考核、业务指导、岗位分工、工作协调等。

（三）财会机构内部各工作岗位的职责

（1）设备会计工作岗位的主要职责包括：①会同有关部门制定固定资产管理与核算办法；②参与核定固定资产需用量、编制固定资产更新改造和修理计划；③计算提取固定资产的折旧；④负责登记固定资产明细账和折旧账；⑤参与固定资产的清查盘点以及使用效果的分析；⑥计算在建工程成本。

（2）材料会计工作岗位的主要职责包括：①会同有关部门制定材料管理与核算办法；②参与制定材料的计划成本和消耗定额；③计算材料的实际采购成本，控制采购费用，分析材料成本差异；④负责登记材料采购、原材料、低值易耗品和应付款项等明细账，并负责应付款项的结算清理；⑤参与材料的清查盘点以及库存结构的分析。

（3）成本会计工作岗位的主要职责包括：①会同有关部门制定成本管理与核算办法；②参与编制成本费用的计划，并分析其执行情况；③计算产品生产成本，控制生产费用；④负责登记生产成本、制造费用和管理费用等明细账，编制成本和费用报表；⑤指导车间和班组的成本核算，参与在产品和半成品的清查盘点等。

（4）工资会计工作岗位的主要职责包括：①会同有关部门制定工资管理与核算办法，参与编制工资计划；②计算并发放工资和奖金；③负责工资和奖金的分配与核算；④计算提取应付福利费并监督其使用情况。

（5）销售会计工作岗位的主要职责包括：①会同有关部门制定产成品管理与核算办法；②参与编制销售计划和利润计划并监督其执行情况；③负责登记产成品、销售、应收款、税金和利润明细账以及发出商品的有关记录，并负责应收款项的及时清算和税金的上缴；④计算产品销售成本，控制销售费用和营业外支出；⑤编制销售和利润报表并分析计划的完成情况；⑥参与产成品的清查盘点以及库存情况的分析。

（6）资金会计工作岗位的主要职责包括：①会同有关部门制定资本金和银行借款的管理与核算办法；②参与编制资金计划并监督其执行情况；③负责登记资本金、对外投资及其他有关明细账；④负责银行借款的及时归还和投资的收回。

（7）出纳工作岗位的主要职责包括：①会同有关部门制定现金、银行存款的管理与核算办法；②贯彻现金管理制度，把好现金收支关；③负责登记库存现金、银行存款日记账，并做到日清日结；④每日核对库存现金，定期与银行核对银行存款账项，保证货币资金的安全与完整；⑤定期编制出纳报告单，反映货币资金收支情况。

（8）总账报表工作岗位的主要职责包括：①协助财会机构负责人组织会计工作；②负责记账凭证的汇总和总账的登记工作；③负责结账、对账，编制各种财务报表；④负责会计凭证、账簿和报表等档案的管理工作。

（9）稽核工作岗位的主要职责包括：①审核财务计划和成本计划；②审核各项财务收支，保证其合法合理；③复核会计凭证和账簿的记录，保证账证、账账和账实相符；④复核财务报表，保证其准确性。

（10）会计档案保管岗位的主要职责包括：①负责会计档案的归档，并负责登记“会计档案保管清册”；②负责会计档案的日常保管；③参与保管到期会计档案的销毁工作，并负责登记“会计档案销毁清册”。

以上十个会计工作岗位是在财会机构内部分为八个小组的基础上，对综合组又进行分工后设置的。实际工作中，可根据机构内部分工粗细作出不同的职责规定。

第四节 会计档案管理制度设计

一、会计档案的含义及种类

（一）会计档案的含义

会计档案是指会计凭证、会计账簿和财务报告等会计核算专业资料，是记录和反映企事业单位经济业务发生情况的重要资料和证据，属于单位的重要经济档案，是检查企事业单位过去经济活动的重要依据，也是国家档案的重要组成部分。

（二）会计档案的种类

（1）会计凭证类：包括原始凭证、记账凭证、汇总凭证以及其他会计凭证。

（2）会计账簿类：包括总账、明细账、日记账、固定资产卡片、备查账以及其他账簿。

（3）财务报告类：涉及月报、季报、年度财务报告，包括财务报表、附表、附注、文字说明以及其他财务报告。

（4）其他类：包括银行存款余额调节表、银行对账单、会计档案移交清册、会计档案保管清册和会计档案销毁清册，以及其他应当保存的会计核算专业资料。

二、会计档案立卷与归档制度的设计

按照1998年财政部、国家档案局联合发布的《会计档案管理办法》的规定，单位形成的各种会计档案，都应当由会计机构和会计人员按照归档要求，负责整理立卷，装订成册，编制会计档案保管清册后交有关部门和人员统一管理。具体地讲，会计档案立卷与归档制度的设计，需要考虑以下内容：

（1）对取得和填制的各种会计凭证在登记账簿后，应按照凭证类别和时间顺序编号整理，定期装订成册并加具封面，说明起止日期、凭证种类及数量，由会计人员签章后归档。

（2）对一些重要的文件，如经济合同、中外合资企业的协议章程、决议、工程预算等相关会计资料，应单独装订成册并统一编号后予以归档。

（3）对各种会计账簿在年终结平或转记新账后，由会计人员装订成册、统一编号并由有关人员签章后归档。

（4）对各种财务报告，应按月份分类装订成册，加具封面并由有关人员签章后归档。

三、会计档案保管与销毁制度的设计

（一）会计档案保管制度

按照《会计档案管理办法》的规定，企事业单位设计会计档案保管制度，应主要考虑保管人员、保管方式和保管期限三个问题。

（1）保管人员。各单位应当设立独立的档案机构，专门负责包括会计档案在内的各种档案的管理。对于规模小，人员少而未设立专门档案机构的单位，可在会计机构内部指定专人保管，但出纳人员不得兼管会计档案。

（2）保管方式。各单位的会计档案应由本单位档案机构统一保管，但为了方便会计部门的查阅与核对工作，对于当年形成的会计档案，在会计年度终了后可暂由会计机构保管1年。1年期满后，再由会计机构编制移交清册并交予档案管理机构。

各单位保存的会计档案不得借出，如有特殊需要，经本单位负责人批准后可以查阅或复制，并办理登记手续。查阅或复制会计档案的人员，严禁在会计档案上涂画、拆封和抽换。

为了保证会计档案的安全完整，做到“四防”（防火、防盗、防蛀、防腐），档案管理室必须保持通风、干燥、保管人员必须尽职尽责，其他人员必须遵守档案管理方面的制度。

（3）保管期限。会计档案的保管期限从会计年度终了后的第 1 天算起，有永久和定期两种类型。按照《会计档案管理办法》的规定，年度财务报告、会计档案保管清册和会计档案销毁清册要求永久性保管；现金和银行存款日记账保管 25 年；各种会计凭证、账簿及会计移交清册保管 15 年；银行对账单、银行存款余额调节表和固定资产卡片保管 5 年；月、季度财务报告保管 3 年。

（二）会计档案销毁制度

各单位对保管期满的会计档案，应按照下列要求予以销毁：

（1）由档案机构会同会计机构提出销毁意见，编制“会计档案销毁清册”，注明销毁会计档案的名称、卷号、册数、起止年度、档案编号、应保管与已保管期限、销毁时间等内容。

（2）由单位负责人在会计档案销毁清册上签署意见，获得批准。

（3）由档案机构和会计机构共同派人员负责监销，监销人在销毁会计档案前，应按会计档案销毁清册所列内容清点核对，销毁后应在销毁清册上签名盖章，并将监销情况上报本单位负责人。会计档案销毁清册见表 2-2。

表 2-2 **会计档案销毁清册**

档案名称	起止日期	册数	销毁原因	销毁方法	备注

档案机构负责人　　　　会计主管　　　　监销人　　　　保管

第五节　会计工作交接制度设计

一、会计工作交接制度的设计意义

会计人员在调动工作或因故长期离职时，必须有人接替其工作，会计工作的这种移交和接替过程称为会计工作交接。为了保证会计工作的连续性，明确交接人员各自的经济责任，防范会计工作因交换而造成混乱和差错，杜绝可能出现的各种不法行为，必须设计严密、完善的会计工作交接制度。

二、会计工作交接制度的设计内容

设计会计工作的交接制度，应主要对交接前的移交准备、交接程序和内容以及监交等作出具体的规定。

（一）关于移交准备工作的规定

会计人员因故离职时，必须向接替人员办理正式的会计移交手续，在移交手续未办妥前不得离职。移交人员因故不能承办移交手续时，经领导批准，可委托他人代办移交，但移交中的责任仍须由本人承担。在正式办理移交手续前，移交人必须做好以下准备工作：

(1) 对已经受理但尚未填制凭证的经济业务事项，应填制相应的凭证并登记入账；(2) 对尚未登账的会计凭证应登记完毕，并在最后一笔余额后加盖印章；(3) 对全部移交资料分类整理，做到账证相符、账账相符、账表相符、账实相符；(4) 对未了会计事项应写出书面材料，说明其内容、原因、处理办法及相关责任。

(二) 关于交接程序和内容的规定

会计工作的交接，应按移交清册逐项进行，接替人员应对移交内容逐项核对后再予以接收，包括：①现金、有价证券必须根据账簿余额盘点验收，账实不符时，移交人员应按规定时间和要求负责查清；②会计凭证、账簿、财务报告等各种会计档案必须完整无缺，发现资料短缺时应由移交人员查清原因；③银行存款账户余额要与银行对账单核对相符，各种资产，债权债务的账面余额应与实物或对方账户的余额核对相符；④移交人所使用的各种图章、印鉴必须齐全并交接清楚。

会计主管人员办理移交手续时，除了移交所经管的会计事项外，还应将全部财会工作、重大财务收支，会计人员状况、下属单位的有关财会情况，与本单位财务往来密切的单位及人员情况等，向接替人员作详细介绍，以便接替人员尽快熟悉情况，开展工作。

在会计交接过程中，移交人员有责任解答接替人员对有关交接事项提出的质疑，且不得以任何理由、任何形式借故推延不移交。同样，接替人员也不得以任何借口推诿不接替。对双方均不解的会计事项应立据说明，并由移交人签字负责。

办理交接手续后，接替人员原则上应继续使用移交的账簿，不许自行另立新账，以保持会计记录的连续性。如果接替人员认为前任会计的有关会计处理不符合相关会计制度的规定，在征得会计机构负责人或单位负责人同意后，方可另建新账，并按有关规定办理更换账簿手续。

移交结束后，必须编制移交清册，在移交清册中列明应当移交的会计凭证、会计账簿、财务报表、印章、现金、有价证券、支票簿、发票、文件、其他会计资料和物品等内容；实行会计电算化的单位，从事该项工作的移交人员还应当在移交清册中列明会计软件及密码、会计软件数据磁盘（磁带等）及有关资料、实物等内容。

(三) 关于监交的规定

会计人员办理交接时，必须有监督人员参加，以严格交接手续，分清是非，明确责任，保证交接工作的顺利进行。一般会计人员交接时，应由会计主管人员监交；会计主管人员交接时，应由单位负责人监交，必要时还可由上级部门派人会同监交。

会计工作交接完毕后，移交人员、接替人员和监交人员都必须在移交清册上签章，并注明单位名称、交接日期、交接人员姓名、职务及其他需要说明的事项和意见。移交清册一般一式三份，交接双方各执一份，存档一份。此外，负责监交的人员在会计交接完毕后，还应将交接情况向单位主管领导汇报。

(四) 关于会计工作移交的特别规定

(1) 会计人员临时离职或者因病不能工作且需要接替或者代理的，会计机构负责人、会计主管人员或者单位领导人必须指定有关人员接替或者代理，并办理交接手续。临时离职或者因病不能工作的会计人员恢复工作的，应当与接替或者代理人员办理交接手续。

(2) 移交人员因病或者其他特殊原因不能亲自办理移交的，经单位领导人批准，可由移交人员委托他人代办移交，但委托人应当承担本规范第三十五条规定的责任。

(3) 单位撤销时，必须留有必要的会计人员，会同有关人员办理清理工作，编制决算；未移交前，不得离职。接收单位和移交日期由主管部门确定。

(4) 单位合并、分立的，其会计工作交接手续比照上述有关规定办理。

基本训练

一、单项选择题

1. 某企业集团为满足业务需要，成立独立的财务公司作为其专门的会计机构，此种会计机构基于的原则是(　　)。

A. 适应性原则　　B. 系统性原则

C. 控制性原则　　D. 权责对等原则

2. 下列选项中，属于小型企业会计主管岗位基本职责与要求的是(　　)。

A. 编制财务报表　　B. 审核原始凭证

C. 负责纳税申报　　D. 负责财务分析

3. 适用于小型企业会计组织机构设计的模式是(　　)。

A. 总会计师领导下的集中核算模式　　B. 总会计师领导下的分散核算模式

C. 会计主管领导下的集中核算模式　　D. 财务副总经理领导下的集中核算模式

4. 下列选项中必须设置总会计师岗位的是(　　)。

A. 小型会计师事务所　　B. 大型外商独资酒店

C. 大型民营企业　　D. 中型国有企业

5. 根据《会计基础工作规范》的要求，下列不属于会计岗位工作的是(　　)。

A. 成本费用核算　　B. 出纳

C. 客户信誉调查　　D. 工资绩效考核

6. 在总会计师领导下的分散核算模式下，可交由分厂或车间完成的工作是(　　)。

A. 总分类核算　　B. 预算编制

C. 报表编制　　D. 成本核算

7. 下列不属于出纳工作岗位的职责是(　　)。

A. 收、付现金　　B. 登记库存现金日记账

C. 保管会计档案　　D. 签发支票

8. 下列各项中，不属于销售会计工作岗位职责的是(　　)。

A. 对客户进行信誉调查　　B. 编制销售计划

C. 进行销售分析　　D. 提醒销售部门催收货款

9. 下列不属于会计档案资料的是(　　)。

A. 财务报表　　B. 原始凭证

C. 银行对账单　　D. 购销合同

10. 国有大型企业会计组织机构一般宜采用(　　)。

A. 会计与财务分设形式　　B. 会计与财务合设形式

C. 总会计师领导下的分散核算模式　　D. 财务主管领导下的分散核算模式

二、多项选择题

1. 我国《会计法》规定，会计机构设置的情形有(　　)。

A. 设置独立的会计机构并配备专职的会计人员
B. 只配备专职的会计人员
C. 委托中介机构代理记账
D. 聘请兼职会计
E. 以上答案都对

2. 下列属于会计工作组织制度内容的有(　　)。
A. 设置会计机构　　B. 配备会计人员
C. 设计会计档案管理制度　　D. 设计会计工作交接制度
E. 制定会计核算制度

3. 下列应当设置总会计师岗位的有(　　)。
A. 国有大型企业　　B. 国有控股公司
C. 外商独资企业　　D. 小型国有企业
E. 中外合资企业

4. 下列不适合采用会计与财务合并设置的单位有(　　)。
A. 大型企业单位　　B. 集团制企业单位
C. 高等院校　　D. 乡镇企业
E. 小型民办工厂

5. 下列各项中，属于固定资产会计工作岗位职责的有 (　　)。
A. 计算在建工程成本　　B. 参与固定资产清查
C. 计算提取固定资产折旧　　D. 编制固定资产修理计划
E. 制定固定资产管理与核算制度

6. 下列各项中，属于成本会计工作岗位职责的有(　　)。
A. 制定成本管理与核算制定　　B. 参与编制成本计划
C. 计算产品生产成本　　D. 登记生产成本明细账
E. 编制成本报表

7. 下列各项中，属于稽核工作岗位职责的有 (　　)。
A. 审核原始凭证　　B. 审核财务收支的合法合规性
C. 复核会计报表　　D. 审核财务计划
E. 审核成本计划

8. 下列各项中，不属于出纳工作岗位职责的有(　　)。
A. 兼管会计档案　　B. 登记总账
C. 登记管理费用明细账　　D. 保管银行预留印鉴
E. 登记银行存款日记账

9. 下列各项中，属于会计档案资料的有(　　)。
A. 原始凭证　　B. 银行存款余额调节表
C. 会计档案保管清册　　D. 会计档案销毁清册
E. 购货合同

10. 下列各项中，对会计工作交接表述正确的有(　　)。
A. 移交人不能到场时不能办理工作移交

B. 财务处处长办理移交时由副处长监交
C. 出纳因公出差不需办理工作移交
D. 出纳因病休假不需办理工作移交
E. 移交完毕后监交人应在移交清册上签字

三、思考题

1. 设计会计工作组织制度应遵循哪些原则？
2. 设置会计机构有何意义？
3. 会计机构和财务机构分设与合设各有哪些优缺点？确定分设还是合设的主要依据是什么？
4. 会计机构内部应如何分工？各会计岗位的主要职责是什么？
5. 如何确定会计人员的编制？各层次的会计人员应具备什么条件？
6. 会计档案管理制度的设计包括哪些内容？
7. 会计工作交接制度的设计包括哪些内容？

四、制度设计题

（一）资料：康利公司是一家大型生产企业，其财会部设有财务、会计和审计三个职能科室，该企业财会组织体系结构如图 2-6 所示。

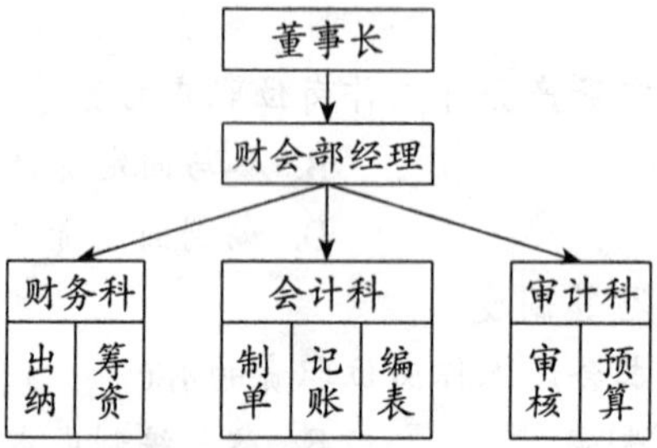

图 2-6 康利公司的财会组织体系结构

要求：

1. 请指出该公司财会组织结构的设置存在哪些问题。
2. 现有岗位应该作哪些调整？是否还需要增设其他岗位？如果需要，具体应增设哪些岗位？

（二）资料：A 公司为一家中型工业企业，管理能力较强，管理要求较高。一直以来，财务机构与会计机构合设，并设置总会计师。近年来，随着企业财务关系的日益复杂，为便于企业进行科学的决策，管理层考虑将财务机构与会计机构分开设置，并单独设置内部审计部门以加强监督。

要求：请根据上述资料，为该公司合理划分财会机构内部的组织结构（以工作小组的形式），并为其绘制财会机构组织体系图。

第三章

会计科目设计

学习目标

□知识目标

了解会计科目的基本含义和类型、明确会计科目设计的意义、原则、程序和方法，掌握国家现行会计规范对会计科目设计的相关规定。

□技能目标

掌握总账会计科目和明细会计科目设计的程序和方法。能够根据会计科目设计原理为中小型企业设计成套会计科目，并编写会计科目的使用说明。

第一节　会计科目设计概述

一、设计会计科目的意义

会计工作的任务是通过对会计对象进行全面、连续、系统和客观真实的反映，为企业内外部的信息使用者提供预决策所需要的会计信息。会计对象即企业在一定时期所发生的经济业务或经济事项。按其所反映的经济内容不同，将会计对象具体可划分为资产、负债、所有者权益、收入、费用和利润六大会计要素。但是，要完成会计工作的任务，仅从这六个方面予以反映是远远不够的，因此，还应遵循一定的原则对会计对象进行更加详细、具体的分类。会计科目就是对会计对象具体内容进行分类核算的项目的名称。设计会计科目，实质上就是如何对会计要素的具体内容，或者说经济业务的具体内容作出科学的分类，以确定每类经济业务的名称及其相互之间的关系，使之形成完整的会计科目体系。

从会计循环的角度讲，会计科目是会计核算的起点，在企业会计制度中起着“支柱”作用。因此，会计科目设计应是企业会计制度设计的一个最重要的环节，它不仅是会计凭证、会计账簿、财务报表等的设计的前提和基础，而且直接关系到整套会计制度设计的质量，进而直接影响到会计工作的质量。因此，在设计会计科目时，既要明确规定每一会计科目反映的经济内容及其所属类别，又要具体确定各个会计科目之间的关系。会计科目分类后，要求既能够反映资金运动的全部过程和结果，又能够反映会计科目各个组成部分的特殊情况。

搞好会计科目设计对保证企业会计制度设计的质量、完成企业会计工作的任务具有以下几方面的意义：

（一）便于为企业内外部会计信息使用者提供预决策所需要的会计信息

通过会计科目的设计，对会计核算的具体内容进行了系统的分类，并形成了完整的会计科目体系，使经济业务发生后引起的各项会计要素的增减变动情况得到了系统的、分类的反映，有利于准确确定并提供与企业相关的各利害关系集团所需要的会计信息。

（二）为建立科学完善的会计核算方法体系奠定了基础

会计核算方法作为一个完整的体系，除设置会计科目外，还包括复式记账、填制和审核会计凭证、登记账簿、成本计算、财产清查和编制财务报表。其中，会计科目是有效应用其他各种方法的基础和依据，会计科目设计得科学合理，就能较好地设计会计凭证、会计账簿和财务报表，否则，就会造成账目混乱、家底不清、核算不便、编表困难等现象，影响会计核算工作的顺利进行和会计核算的质量。具体表现如下：

（1）会计科目的设计，保证了复式记账法的广泛应用。复式记账法的特点就是对发生的每一笔经济业务，都要在该业务所涉及的两个或两个以上的方面进行全面反映，以完整地记录经济业务的全貌，揭示经济业务的来龙去脉。会计科目的设置，使得每一笔经济业务所涉及的各方面都有相应的会计科目加以反映，是复式记账法得以应用的必备条件。

（2）会计科目的设计，为顺利编制记账凭证提供了依据。全面、连续、系统地反映经济业务是会计核算的任务和特点，会计科目的设计，使得会计人员在取得并审核原始凭证后，可以根据原始凭证所涉及的经济内容，确定所使用的会计科目，按照复式记账法的原理编制会计分录或记账凭证。

（3）会计科目的设计，为开设账户、建立账簿提供了依据。账户是按会计科目在账簿中开设的户头，科目与账户之间的关系是：会计科目是账户的名称，而账户是会计科目所反映的经济内容的动态反映。所以说如果没有会计科目，账户和账簿也就无从谈起，会计科目体系的设计是账户体系和账簿体系设置的基础和依据。

（4）会计科目的设计，有利于成本计算的准确性和财产清查工作的顺利进行。成本计算必须在国家规定的成本计算方法下，严格按照成本开支范围及成本项目计算所生产产品的生产成本；财产清查的目的就是要做到财产物资的实存数与账存数相符，它们都必须借助于账簿记录方能进行，而账簿就是根据会计科目产生的。

（5）会计科目的设计，为编制财务报表奠定了基础。财务报表是对信息使用者提供会计信息的书面报告。企业在一定会计期间的经营成果和特定日期的财务状况等会计信息必须通过财务报表这一会计载体予以报告。通过对会计科目的设计，就可以得到财务报表所需要的反映企业财务状况和经营成果的会计信息。事实上，构成财务报表的诸项目的名称均来源于会计科目，并且绝大多数报表项目的名称与会计科目是一致的，报表项目的金额也来源于有关账户的期末余额或当期发生额。

（三）有利于会计工作的合理分工和会计工作的顺利开展

严密完善的会计科目体系，为财会部门的内部分工提供了方便，便于准确划分核算组并正确确定各组的工作任务，科学合理地组织会计工作，规范会计行为，使会计工作有序进行。

二、会计科目设计的原则

会计科目是对会计核算的具体内容进行分类核算的项目。所谓会计核算的具体内容也就是企业所发生的经济业务的内容，从资金运动的角度讲，即企业再生产过程中的资金运动，而企业的资金运动是有一定规律的，会计科目的设计自然应有一定的规律可循。从会计核算方法体系角度讲，会计科目是会计核算的基础和前提，是会计核算方法体系的重要组成部分，因此，设计会计科目必须符合会计核算内容本身的特点，遵循会计核算方法本身的规律。此外，由于我国实行的是“统一领导，分级管理”的会计管理体制，国家对企业会计科目的设置有严格的规定，因此，设计会计科目还应与我国现行会计法规制度相适应。具体来讲，设计会计科目应遵循以下几项原则：

（一）合法性原则

合法性原则是指会计科目设计应符合国家现行会计法规制度的要求。国家的会计法规制度，体现了国家管理经济和对财会工作的总体要求，设计会计科目时，首先必须以此为依据，其中，最主要和最直接的依据是财政部2006年颁发的《会计科目与主要账务处理》。《会计科目与主要账务处理》依据企业会计准则中确认和计量的要求制定，涵盖了各类企业的交易和事项，企业可以根据本单位的业务范围从中选取适用的会计科目。

（二）适应性原则

经济管理包括国家的宏观经济管理和企业的微观经济管理两个层次，而会计是经济管理的重要组成部分，通过为国家的宏观管理和企业的微观管理提供重要的信息来发挥其控制作用，履行其管理职能。会计科目的设计要满足经济管理的需要，必须符合以下具体要求：

（1）统一性与灵活性相结合。会计科目提供的信息既要能满足国家宏观经济管理的需要，又要能满足企业微观经济管理的需要，这就要求会计科目设计既要坚持统一性，又要注意微观经济管理需要的灵活性。即企业可以在不违反会计准则确认、计量和报告要求的基础上，结合本单位的业务特点和管理要求增设、分拆、合并会计科目，对于涉及不到的交易或事项，可以不设置会计科目，这一点对于总分类会计科目的设计尤其重要。例如，对于没有对外投资业务的单位，就无须设置“交易性金融资产”、“持有至到期投资”、“可供出售金融资产”和“长期股权投资”等会计科目。又如，《会计科目与主要账务处理》规定允许企业计提资产减值准备，企业应当设置“坏账准备”、“存货跌价准备”、“持有至到期投资减值准备”、“长期股权投资减值准备”、“在建工程减值准备”、“固定资产减值准备”、“无形资产减值准备”等会计科目，但是，对于没有进行对外投资的单位就无须设置“持有至到期投资减值准备”和“长期股权投资减值准备”会计科目了。再如，按照《会计科目与主要账务处理》的规定，企业对外赊销商品应当设置“应收账款”会计科目，预收款销售业务应当设置“预收账款”账户，但是对于采取预收款方式销售业务不多的企业，可以不单独开设“预收账款”科目，而将该业务并入“应收账款”科目核算。类似的情况还有“应付账款”和“预付账款”科目的设置。

（2）适应本单位的具体情况。会计科目的设计除符合国家相关财经法规制度和会计法规外，还必须考虑单位规模大小、业务繁简和对经济管理的具体要求。这一点主要针对明细分类科目的设计。例如，对于没有外币业务的单位，“库存现金”科目和“银行存款”科目就无须按照币种设置明细科目；对于材料种类较少的单位，可以直接按照材料名称设置明细科目，而无须按照材料种类设置，等等。

（三）专一性原则

专一性原则是指会计科目所反映的经济业务应当具有单一性。设计会计科目时，原则上一个会计科目只反映一种类型的经济业务，不能把不同类型的经济业务合并在一个科目中反映，以免造成核算困难、账目混乱、资金运动的来龙去脉不清、经办责任不明、会计信息失真等现象的发生。如采购业务的核算，如果既不设置“材料采购”科目，也不设置“在途物资”科目，而是将未入库的材料与库存材料混在一起，在“原材料”科目中核算，势必难以分清采购员和保管员之间的经济责任，也不便于对材料采购业务的控制和管理。但是，对于某些反映债权债务的结算类会计科目，当业务量较小或同一单位既是本单位的债权人又是本单位的债务人时，可以将债权债务科目合并为一个往来科目，同时反映债权和债务。如对于预收预付款业务，当业务量不多时，可以不单独设置“预收账款”科目和“预付账款”科目，而是将预收款业务合并在“应收账款”科目下，把预付款业务合并在“应付账款”科目下。

（四）逻辑性原则

逻辑性原则是指总分类科目之间以及总分类科目与明细分类科目之间应具有一定的逻辑性。会计科目是对会计核算的具体内容进行分类核算的项目的名称，也是财务报表项目的主要名称，为使报表项目既不至于过多过细，又不影响报表信息的准确提供，会计科目需要进行级别的划分。会计科目按照级别分为总分类科目和明细分类科目。总分类科目对明细分类科目起统驭和控制作用，明细分类科目对总分类科目起补充说明的作用。从逻辑学的角度讲，设计会计科目简单讲就是对会计核算的各项内容确定名称。因此，在设计会计科目时，应符合逻辑性原则。具体要求为：

（1）会计科目应使用肯定性、明确性的概念，不能使用否定性或模棱两可的概念。

（2）全部总分类科目的外延之和必须能够全面反映单位资金运动的全过程，即具有全面覆盖性。

（3）总分类科目外延应当与其所属的明细科目的外延之和相等。

（4）各个同级会计科目之间在外延上必须保持全异关系，即总分类科目之间、明细分类科目之间不能出现包含关系、交叉关系或全同关系。

三、会计科目的设计步骤

通过以上内容的介绍，我们知道设计会计科目实质上是对企业会计核算内容进行的总括分类和具体分类，是在国家财经法纪和会计法规指导下，确定会计科目的名称、对每一会计科目的核算内容、经济用途、使用方法及编号等所做的规定。因此，设计会计科目的步骤可归纳如下：

（一）明确与会计科目设计直接相关的会计法规制度

在现行会计法规体系中，直接与会计科目设计相关的会计法规主要是《会计科目与主要账务处理》。《会计科目与主要账务处理》涵盖了各类企业的交易和事项，所以，各企业单位在设计会计科目时，应首先对《会计科目与主要账务处理》的内容进行全面的了解，以此来选择本单位应使用的会计科目。

（二）全面了解本单位的经济业务内容

会计科目所反映的内容应与企业现有经济业务和潜在经济业务内容一致，即：有什么类型的经济业务，就应有反映该业务内容的会计科目。会计科目既不能过剩，也不能短缺。要做到这一点，必须详细调查企业情况，全面了解本单位的经济业务。

（三）对经济业务进行科学分类，确定会计科目的名称

在全面了解企业经济业务的基础上，应当按照经济管理和会计核算的要求对其进行科学合理的分类，以确定各业务所涉及的会计科目的名称。对经济业务进行分类的方法有多种，既可以按照资金运动的过程将经济业务分为资金进入企业的业务（筹资业务）、采购与付款业务、生产业务、销售与收款业务、利润计算与分配业务以及对外投资业务；也可

以按照经济业务性质，将经济业务分为涉及企业财务状况的经济业务和涉及企业经营成果的经济业务两类。但不论采用哪种分类标准都应当有利于确定会计科目的数量和名称。

（四）为会计科目编号，建立会计科目体系

为会计科目编号实际上就是对会计科目设置代码。其目的是便于使用者对会计科目的掌握和运用，便于登记账簿、查阅账目和推广电算化会计。设计会计科目不仅应确定会计科目的名称，还应对每一会计科目设计代码，以便形成完整的会计科目体系。

（五）编写会计科目的使用说明

会计科目的使用说明是对每一会计科目的核算内容、经济用途、使用方法、主要会计事项的处理方法及特殊事项的会计处理等进行的文字性介绍。编写会计科目的使用说明是设计会计科目最为重要和最为复杂的工作步骤，其作用在于全面介绍会计科目，帮助会计人员正确理解、使用会计科目。因此，会计科目使用说明的编写质量，是会计科目设计乃至整个会计制度设计成功与否的标志。

（六）列示主要会计事项的账务处理办法

为便于会计人员在较短的时间内正确掌握和运用本单位所设置的各会计科目，在上述设计工作完成以后，还应对本单位可能发生的各项经济业务，编制会计分录，作为会计科目使用说明的附录，它是对如何正确应用会计科目所作的示范。

第二节　总分类科目设计

会计科目按其反映经济内容的详尽程度不同，可分为总分类会计科目和明细分类会计科目。总分类科目是对会计核算的全部内容进行的分类，提供的是会计核算的总括价值指标；明细分类科目是对总分类科目所反映的内容所作的进一步分类，提供的是详细具体的价值指标和数量指标。两类科目的有机结合和合理利用，方能为经营管理提供完整系统的会计指标。因此，会计科目的设计，既包括总分类科目的设计，也包括明细分类科目的设计。本节主要讨论总分类科目的设计。

前已述及，设计会计科目首先要了解单位的经济业务内容，然后再根据经济业务的内容设计会计科目。企业所发生的经济业务，虽然会因企业的类型不同而有所不同，如工业企业的经济业务主要涉及供、产、销业务；商品流通企业的经济业务主要涉及购、销业务，但是，所有企业的经济业务都有一个共同点，都会形成一个完整的资金运动过程，即都是一个资金进入企业、资金在企业中运动和资金退出企业的过程。由于在所有的企业类型中，工业企业的资金运动最复杂，也最具有代表性，所以，下面将按照工业企业资金运动的一般程序，阐述各类经济业务应设计的总分类会计科目。

一、按反映的经济内容设计总分类会计科目

在我国现行会计管理体制下，总分类会计科目的设计实际上只是各单位根据本单位可能发生的各项经济业务，参照财政部《会计科目与主要账务处理》中的“会计科目表”，予以选择、增加、分拆或合并。凡是国家会计制度中已明确规定的会计科目，企业一般只有用名的选择权，而没有命名权；只有对现行会计制度中没有涉及而企业确实已经发生了的经济业务，方允许企业自行增设会计科目。本教材遵循会计科目设计的一般原则，主要介绍国家有关规定范围内的总分类科目设计。

（一）筹资业务会计科目的设计

筹资业务即资金进入企业的业务。随着我国现代企业制度的建立，企业的筹资自主权不断扩大，筹资渠道呈多样化。企业的筹资业务主要有：吸收投资者以货币资金或其他有形及无形资产投入的资本；向金融机构举借债款取得资金；向社会发行股票及债券取得资金等。

1. 吸收投资业务的会计科目设计

根据我国《企业会计准则》的规定，投资者可以以现金、实物和无形资产等形式对企业进行投资。当企业筹集到投资者以各种方式投入的资本金时，一方面形成所有者权益，另一方面增加了企业的资产，因此，应当设置“实收资本（或股本）”会计科目；在吸收投资业务活动中，对于投资者实际缴付的出资额超过注册资本或股本中所占份额的差额，应当设置“资本公积”科目予以反映。

2. 向金融机构借款业务的会计科目设计

向银行或其他金融机构借款是企业筹资的主要渠道之一。按照借款期限不同，各种借款可分为1年期以下和1年期以上两种。前者称为短期借款，后者称为长期借款。对于借款本金，应区别长短期借款分别设置“长期借款”和“短期借款”科目。

对于短期借款所产生的利息，应设置“应付利息”、“财务费用”科目，以反映企业因借入短期借款应负担而未实际支付的利息。

对于长期借款所产生的利息，应区别专门借款和一般借款分别设置会计科目。专门借款是指为购建或者生产符合资本化条件的资产而专门借入的款项，通常有明确的用途，并具有标明该用途的借款合同，如企业为购建固定资产、购买材料和商品而专门借入的款项。根据借款费用准则规定，为专门用途借入的款项，在资产的购建期内所产生的借款利息，应当予以资本化处理，作为相关资产的成本，记入“在建工程”、“研发支出”、“生产成本”等科目；不在资产的购建期内所产生的借款利息，应当予以费用化处理，记入“应付利息”、“财务费用”等科目。一般借款是指除专门借款之外的借款，由于其用途没有特指用于符合资本化条件资产的购建或者生产，因此产生的借款利息费用的核算同短期借款利息，应当在发生时确认为费用，记入“应付利息”、“财务费用”等科目。

3. 发行企业债券业务的会计科目设计

通过发行企业债券筹集资金，是市场经济体制和现代企业制度下一种越来越重要的筹资方式，它既有利于企业的发展，又有利于社会闲散资金的充分利用。目前，我国发行的企业债券，期限一般都在一年以上，故应设置“应付债券”科目，用以核算发行债券的本金和利息。在资产负债表日，按照发行债券的摊余成本和实际利率计算确定的债券利息费用，应当区别所筹资金的用途分别使用“在建工程”、“制造费用”、“研发支出”、“财务费用”等会计科目。

4. 特殊融资业务的会计科目设计

除以上两种主要借款业务外，对于企业采用分期付款方式购入固定资产发生的应付款项，以及采用融资租赁方式租入固定资产形成的租赁费等特殊融资业务，应当设置“长期应付款”科目进行核算。如果融资租赁固定资产的最低租赁付款额与发生的初始直接费用之和高于租赁开始日租赁资产公允价值，或者采用分期付款方式购入的固定资产的购买价款的现值低于实际应当支付的款项时，对于差额部分还应设置“未确认融资费用”

科目。如果企业为融资租入的固定资产发生了改良支出，还应设置“长期待摊费用”科目。

（二）固定资产业务的会计科目设计

1. 固定资产购置业务的会计科目设计

企业发生购置厂房、机器设备等固定资产业务时，应当根据固定资产的取得方式及固定资产的状态不同，设置“工程物资”、“在建工程”和“固定资产”等会计科目。

2. 固定资产折旧业务的会计科目设计

固定资产因使用磨损而减少的价值称为折旧。折旧的发生意味着固定资产价值的减少，理应在“固定资产”科目中反映，但由此导致“固定资产”科目的余额只是固定资产的账面净值，其历史成本信息在会计记录中消失。这样，将不利于企业加强固定资产的管理，也无法满足使用者的信息需求。因此，需要单独设置“累计折旧”科目，反映固定资产的磨损价值，并通过“累计折旧”与“固定资产”科目的对比分析，考察企业固定资产的新旧程度，决定其报废、大修和更新的时间，加强固定资产管理。

对于企业应负担的折旧费用，应当区别固定资产的不同用途，设置“制造费用”、“管理费用”、“销售费用”、“研发支出”和“其他业务成本”等会计科目。

3. 固定资产处置及减值业务的会计科目设计

对于固定资产因捐赠、出售、毁损或报废等原因退出企业的业务，应当设置“固定资产清理”、“营业外收入”和“营业外支出”等科目。此外，固定资产在购建和使用期间，可能会因技术进步、长期闲置不用或遭受毁损等原因使其内在价值低于账面净值，发生资产减值，因此，还应设置“在建工程减值准备”、“固定资产减值准备”等会计科目。

（三）无形资产业务的会计科目设计

无形资产业务包括无形资产的取得、摊销、出租和处置等。企业以外购或自行研发等方式取得无形资产时，应当设置“研发支出”、“无形资产”等科目；采用摊销方式转移无形资产的价值时，应当设置“累计摊销”科目。对于企业应负担的无形资产摊销费用，应区别自用和出租，分别设置“管理费用”和“其他业务成本”科目。

按照现行企业会计准则的规定，无形资产在使用期限内，如有被新技术替代、市价大幅下跌或虽已超过法定保护期限，但仍具有部分使用价值等情况，企业应当设置“无形资产减值准备”科目，核算无形资产的减值准备。

（四）采购业务的会计科目设计

企业以各种方式筹集到生产经营所需要的资金后，就可以利用这些资金进行材料的采购。采购业务的内容主要有：购买材料、支付各项采购费用；计算材料的实际采购成本；结算因采购材料而发生的债务；材料验收入库等。

1. 采购成本计算业务的会计科目设计

材料的采购成本包括材料的买价、运杂费（包括运输费、装卸费、包装费、保险费、仓储费等）、运输途中的合理损耗、入库前的挑选整理费、购入材料发生的税金（如关税等）和其他费用等。为了全面反映企业在材料采购过程中发生的买价及各项采购费用，正确计算材料采购成本，应设置“材料采购”科目。对于采用实际成本进行日常核算的企业，还可设置“在途物资”科目予以反映。

需要指出的是，商品流通企业采购商品时，应设置“在途物资”科目。但商品的采购成本仅包括商品的买价，采购过程中发生的运杂费、运输途中的合理损耗和入库前的挑选整理等费用，通过设置“销售费用”科目核算。

2. 采购价款结算业务的会计科目设计

企业采购材料，涉及企业与供应商及其他相关部门之间的材料买价或采购费用的结算问题，并且有赊购、现购、开具商业汇票和预付款等多种结算方式。采用赊购方式时应设置“应付账款”科目；采用现购方式时应设置“库存现金”、“银行存款”和“其他货币资金”等科目；采用商业汇票结算方式时应设置“应付票据”科目；采用预付款结算方式时应设置“预付账款”科目。

另外，按照我国税法的相关规定，自1995年我国开始起征增值税以来，对于增值税一般纳税人，在采购业务中还应设置“应交税费——应交增值税（进项税额）”科目，以单独核算在购货业务中产生的增值税税额。

3. 材料验收入库业务的会计科目设计

企业购买的各种材料物资，虽然用途不尽相同，有的直接构成产品实体，有的则是有助于产品的形成，还有的则是为了保护产品，但它们在运达本企业后，都需要经过验收入库，形成企业的存货。因此，应当根据各种材料的用途，分别设置“原材料”、“周转材料”（或单独设置“包装物”和“低值易耗品”）等科目。如果企业采用计划成本核算材料，对于验收入库材料的实际成本与计划成本之间的差异，应设置“材料成本差异”科目。如果企业购入的材料、机器设备用于在建工程时，应设置“工程物资”科目予以反映。

商品流通企业所采购的商品验收入库后，应设置“库存商品”科目。对于采用售价核算的企业，还应专门设置反映商品进价与售价之间差额的“商品进销差价”科目。

企业委托外单位加工材料、商品时，应设置“委托加工物资”科目予以反映；企业受托代销商品时，应设置“发出商品”（或“受托代销商品”）和“代销商品款”科目。

（五）生产业务的会计科目设计

工业企业完成了生产准备业务以后，就要借助于劳动力和劳动资料对劳动对象进行加工，进而形成产成品。工业企业产品的加工制造过程，实质上是对劳动力、劳动资料和劳动对象耗费的过程，是劳动力、劳动资料和劳动对象的价值转移过程。因此，生产业务主要有：向职工支付工资及各种车间管理费用；计提固定资产折旧费；计算加工产品所耗费的各种材料费用；计算完工产品的实际生产成本；结转完工验收入库产品的生产成本等。因此，生产业务应设置除前面已提到的“库存现金”、“银行存款”、“原材料”、“包装物”、“低值易耗品”等科目外，还应分别不同情况，设置其他一些会计科目。

1. 生产费用核算业务的会计科目设计

企业在一定时期内发生的费用，有些是为生产某种产品而发生的直接性费用，可以直接计入该种产品的实际生产成本；有些是为生产几种产品发生的间接性费用，需要通过一定的归集和分配方式，在它们之间合理分配并计入各种产品的生产成本；有些则是企业行政管理部门为组织和管理企业的生产经营活动而发生的管理费用。按照制造成本法的要求，前两种费用应计入产品的生产成本，而第三种费用应作为企业的期间费用，计入当期损益。因此，在工业企业里，对于所发生的应当直接计入产品成本的费用项目，应设置“生产成本”（或“基本生产成本”和“辅助生产成本”）会计科目；对于所发生的不能直接计入产品成本的各项费用，应设置“制造费用”会计科目。

对于管理上需要单独核算废品损失和停工损失的企业，还应单独设置“废品损失”和“停工损失”会计科目，以汇集和分配基本生产车间的废品损失及因停工而发生的各种费用。另外，企业如有对外提供劳务的业务，还应设置“劳务成本”科目，以反映对外提供劳务所发生的成本。

对于企业发生的以经营租赁方式租入的固定资产的改良支出等事项，由于支出的受益期限超过12个月，按照权责发生制原则，还应当设置“长期待摊费用”科目。

2. 职工薪酬结算业务的会计科目设计

职工薪酬包括短期薪酬、离职后福利、辞退福利、其他长期职工薪酬，以及企业提供给职工配偶、子女、受赡养人、已故员工遗属及其他受益人等的福利。其中，短期薪酬包括：职工工资、奖金、津贴、补贴、职工福利费、医疗保险费、工伤保险费、生育保险费、住房公积金、工会经费、职工教育经费、职工带薪缺勤、短期利润分享计划、非货币性福利等诸多项目。其他长期职工福利主要包括长期带薪缺勤、长期残疾福利和长期利润分享计划等项目。职工薪酬业务包括职工薪酬费用的分配和结算业务，也包括职工薪酬的发放业务。由于职工薪酬费用分配和结算的时间与薪酬发放的时间往往不一致，因此需要设置“应付职工薪酬”科目，专门反映企业与职工之间薪酬性债务的结算和发放情况。对于企业因结算职工薪酬所发生的费用，应区分职工岗位性质，分别使用“生产成本”、“制造费用”、“管理费用”、“销售费用”等科目。实际发放职工薪酬时，应使用“库存现金”和“银行存款”等会计科目。

3. 库存产品业务的会计科目设计

库存产品指已完成全部生产过程并验收入库，符合产品质量标准和技术条件，可以作为商品对外销售的产成品。为了对库存产品的入库、出库和结存情况进行反映，需要设置“库存商品”会计科目。对于产成品按计划成本核算的企业，由于库存商品的实际成本与计划成本往往存在差异，因此，还应单独设置“产品成本差异”科目，与“库存商品”科目一起，反映库存产品的实际成本。

对于已经过一定生产过程并已检验合格交付半成品仓库，但尚未制造完工成为商品产品，仍需继续加工的中间产品，还应设置“自制半成品”会计科目，专门反映企业库存自制半成品的实际成本，以便为开展内部结算及考核各车间、各部门的工作业绩提供条件。

按照现行企业会计准则的规定，为真实反映企业所有存货的真实价值，依据谨慎性原则的要求，企业可于期末对存货采用成本与可变现净值孰低法予以计价。对由于存货毁损、全部或部分陈旧过时或销售价格低于成本等原因，使存货成本高于可变现净值的，应按可变现净值低于存货成本的部分，计提存货跌价准备。因此，应设置“存货跌价准备”科目。

（六）销售业务的会计科目设计

销售业务是指企业对外销售商品、对外销售不需用或多余材料、对外提供劳务、让渡资产使用权等所发生的业务，主要包括：因销售而引发的收入确认业务、因销售所支付的各项销售费用业务、按照国家有关规定计算各种销售税金业务、结转销售成本业务和结算因销售而引起的债权业务等。因此，销售业务除涉及前面提到的“库存现金”、“银行存款"、"库存商品"等科目外，还应针对不同业务，设置其他会计科目。

1. 产品（商品）销售业务的会计科目设计

产品（商品）销售是企业的主要经营业务，对于主营业务所取得的收入，应设置"主营业务收入"科目予以反映。在销售过程中产生的销售退回和销售折让，也在本科目核算。对于增值税一般纳税人还应设置"应交税费——应交增值税（销项税额）"科目，反映企业因销售而发生的增值税额。对于在销售业务中应结转的商品销售成本、应负担的各项销售费用和销售税金，应分别设置"主营业务成本"、"应交税费"、"营业税金及附加"、"销售费用"等会计科目。

此外，如果企业采取递延方式分期收款或实质上具有融资性质的方式销售商品，并符合收入确认条件时，为了反映发出商品的实际成本，准确计算每期实现的销售利润，还应设置"发出商品"、"长期应收款"和"未实现融资收益"等科目；如果企业有委托其他单位代销商品业务，还应设置"委托代销商品"科目，反映企业委托其他单位代销商品的成本。

2. 附营业务的会计科目设计

附营业务是指企业出租固定资产、出租无形资产、出租包装物和商品、销售材料、用材料进行非货币性交易（非货币性资产交换具有商业实质且公允价值能够可靠计量）或债务重组等业务。这些业务所产生的收入应当设置"其他业务收入"科目予以反映，相关的成本费用则通过设置"其他业务成本"科目核算。

3. 债权结算业务的会计科目设计

企业发生的销售业务，按照结算方式不同，可分为现销、赊销、商业汇票结算和预收款等四种类型。在赊销方式下，因企业不能于销售的同时收回货款，从而形成企业的债权，对此，应设置"应收账款"会计科目予以反映；当收到客户开具的商业汇票时，应当设置"应收票据"会计科目；当收到客户预付的购货款时，应当设置"预收账款"会计科目。如果企业发生的预收款销售业务不多，也可以不单独设置"预收账款"科目，而通过"应收账款"会计科目核算。

对于企业因其他原因形成的债权，如企业拨出的备用金、各种赔款、罚金、暂付押金以及应向职工收取的各种垫付款项等，通过设置"其他应收款"会计科目予以核算。

按照现行企业会计制度的规定，企业应在期末分析各种应收款项的可收回性，预计可能发生的坏账损失并按照一定方法计提坏账准备。因此，还应设置"坏账准备"会计科目反映企业提取的坏账准备，并与"应收票据"、"应收账款"、"预收账款"和"其他应收款"等科目比较，反映应收款的净额指标。

（七）对外投资业务的会计科目设计

随着资本运营的大力推广，企业对外的投资活动也会越来越多，投资业务正成为企业会计核算的重要经济事项。投资业务的内容主要包括：企业以货币资金、债权、实物、无形资产等对外投资、企业实际收到或按被投资方的经营结果确认的投资收益、收回投资等。为此，除前面已设置的"库存现金"、"银行存款"、"原材料"、"库存商品"、"固定资产"、"无形资产"等会计科目外，还应分别不同情况设置如下会计科目：

1. 交易性金融资产类投资业务的会计科目设计

交易性金融资产是指企业为交易目的所发生的债券投资、股票投资、基金投资。此类业务发生时，应设置“交易性金融资产”科目，用以反映债券投资、股票投资、基金投资等的公允价值。企业在购买股票或债券时，买价中包含发行方已宣布发放但尚未支付的现金股利或债券的应计利息，以及交易性金融资产持有期间应取得的现金股利和债券利息，还应设置“应收股利”、“应收利息”和“投资收益”等科目。资产负债表日，为核算交易性金融资产公允价值与其账面价值之间的差额，还应设置“公允价值变动损益”科目。

2. 持有至到期投资类业务的会计科目设计

持有至到期投资一般指企业购买债券所形成的投资。此类业务发生时，应设置“持有至到期投资”科目，用以反映持有至到期投资的摊余成本。对于企业在购买债券时，买价中包含的应计利息以及持有期内应当收取的债券利息，应设置“应收利息”和“投资收益”等科目；在资产负债表日，当持有至到期投资发生减值时，还应设置“持有至到期投资减值准备”科目。

3. 可供出售金融资产类投资业务的会计科目设计

可供出售金融资产是指企业持有的可供出售的股票投资和债券投资。此类业务发生时，应设置“可供出售金融资产”科目，用以反映可供出售金融资产的公允价值。企业在购买股票或债券时，买价中包含的发行方已宣布发放但尚未支付的现金股利或债券的应计利息，以及持有期内应收取的现金股利和债券利息，应设置“应收股利”、“应收利息”和“投资收益”等科目；在资产负债表日，可供出售金融资产发生减值时，应设置“资本公积”科目。

4. 长期股权投资类业务的会计科目设计

长期股权投资是指企业对子公司的投资、对合营企业的投资和对联营企业的投资。此类业务发生时，应设置“长期股权投资”科目，用以反映企业持有的采用成本法和权益法核算的长期股权投资。对于买价中包含的发行方已宣布发放但尚未支付的现金股利，以及采用成本法核算的长期股权投资持有期间应收取的现金股利和利润中属于本企业的部分，应设置“应收股利”和“投资收益”等科目；在资产负债表日，当长期股权投资发生减值时，应设置“长期股权投资减值准备”科目。

（八）利润计算及利润分配业务的会计科目设计

按照会计准则规定，应当对企业一段时期的经营成果进行计算，如果企业实现了盈利，还应按照公司法的规定，对已实现的利润进行分配。因此，就出现了利润计算及利润分配业务。业务内容主要有：结转收入、结转成本费用、计算利润总额、计算应缴所得税、进行利润分配等。为此，除前述已提到的所有收入、费用科目外，还应分别不同的利润核算阶段，设置如下会计科目：

1. 利润计算业务的会计科目设计

（1）企业经营管理费用的会计科目设计。

企业经营管理费用是指企业为组织和管理生产经营活动所发生的管理费用，包括企业在筹建期间发生的开办费、工会经费、职工教育经费、业务招待费、房产税、城镇土地使用税、车船税、印花税、排污费、研究费用、矿产资源使用费、技术转让费、行政管理部门职工薪酬、办公费以及固定资产折旧费、修理费等。当企业发生此类支出时，应设置“管理费用”科目予以核算。

（2）筹资费用的会计科目设计。

筹资费用是指企业为筹集生产经营所需资金而发生的费用，包括利息支出、利息收入、汇兑损益以及相关的手续费、发生的现金折扣和收到的现金折扣等。当企业发生此类业务时，应设置“财务费用”科目予以核算。

（3）营业外收支业务的会计科目设计。

企业的收支业务，除前面已提到的营业收入（主营业务收入和其他业务收入）、营业成本（主营业务成本和其他业务成本）、营业税金及附加等业务外，还会发生各种营业外收支业务。如发生处置固定资产利得、转让无形资产利得、罚款收入、非货币性资产交换利得、债务重组利得、政府补助、盘盈利得、接受捐赠利得等事项，需要设置“营业外收入”会计科目。如发生固定资产盘亏、处置固定资产损失、转让无形资产损失、债务重组损失、罚款支出、公益性捐款支出及非常损失等事项，则应设置“营业外支出”会计科目。

（4）资产减值损失的会计科目设计。

在资产负债表日，受市场规律、技术进步等因素的影响，企业所拥有的应收款项、存货、在建工程、固定资产、无形资产、对外投资等资产项目会发生价值减损。为单独反映上述资产的减损价值，应当设置“资产减值损失”或“公允价值变动损益”会计科目。

（5）利润总额及净利润计算业务的会计科目设计。

企业在一定时期内实现的全部收入减去全部支出后的差额，即为企业实现的利润或发生的亏损。为了准确计算企业的经营成果，必须设置一个专门将当期全部收入与当期全部费用进行对比的会计科目，即“本年利润”会计科目。

（6）所得税费用核算业务的会计科目设计。

企业通过“本年利润”科目计算出的利润总额如为正数，按照企业所得税法的规定，应计算并上交所得税。利润总额扣除当期应负担的所得税费用后的余额即为当期净利润。我国现行会计准则的规定，所得税的核算方法为资产负债表债务法，需要核算会计与税法规定不一致所产生的应纳税暂时性差异和可抵扣暂时性差异。为此，除涉及前面已提到的“应交税费”、“本年利润”、“银行存款”科目外，还应设置“所得税费用”、“递延所得税资产”和“递延所得税负债”等会计科目。

2. 利润分配业务的会计科目设计

根据我国公司法的规定，企业实现的净利润应按照以下顺序分配：提取法定盈余公积、分配优先股股利、提取任意盈余公积、分配普通股股利等。

分配利润，意味着企业已实现利润额的减少，本应记入“本年利润”账户的借方，但这样会使“本年利润”账户不能提供当期实现利润的总括情况，而这一指标又是企业内外部所有信息使用者所必需的。为此，应单独设置“利润分配”科目，专门反映企业当期利润的分配情况，并于“本年利润”账户对比，考察企业的未分配利润。此外，还应根据利润分配的不同去向，分别设置“盈余公积”、“应付股利”等会计科目。

（九）资产清查业务的会计科目设计

为保证会计核算资料的正确性，确保资产实存数与账存数一致，企业应定期、不定期地对企业资产进行清查。为及时反映企业清查资产的盘盈、盘亏、毁损情况，应设置“待处理财产损溢”科目。

（十）特殊业务事项的会计科目设计

企业在生产经营过程中除发生与本企业资金运动规律相吻合的经济业务外，还可能会发生一些超出本企业资金运动范围的，但确实属于本企业所发生的经济业务。因此，企业除根据本单位资金运动规律设置以上总分类会计科目外，还应针对可能发生的特殊经济业务设计会计科目。例如，企业在合并过程中产生了商誉，应当设置“商誉”和“商誉减值准备”等会计科目；企业可以享受政府补贴，而且受益时间在 1 年以上，应当增设“递延收益”会计科目；企业取得政府作为所有者投入的，具有专向或特定用途的款项，应当设置“专项应付款”会计科目；企业需要确认由于未决诉讼、对外提供担保、产品质量保证、重组义务、亏损性合同等负债项目，应当设置“预计负债”会计科目；企业回购本公司股票时，应当设置“库存股”科目。

此外，如果企业发生需要调整以前年度损益的事项，或者本年度发现的重要前期差错更正、需要调整以前年度损益的事项，应当设置“以前年度损益调整”会计科目；如果企业取得了衍生工具，为核算其公允价值及其变动所产生的金融资产或金融负债，应当设置“衍生工具”会计科目；如果企业开展套期保值业务，应当设置“套期工具”、“被套期项目”等会计科目，核算因套期工具或套期保值项目公允价值变动所产生的资产或负债。

以上我们对工业企业的经济业务进行了分类，并对每类经济业务应设置哪些会计科目作了较为系统的分析。从中可以看出：设置任何一个会计科目都是为了反映一定的经济业务，特定的经济业务需要有特定的会计科目反映。这就是说，经济业务内容是设置会计科目的基础。因此，工业企业会计科目可以按其反映的经济内容分为资产类、负债类、共同类、所有者权益类、成本类和损益类等六类。具体分类情况参见表 3-1。

表 3-1　**会计科目按经济内容的分类**

顺序号	编号	名　称	顺序号	编号	名　称
		一、资产类	45	2202	应付账款
1	1001	库存现金	46	2203	预收账款
2	1002	银行存款	47	2211	应付职工薪酬
3	1012	其他货币资金	48	2221	应交税费
4	1101	交易性金融资产	49	2231	应付利息
5	1121	应收票据	50	2232	应付股利
6	1122	应收账款	51	2241	其他应付款
7	1123	预付账款	52	2314	受托代销商品款
8	1131	应收股利	53	2401	长期借款
9	1132	应收利息	54	2501	应付债券
10	1221	其他应收款	55	2701	长期应付款
11	1231	坏账准备	56	2702	未确认融资费用
12	1321	受托代销商品	57	2711	专项应付款
13	1401	材料采购	58	2801	预计负债
14	1402	在途物资	59	2901	递延所得税负债
15	1403	原材料			三、共同类
16	1404	材料成本差异	60	3101	衍生工具
17	1405	库存商品	61	3201	套期工具

续表

顺序号	编号	名　　称	顺序号	编号	名　　称
18	1406	发出商品	62	3202	被套期项目
19	1407	商品进销差价			三、所有者权益类
20	1408	委托加工物资	63	4001	实收资本（或股本）
21	1411	周转材料	64	4002	资本公积
22	1471	存货跌价准备	65	4101	盈余公积
23	1501	持有至到期投资	66	4103	本年利润
24	1502	持有至到期投资减值准备	67	4104	利润分配
25	1503	可供出售金融资产	68	4201	库存股
26	1511	长期股权投资			五、成本类
27	1512	长期股权投资减值准备	69	5001	生产成本
28	1531	长期应收款	70	5101	制造费用
29	1532	未实现融资收益	71	5201	劳务成本
30	1601	固定资产	72	5301	研发支出
31	1602	累计折旧			六、损益类
32	1603	固定资产减值准备	73	6001	主营业务收入
33	1604	在建工程	74	6051	其他业务收入
34	1605	工程物资	75	6101	公允价值变动损益
35	1606	固定资产清理	76	6111	投资收益
36	1701	无形资产	77	6301	营业外收入
37	1702	累计摊销	78	6401	主营业务成本
38	1703	无形资产减值准备	79	6402	其他业务成本
39	1711	商誉	80	6403	营业税金及附加
40	1801	长期待摊费用	81	6601	销售费用
41	1811	递延所得税资产	82	6602	管理费用
42	1901	待处理财产损溢	83	6603	财务费用
		二、负债类	84	6701	资产减值损失
43	2001	短期借款	85	6711	营业外支出
44	2201	应付票据	86	6801	所得税费用
			87	6901	以前年度损益调整

二、按账户的用途和结构设计会计科目

账户的用途是指设置账户的目的，即通过设置和使用账户为经营管理提供什么指标；账户的结构是指使用账户的方式，即如何运用账户为经营管理提供会计指标。设计会计科目，不仅要考虑会计科目反映的经济内容，而且还要考虑根据会计科目设置的账户的用途和结构。也就是说，在按照会计科目反映的经济内容设计会计科目的基础上，再按会计科目所开设的账户的用途和结构设计会计科目。只有这样，才能在明确每一会计科目反映的经济内容的基础上，进一步掌握它们的使用方法，达到正确、规范应用会计科目的目的。按照账户的用途和结构，可将会计科目分成盘存类、投资类、权益类、结算类、调整类、过渡类、待处理类、无形资产类和其他类等九类。具体分类情况参见表3-2。

表 3-2 **会计科目按用途和结构的分类**

类 别		名 称
盘存类科目	货币资产类	库存现金、银行存款、其他货币资金
	存货类	原材料、周转材料、库存商品、工程物资、委托加工物资、委托代销商品、受托代销商品、发出商品
	其他	固定资产
投资类科目		交易性金融资产、持有至到期投资、可供出售金融资产、长期股权投资
权益类科目	资本类	实收资本（或股本）、资本公积
	留存收益类	盈余公积
结算类科目	债权结算类	应收票据、应收股利、应收利息、应收账款、其他应收款、预付账款、长期应收款、递延所得税资产
	债务结算类	短期借款、应付票据、应付账款、预收账款、受托代销商品款、应付职工薪酬、应付利息、应付股利、应交税费、其他应付款、预计负债、长期借款、应付债券、长期应付款、专项应付款、递延所得税负债
调整类科目	备抵调整类	坏账准备、存货跌价准备、商品进销差价、持有至到期投资减值准备、长期股权投资减值准备、累计折旧、固定资产减值准备、在建工程减值准备、累计摊销、无形资产减值准备、商誉减值准备、利润分配
	备抵附加类	材料成本差异、产品成本差异
过渡类科目	跨期摊配类	长期待摊费用
	集合分配类	制造费用
	成本计算类	生产成本、材料采购、劳务成本、在建工程、研发支出
	收入类	主营业务收入、其他业务收入、投资收益、公允价值变动损益、营业外收入
	费用类	主营业务成本、营业税金及附加、其他业务成本、销售费用、管理费用、财务费用、营业外支出、资产减值损失、所得税费用、以前年度损益调整
	财务成果计算类	本年利润
待处理类科目		待处理财产损溢
无形资产类科目		无形资产、商誉
其他类科目		衍生工具、套期工具、被套期项目

上述各类会计科目的具体用途是：

（一）盘存类科目

该类科目反映企业货币资金及各种财产物资的增减变动及其结存情况，用以提供企业有形资产指标，以便计算并考核企业的“资产负债率”、“流动比率”、“速动比率”、“存货周转率”等主要财务指标。

（二）投资类科目

该类科目反映企业对外股票、债券及其他投资数额的增减变动及其实有情况，提供对外投资指标，以便了解企业的理财方针、投资结构和投资风险。

（三）权益类科目

该类科目反映所有者对企业净资产所有权的增减变动情况及其结果，提供投入资本和留存收益等指标，计算并考核企业“资本保值增值率”、“资本积累率”、“净资产收益率”等主要财务指标。

（四）结算类科目

该类科目反映企业与国家、其他单位或个人之间发生的债权、债务的结算情况，提供“资产负债率”、“流动比率”、“速动比率”、“应收账款周转率”等主要财务指标。

（五）调整类科目

该类科目是按照实质重于形式原则和谨慎性原则而设置的一些对基本科目期末余额进行调整的科目，其目的是使基本科目所提供的指标更加真实准确和有用。如“坏账准备”科目与“应收账款”和“其他应收款”科目结合，可提供企业可望收回的债权数；“累计折旧”科目与“固定资产”科目结合，可提供企业拥有的固定资产净值；“存货跌价准备”科目与“存货”科目结合，可提供企业存货可变现净值指标等等。

（六）过渡类科目

该类科目反映企业资金运动过程中各项收入、费用的发生以及经营成果的形成情况，提供经营管理所需要的成本、损益等指标，以便计算并考核企业的“资产保值增值率”、“资产报酬率”、“销售利润率”、“已获利息倍数”、“销售增长率”、“成本利润率”、“净资产收益率”、“资产报酬率”、“经营亏损挂账率”等主要财务指标。

（七）待处理类科目

该类科目反映企业在财产清查中发现的资产短缺或溢余的发生及处理情况，提供企业资产管理效益指标。

（八）无形资产类科目

该类科目反映企业为生产商品或者提供劳务、出租给他人或为管理目的而持有的、没有实物形态的非货币性长期资产，主要提供企业所拥有的法定权利和商誉价值等指标。

（九）其他类科目

该类科目主要反映企业开展衍生金融工具业务而产生的资产或负债。

第三节　明细分类科目设计

一、明细分类科目与总分类科目的关系

如前所述，设计会计科目，不仅要设计总分类科目，还应设计明细分类科目，包括二级、三级明细科目，如有特殊需要还可以设置四级明细科目，以便形成完整的科目级别体系，为企业经营管理提供总括的和详细的数据资料。

基于总分类科目和明细科目之间的控制与被控制、补充与被补充关系，明细科目的内容和使用方法应与总账科目保持一致。所以，设计明细科目应首先考虑总分类科目所反映的内容和特点。总分类科目反映的内容和特点不同，需要设置的明细科目也必然不同。如反映企业债权债务的总分类科目，其明细科目就应明确债务方或债权方的名称；又如反映企业财产物资的总分类科目，其明细科目就应明确财产物资的具体类别和名称等等。其次，由于我国特定的会计管理体制，在设计明细科目时，还应结合国家会计制度中对明细科目设计的要求和规定。这就是说，明细科目的设计必须在国家会计制度的规定和要求之下，结合本单位经营管理的要求和总分类科目的特点进行。

二、明细分类科目的具体设计

（一）特殊要求的明细科目设计

1. 有总账科目必须有相应的明细科目

这类明细科目是指国家会计制度规定设置的明细科目，并且给定了明细科目名称。属于这种情况的总账科目及其明细科目的内容参见表3-3。

表 3-3　　**特殊要求明细科目设计表**

总账科目	明细科目：二级明细	明细科目：三级明细
其他货币资金	银行汇票	
	银行本票	
	信用卡	
	信用证保证金	
	存出投资款	
	外埠存款	
交易性金融资产	股票投资 债券投资 基金投资	成本
		公允价值变动
可供出售金融资产	股票投资 债券投资	成本
		利息调整
		应计利息
		公允价值变动
持有至到期投资	债券投资	成本
		利息调整
		应计利息
长期股权投资	被投资单位名称	成本
		损益调整
		其他权益变动
工程物资	专用材料	
	专用设备	
	工器具	
在建工程	建筑工程	
	安装工程	
	在安装工程	
	待摊支出	
应交税费	应交增值税	进项税额
		已交税费
		转出未交增值税
		减免税款
		销项税额
		出口退税
		进项税额转出
		出口抵减内销产品应纳税额
		转出多交增值税
		未交增值税
	未交增值税	
	应交营业税	
	应交消费税	
	应交资源税	
	应交所得税	
	应交土地增值税	
	应交城建税	
	应交房产税	
	应交城镇土地使用税	
	应交车船税	
	应交教育费附加	
	应交矿产资源补偿费	

总账科目	二级明细科目
应付职工薪酬	工资
	职工福利
	社会保险费
	住房公积金
	工会经费
	职工教育经费
	非货币性福利
	辞退福利
	股份支付
长期借款	成本
	利息调整
应付债券	债券面值
	利息调整
	应计利息
资本公积	资本溢价
	股本溢价
	其他资本公积
盈余公积	法定盈余公积
	任意盈余公积
	储备基金
	企业发展基金
	职工奖励及福利基金
	利润归还投资
	盈余公积补亏
利润分配	提取法定盈余公积
	提取任意盈余公积
	提取储备基金
	提取企业发展基金
	提取职工奖励及福利基金
	利润归还投资
	应付现金股利
	应付利润
	转作股本的股利
	盈余公积补亏
	未分配利润
研发支出	费用化支出
	资本化支出
公允价值变动损益	交易性金融资产
	交易性金融负债
所得税费用	当期所得税费用
	递延所得税费用

2. 根据所采用的核算方法确定明细科目的名称

属于这种要求的总分类科目主要是“周转材料”（或“包装物”、“低值易耗品”）和

“长期股权投资”。当周转材料采用“五五摊销法”进行会计核算时，应在“周转材料”总分类科目下设置“在库周转材料”、“在用周转材料”和“周转材料摊销”等三个明细科目，如果企业采用的是一次摊销法或其他价值转移方法，则不需要设置。对于长期股权投资，当企业采用权益法进行会计核算时，在“长期股权投资”总分类科目下，应设置“成本”、“损益调整”和“其他权益变动”三个明细科目，如企业采用成本法核算，则无须设置。

（二）一般要求的明细科目设计

这类明细科目是指国家会计制度中只规定应设置明细科目，至于明细科目的名称，则由企业根据自身情况自行确定。属于这种情况的明细科目设计方法可分为以下七种：

1. 按资产种类、品名设置明细科目

按这种方法设置明细科目的总分类科目主要包括反映存货的总分类科目和反映固定资产的总分类科目，因为企业的存货和固定资产包括的具体内容较多，而反映存货和固定资产的总分类科目只是反映了资产的某一类别，并非反映出存货和固定资产的具体内容，也不能提供企业详细的存货和固定资产的数据资料。因此，必须按照存货和固定资产的种类、品名设置明细科目，以便为加强管理、明确经济责任提供会计信息。

属于这种情况的总分类科目有“原材料”、“周转材料”（或“包装物”、“低值易耗品”）、“库存商品”、“固定资产”和“待处理财产损溢”等。

2. 按单位或个人名称设置明细科目

按这种方法设置明细科目的总分类科目主要指反映企业债权和债务的总分类科目，包括“应收票据”、“应收账款”、“应收股利”、“应收利息”、“其他应收款”、“长期应收款”、“应付票据”、“应付账款”、“预收账款”、“预付账款”、“其他应付款”、“未确认融资费用”和“实收资本”等。因为企业的每一笔债权都有相应的债务负担者，而每一笔债务也都有相应的债权享有者，作为反映债权和债务的总分类科目只能提供各种债权和债务的总额，而不能提供对每一债务方或债权方的债务金额或债权金额信息。因此，为准确反映企业的债权和债务信息，加强债权和债务的管理，及时索取债权、偿还债务，企业应按单位户名或人名设置明细科目。对于企业吸收的所有者投资，为准确提供各所有者实际出资额占股东权益总额的比重，“实收资本”科目应按照投资人设置明细科目进行明细核算。

3. 按费用项目的名称设置明细科目

属于这种情况的总分类科目主要指成本费用类科目，包括“制造费用”、“管理费用”、“财务费用”、“销售费用”等。这些总分类科目是按照费用发生的用途设置的，所核算的费用项目较多。为加强经济管理，节省费用开支，提高经济效益，企业应按核算的费用项目名称设置明细科目。

4. 按成本计算对象设置明细科目

成本计算对象是指费用的物质承担者，按成本计算对象设置明细科目，有利于客观反映各对象应负担的费用，准确计算各对象的实际成本。因此，属于这种情况的总分类科目主要指成本计算类科目，包括“材料采购”、“在途物资”、“生产成本”、“在建工程”、“劳务成本”、“研发支出”等。对于“生产成本”科目，如果企业同时设置基本生产车间和辅助生产车间，应首先设置“基本生产成本”和“辅助生产成本”两个二级明细科目，然后再按照成本计算对象设置三级明细科目；为简便起见，也可以取消“生产成本”科目，直接将“基本生产成本”和“辅助生产成本”设为一级科目，按成本计算对象设置二级科目。

5. 按业务种类设置明细科目

属于这种情况的总分类科目主要包括“劳务成本”、“主营业务收入”、“其他业务收入”、“主营业务成本”、“其他业务成本”、“投资收益”等。由于这些科目所反映的业务种类较多，为准确反映各类业务所实现的收入和所发生的支出，企业应按各科目所核算的业务种类设置明细科目，进行明细核算。如“劳务成本”科目应按照接受劳务种类设置明细科目；“主营业务收入”和“主营业务成本”科目应按照主营业务种类设置明细科目；“其他业务收入”和“其他业务成本”科目应按照其他业务种类设置明细科目；“投资收益”科目应按照投资项目种类设置明细科目。

6. 按项目名称设置明细科目

属于这种情况的总分类科目主要是“递延收益”、“营业外收入”和“营业外支出”。其中，“递延收益”科目应按照政府补助项目的名称设置明细科目；“营业外收入”应按照收入项目设置明细科目，如非流动性资产处置利得、非货币性资产交换利得、债务重组利得、政府补助、盘盈利得、捐赠利得等；“营业外支出”应按照支出项目设置明细科目，如非流动资产处置损失、非货币性资产交换损失、债务重组损失、公益性捐赠支出、非常损失、盘亏损失等。

7. 按交易或事项设置明细科目

属于这种情况的总分类科目是“预计负债”。确认预计负债时，应按照对外提供担保、未决诉讼、产品质量保证、重组义务和亏损性合同设置明细科目，进行明细核算。

8. 按暂时性差异项目设置明细科目

属于这种情况的总分类科目有“递延所得税资产”和“递延所得税负债”。其中，“递延所得税资产”科目应按照可抵扣暂时性差异项目设置明细科目；“递延所得税负债”科目应按照应纳税暂时性差异项目设置明细科目。

9. 按车间、部门设置明细科目

属于这种情况的总分类科目是“制造费用”。为准确计算产品的实际生产成本，需要对“制造费用”科目按照车间、部门设置明细科目进行明细核算。

10. 根据业务需要设置明细科目

对于“库存现金”和“银行存款”两个总分类科目是否需要设置明细科目，取决于企业是否有外币业务。如果没有外币业务，则不需要设置明细科目；如果有外币业务，为准确反映各币种库存现金和银行存款的增减变动和余额情况，则应根据币种设置明细科目，进行明细分类核算。

11. 按贷款人和贷款种类设置明细科目

属于这种情况的总分类科目有“短期借款”和“长期借款”。其中，“短期借款”科目应按照借款种类、贷款人和币种设置明细科目；“长期借款”科目应按照贷款单位和贷款种类设置明细科目。

（三）不需要设置明细科目

属于这种情况的总分类科目主要包括“坏账准备”、“累计折旧”、“存货跌价准备”、

“材料成本差异”、“商品进销差价”、“持有至到期投资减值准备”、“长期股权投资减值准备”、“在建工程减值准备”、“固定资产减值准备”、“累计摊销”、“无形资产减值准备”、“商誉减值准备”等调整类科目；此外，还有“固定资产清理”、“商誉”、“本年利润”、“库存股”、“资产减值损失”、“以前年度损益调整”等科目。

第四节 会计科目的编号与使用说明

一、会计科目编号的作用

会计科目的编号就是对全部会计科目按其反映的经济内容及其在会计科目体系中的地位，分别确定一个号码，作为科目的代号。代号一经确定，不得随意变更。会计科目编号的目的是便于开展会计核算，具体作用表现在以下几个方面：

（1）便于确定科目的类别和位置。编号可以确定各科目所属类别及其在该类中的位置，使会计科目表的设计工作更加科学、系统和具有逻辑性，以便于会计人员理解、记忆和使用。

（2）便于账簿设置、记账和编制财务报表。按照会计科目的编号开设账簿，可以避免重建账和漏建账，有利于建账、记账和报表编制工作的有序开展。

（3）便于开展会计电算化。会计电算化即由电子计算机代替手工来进行会计核算，完成会计任务。在会计核算中使用计算机的目的就是提高工作效率和效果，减轻会计人员的工作量。为充分发挥计算机的作用和特点，对于内容固定且使用频繁的会计科目的操作应尽量简化，节约时间。科目代码在计算机制证、记账和编制财务报表中将起到简化作用。

二、会计科目编号的原则

为使会计科目编号发挥以上作用，应当遵循下列原则：

（1）专一性原则。一个号码只能代表一个会计科目，不能同时代表别的科目，以免在使用时发生混乱。

（2）规律性原则。会计科目的编号应当按照一定的规律进行，做到排列有序，层次分明，使人们根据科目号码就能够判断出各个会计科目所属的类别及其所反映的经济内容，并方便记忆和查阅，切记杂乱无章，随意拼凑。

（3）简明性原则。代表会计科目的数字不宜过长，也不宜过短，要真正起到以简代繁的作用。

（4）伸缩性原则。为保证会计科目的代码具有专一性，并保持其稳定性，在设计科目代码时，应具有一定的预见性，为将来可能增加的会计科目预留空号，以便在增设会计科目时不影响编号的基本顺序。

三、会计科目的编号方法

会计科目的编号方法一般是以总分类科目的编号方法为代表进行介绍，明细科目的编号方法借鉴总账科目的编号方法进行。在我国，总分类科目的编号方法及属于特殊要求的明细科目的编号由国家统一规定。理论上有关科目的编号方法很多，有数字顺序法、数字分组法、汉语拼音法、字母组合法等。常用的编号方法主要是数字顺序法和数字分组法。我国目前即采用这两种方法。

（一）数字顺序法

数字顺序法是依据科目编号原则，对按照一定顺序排列的全部总分类会计科目或某一总分类科目所属全部明细科目，从第一号开始，编到最后一个科目为止的编号方法。这种编号方法的优点是简单、直观，从最后一个科目编号可以知道企业大概设置了多少个总账科目，或某一总分类科目共设置了多少个明细科目。其缺点是由于将全部总分类科目并排，不能从编号上确认科目所属的类别及其所反映的经济内容。因此，该方法主要适用于明细科目编号和一些经济业务简单、总账科目数量较少的单位的总账科目编号。我国明细科目编号即采用此方法。

（二）数字分组法

数字分组法即将代表科目的数字从左向右按照一定的规律分成若干组，每一组代表一定的含义，科目代码分为几组、每组包含的数字量有几个，由该组所代表的含义所决定。我国所使用的分组方法主要有三位数分组法和四位数分组法两种。原行业会计制度规定的编号方法是三位数分组法；现行会计准则规定使用的分组法是四位数分组法，其具体内容见表 3-1 所示。四位数字的具体分组如下：

（1）首位数字。首位数字为第一组，表示会计科目的大类，是对全部总分类科目按其所反映的经济内容所作的分组。该组只需要一个数字。我国财政部颁布的《会计科目与主要账务处理》中，将全部总账科目分为 6 组，所选数字从“1”开始，依次为：“1”代表资产类；“2”代表负债类；“3”代表共同类；“4”代表所有者权益类；“5”代表成本类；“6”代表损益类。

（2）第二位数字。第二位数字为第二组，表示会计科目的小类，是对某类会计科目按其所反映的经济内容所作的进一步分组。该组同第一组一样也只需一位数字。由于在六类总账科目中，资产类、负债类、损益类科目各分为十小类，其他三类科目的分类数量都在十小类以下，为保证代码数字不超过四位，并遵从规律性原则，六类总账科目代码中的第二位数字都从“0”开始，依次递升，最大数字为“9”，如资产类科目代码中前两位数字“10”表示资产中的货币资金；“11”表示资产中的对外交易性投资及短期债权；“14”表示存货；“15”表示长期投资及长期债权；“16”表示固定资产；“17”表示无形资产；“18”表示递延资产；“19”表示待处理财产损溢。

（3）第三位数字。第三位数字为第三组，表示会计科目在小类基础上进一步的类别划分，可以称其为小小类。该组同前两组一样，也只需一位数字。虽然各类总账科目所划分的小小类数量不同，但它们的数字选用是一样的，即都是从“0”开始，依次递升至最后一小小类。如“100”表示基本货币资金；“110”表示交易性投资；“112”表示经营性应收短期债权；“113”表示投资性债权，等等。

（4）第四位数字。第四位数字代表第四组，表示会计科目在所属小小类中按某一种排列标准进行排序时所处的位置。各小小类科目虽然包含的科目数量不同，但都在十个以下，因此，只需一位数字，从“1”开始，依据科目编号原则进行编排。如“1001”代表“库存现金”科目；“1002”代表“银行存款”科目；“1101”代表“交易性金融资产”科目；“1121”代表“应收票据”科目；“1131”代表“应收股利”科目；“2001”代表“短期借款”科目；“4001”代表“实收资本（或股本）”科目；“5001”代表“生产成本”科目；“6001”代表“主营业务收入”科目，等等。

以上是对总分类科目编号方法的介绍，会计科目的编号除涉及总账科目编号外，还应对明细科目进行编号。我国现行制度除对总分类科目编号方法予以规定外，还对属于特殊要求的明细科目的编号方法予以了规定。我国所规定的明细科目的编号方法是数字顺序法，非特殊要求明细科目的编号方法可依照特殊要求明细科目编号方法执行。由于各总分类科目所属明细科目的数量不同，有些总分类科目包含的明细科目的数量很可能超过10个，因此，编号是从01开始，依次递升，不必预留空号。在采用编号书写会计科目时，总分类科目编号与明细科目编号可以像文字书写一样，中间由“-”符号分开，如“2221-01-01”代表“应交税费——应交增值税——进项税额”；也可以连续书写，我国现行会计制度中采用的是后一种方法。如“22210101”代表“应交税费——应交增值税——进项税额”科目。

四、会计科目使用说明的编写

（一）会计科目使用说明的编写要点

结合企业经济业务，按照会计科目所反映的经济业务的内容或账户的用途和结构设置会计科目，并按照国家规定的方法对科目予以编号后，并没有完成科目设计的任务。因为，从会计科目的名称上看，虽然能概括说明所反映的经济内容，但很难准确表明它的核算范围、使用方法等。例如，“长期待摊费用”科目是用来反映企业所发生的支付在先，而受益负担在后，且受益负担期在1年以内（包含1年）的各项费用的实际支付、分摊和摊余情况的科目，但本单位属于长期待摊费用的项目有哪些、如何进行账务处理、分摊期有多长、由谁负担等，从科目名称上是看不出来的。因此，为便于会计人员正确理解和规范使用会计科目，还必须依据一定的规律编写会计科目的使用说明，将每一会计科目的核算内容和所反映的业务范围、核算方法、所使用的计价方法、所涉及的对应科目、所开设的明细科目和明细科目的核算要求以及特殊事项会计处理等内容予以说明和陈述。

1. 会计科目的核算内容和范围

会计科目的核算内容和范围，是每一会计科目区别于其他会计科目的主要标志。每一会计科目核算什么经济业务、包括的业务范围有哪些，使用说明中必须首先明确规定。如“长期待摊费用”科目的使用说明中首先应说明该科目核算的内容是企业已经支付，但应在本期和以后各期分别负担的分摊期限在1年以上的各项费用，如租入固定资产的改良支出等。又如，“应收账款”科目的使用说明中首先应说明该科目的核算内容和范围是企业因销售商品、提供劳务等，应向购买单位或接受劳务单位收取的款项。

2. 会计科目的核算方法

会计科目的核算方法，是指针对会计事项，如何运用记账方法进行账务处理。在使用说明中应当说明财产物资的计价方法、会计科目借贷方各登记什么内容、期末有无余额以及余额的含义等。如“长期待摊费用”科目，应说明对于预付待摊费用项目，当实际支出时，应按实际支出数记入该科目的借方；分摊时，借记“管理费用”、“制造费用”等科目，贷记本科目。又如“原材料”科目，应首先说明材料的计价方法是实际成本法还是计划成本法，然后再结合其核算内容和范围说明其他内容。如采用计划成本法购入材料时应作如下说明：企业购入并已验收入库的原材料，按计划成本，借记本科目，贷记“材料采购”科目；同时，结转材料成本差异，实际成本大于计划成本的差异，借记“材料成本差异”科目，贷记“材料采购”科目；实际成本小于计划成本的差异，作相反会计分录。

3. 特殊会计事项账务处理说明

特殊会计事项是指会计科目正常核算范围之外所发生的业务事项，如资产清查和物资运输途中发生的短缺或溢余、自然灾害造成的资产损失等等。如“库存现金”科目，在每日终了结算现金收支或财产清查中发生的有待查明原因的短缺或溢余，应通过“待处理财产损溢”科目核算：属于现金短缺的，应按实际短缺的金额，贷记本科目，借记“待处理财产损溢——待处理流动资产损溢”科目；属于现金溢余的，按实际溢余的金额，借记本科目，贷记“待处理财产损溢——待处理流动资产损溢”科目。

4. 明细科目的设置方法

使用说明中，要求说明各会计科目应当设置的明细科目名称或指出明细科目的设置方法。如“生产成本”科目，首先应当设置“基本生产成本”和“辅助生产成本”两个明细科目，其次应按成本核算对象进行明细核算。又如“固定资产”科目，在使用说明中应当说明该科目应按固定资产的类别设置二级明细科目，并按固定资产的类别、使用部门和每项固定资产设置“固定资产登记簿”和“固定资产卡片”进行明细核算。

5. 期末余额及其含义

这部分内容主要说明会计科目期末是否有余额，如有余额其方向及经济含义是什么。如“原材料”科目，应说明本科目期末余额在借方，反映企业期末库存原材料的实际成本或计划成本。又如“固定资产”科目，应说明本科目期末余额在借方，反映企业期末固定资产的账面原价。

（二）会计科目使用说明编写举例

企业设置的会计科目较多，限于篇幅，本书仅以“库存现金”（1001）科目为例予以说明。

（1）本科目核算企业的库存现金。企业内部周转使用的“备用金”，在“其他应收款”科目核算，或单独设置“备用金”科目核算，不在本科目核算。（核算内容及业务范围）

（2）企业从银行提取现金，根据支票存根所记载的提取金额，借记本科目，贷记“银行存款”科目；将现金存入银行，根据银行退回的进账单第一联，借记“银行存款”科目，贷记本科目。

企业因支付内部职工出差等原因所需的现金，按支出凭证所记载的金额，借记“其他应收款”科目，贷记本科目；收到出差人员交回的差旅费剩余款并结算时，按实际收回的金额，借记本科目，按应报销的金额，借记“管理费用”等科目，按实际借出的现金，贷记“其他应收款”科目。

企业因其他原因收到现金，借记本科目，贷记有关科目；支出现金，贷记本科目，借记有关科目。(核算方法)

（3）企业应当设置“库存现金日记账”（或“现金日记账”，为方便表述，以下简称“现金日记账”）由出纳人员根据收付款凭证，按照业务发生顺序逐笔登记。每日终了，应当计算当日的现金收入合计数、现金支出合计数和结余数，并将结余数与实际库存数核对，做到账款相符。

有外币业务的企业，应当分别人民币和各种外币设置“现金日记账”进行明细核算。

（明细账的设置和登记要求）

（4）每日终了结算现金收支、财产清查等发现的有待查明原因的现金溢余或短缺，应通过“待处理财产损溢”科目核算：属于现金短缺，应按实际短缺的金额，借记“待处理财产损溢——待处理流动资产损溢”科目，贷记本科目；属于现金溢余，按实际溢余的金额，借记本科目，贷记“待处理财产损溢——待处理流动资产损溢”科目。待查明原因后再作如下处理：

①如为现金短缺，属于应由责任人赔偿的部分，借记“其他应收款——应收现金短缺款（某人）”或“库存现金”等科目，贷记“待处理财产损溢——待处理流动资产损溢”科目；属于应由保险公司赔偿的部分，借记“其他应收款——应收保险公司赔偿款”科目，贷记“待处理财产损溢——待处理流动资产损溢”科目；属于无法查明的其他原因，根据管理权限，经批准后处理，借记“管理费用——现金短缺”科目，贷记“待处理财产损溢——待处理流动资产损溢”科目。

②如为现金溢余，属于应支付给有关单位或个人的，应借记“待处理财产损溢——待处理流动资产损溢”科目，贷记“其他应付款——应付现金溢余（某个人或单位）”科目；属于无法查明原因的现金溢余，经批准后，借记“待处理财产损溢——待处理流动资产损溢”科目，贷记“营业外收入——现金溢余”科目。（特殊事项会计处理）

（5）本科目借方期末余额，表示企业实际持有的库存现金。（余额方向及其含义）

基本训练

一、单项选择题

1. 为总账科目“应收账款”设置明细科目时，一般所采用的方法是(　　)。

A. 按业务种类　　B. 按项目名称
C. 按单位或个人名称　　D. 根据业务需要

2. 为及时反映财产物资清查的情况，企业应设置(　　)科目。

A. “固定资产清理”　　B. “损余物资”
C. “待处理财产损溢”　　D. “以前年度损益调整”

3. 下列各总账科目中，按照交易或事项设置明细科目的是(　　)。

A. “投资收益”　　B. “预计负债”　　C. “递延收益”　　D. “材料采购”

4. 下列选项中，属于“共同类”会计科目的是(　　)。

A. “商誉”　　B. “衍生工具”　　C. “研发支出”　　D. “所得税费用”

5. 下列关于企业会计科目选择和使用的表述中，不正确的是(　　)。

A. 企业有一定的自主权　　B. 应符合国家统一会计制度的规定
C. 应满足编制统一财务报表的要求　　D. 不得自行设置和使用会计科目

6. 下列各项中，用途和结构属于过渡类中的集合分配账户的是(　　)。

A. “长期待摊费用”　　B. “制造费用”
C. “本年利润”　　D. “生产成本”

7. 我国目前对明细科目编码采用的方法是(　　)。

A. 数字分组法　　B. 数字组合法　　C. 数字顺序法　　D. 字母组合法

8. 下列账户中，不需要设置明细科目的是(　　)。

A. “存货跌价准备” B. “银行存款”
C. “预计负债” D. “递延所得税资产”

9. 我国实行(　　)的会计管理体制。

A. 统一性结合灵活性 B. 满足国家宏观经济管理需求
C. 统一领导分级管理 D. 充分考虑企业的微观经济管理需求

10. 设计会计科目时，“总分类科目外延应当与其所属的明细科目的外延之和相等”是(　　)的要求。

A. 逻辑性原则 B. 专一性原则 C. 合法性原则 D. 系统性原则

二、多项选择题

1. 会计科目的设计为建立科学、完善的会计核算方法体系奠定了基础，下列说法中正确的有(　　)。

A. 会计科目的设计，便于为会计信息使用者提供决策有用的信息
B. 会计科目的设计，为顺利编制记账凭证提供了依据
C. 会计科目的设计，为开设账户、建立账簿提供了依据
D. 会计科目的设计，有利于成本计算的准确性和财产清查工作的顺利进行
E. 会计科目的设计，为编制财务报表奠定了基础

2. 企业设计会计科目时应坚持的原则有(　　)。

A. 合法性原则 B. 适应性原则 C. 简易性原则
D. 逻辑性原则 E. 专一性原则

3. 下列总账科目中，设计明细科目时需要根据所采用的核算方法确定明细科目的名称的有(　　)。

A. 固定资产 B. 周转材料 C. 原材料
D. 库存商品 E. 长期股权投资

4. “长期股权投资”科目采用权益法核算时应设置(　　)明细科目进行明细核算。

A. “成本” B. “损益调整” C. “资本溢价”
D. “股本溢价” E. “其他权益变动”

5. “周转材料”采用五五摊销法进行核算时，应设置的明细科目有(　　)。

A. “包装物摊销” B. “低值易耗品摊销” C. “在库周转材料”
D. “在用周转材料” E. “周转材料摊销”

6. 根据借款费用准则的规定，企业为专门用途借入的款项，在资产的构建期内所产生的借款利息，应记入(　　)科目。

A. “应付利息” B. “在建工程” C. “研发支出”
D. “财务费用” E. “生产成本”

7. 目前我国采用(　　)为会计科目编号。

A. 汉语拼音法 B. 数字分组法 C. 数字顺序法
D. 数字组合法 E. 字母组合法

8. 企业采取分期收款销售方式，在不符合收入确认条件但商品已经发出的情况下对分期收款销售的商品，应设置的科目有(　　)。

A. “发出商品” B. “主营业务成本” C. “库存商品”

D. “在途商品”　E. “主营业务收入”

9. 下列会计科目中，属于盘存类的有(　　)。

A. “库存现金”　B. “发出商品”　C. “原材料”

D. “委托代销商品”　E. “受托代销商品”

10. 下列说法中正确的有(　　)。

A. 为保证会计科目代码的稳定性，设计会计科目代码时要坚持伸缩性原则

B. 我国目前为明细科目编码采用数字分组法

C. 会计科目的核算方法是每一个会计科目区别于其他会计科目的主要标志

D. “库存现金”科目任何时候都不需要设置明细科目

E. 企业设计会计科目时首先应该明确与会计科目设计直接相关的会计法规制度

三、思考题

1. 设计会计科目有何意义？应遵循哪些原则？

2. 设计会计科目的步骤有哪些？

3. 工业企业的经济业务可分为哪几类？各类经济业务应如何设置会计科目？

4. 为什么对会计科目进行编号？编号应符合哪些要求？

5. 设计明细科目的方法有哪些？各种方法适用于哪些明细科目的设计？

6. 如何按账户的经济内容设计会计科目？

7. 如何按账户的用途和结构设计会计科目？

8. 按照权责发生制原则的要求，应设计哪些会计科目？

9. 如何编写会计科目的使用说明？

四、制度设计题

(一) 资料：立新公司为增值税一般纳税人，属制造业，资料如下：

1. 公司外购材料，且材料采用实际成本核算；

2. 该公司控股 X 公司，占 X 公司 80% 的股份；

3. 该公司有无形资产，且有转让无形资产所有权的行为。

要求：根据该公司的上述情况确定应当设置的会计科目（包括明细科目）。

(二) 资料：蓝海股份有限公司资料如下：

1. 发行股票 100 万股；

2. 发生固定资产（不需安装机器设备一台）购置业务；

3. 期末需计缴企业所得税。

要求：请为该公司设置相关业务核算所需要的会计科目（包括明细科目）。

第四章

会计凭证设计

学习目标

□知识目标

了解会计凭证设计的意义和应当遵循的原则，明确原始凭证、记账凭证设计的要素内容和一般规律。

□技能目标

掌握原始凭证设计的基本程序和方法。能够结合中小型企业的生产经营特点，设计日常经济业务所需原始凭证的格式、联次、传递程序及使用要求。

第一节　会计凭证设计概述

一、会计凭证设计的意义

会计凭证是记录经济业务、明确经济责任的书面证明。以凭证为依据既是会计工作的一大特点，又是对开展会计工作提出的基本要求。经济业务发生后，取得或填制原始凭证并据此编制记账凭证，是会计核算工作的重要内容和基础环节，也是证明经济业务发生情况的原始资料，同时，通过填制凭证，又有利于加强会计监督作用。因此，科学地设计各种类型的原始凭证和记账凭证，建立健全会计凭证体系，并明确规定它们的作用和使用方法，是会计制度设计的重要一环。

一切会计记录都必须有真凭实据，是会计工作应当遵守的一条原则，也是保证会计核算资料具有真实性、客观性和可验证性的关键。在企业的会计核算中，货币资金的收付、收入费用的发生、产品成本的计算、财产物资的增减、往来款项的清算等任何一项经济业务，都必须根据有关的凭据进行账务处理。因此，设计会计凭证，不仅对记录经济业务、反映资金变化、明确经济责任有直接作用，而且影响登记账簿、计算成本、清查财产以及编制报表等会计核算工作，同时与会计分析和会计检查以及内部控制等工作也有直接的关系。具体地讲，设计会计凭证的意义有以下几方面：

（一）保证经济业务的发生和完成情况得到及时准确的反映

在现实经济活动中，会计必须对各单位发生的经济业务进行及时准确的记录或记载，会计凭证的设置正好满足了这一要求，使得经济业务在发生的同时，通过填制或取得凭证得到反映，说明经济业务发生的地点、时间、内容以及经办业务的人员等，保证任何一项财务收支都有相应的证据予以证明。如设计“出差借款单”，可以使发生的出差借款业务得到规范统一的反映，进行相应的会计核算，避免“白条”当“借据”等不符合规定的现象；又如设计“差旅费报销单”，可以将出差过程中发生的一切费用（交通费、住宿费、生活补助费及其他费用）进行归类反映，清楚表明费用总额及各种费用的数额，以便加强费用管理。

(二) 为登记账簿提供依据

任何企事业单位，要想连续、系统、全面地反映和监督经济活动过程及其结果，必须采用登记账簿的会计核算方法。而账簿的登记，必须借助于会计凭证，账簿上记录的各项数据资料，都来源于相应的会计凭证，凭证上反映的各项经济业务，也必须经过整理、归类、汇总登记到有关的账簿中。因此，设计会计凭证，为会计账簿的登记提供了依据。

(三) 加强岗位责任制，完善内部会计控制制度

会计凭证不仅记录经济业务的内容，而且要明确业务经办人员的经济责任，要求办理经济业务的有关单位和人员签名或盖章，以示负责。因此，在会计凭证上设计有关人员的签章，有利于督促业务经办人员尽职尽责，加强岗位责任制。同时，通过设计会计凭证的必要联次和合理的传递程序，可将业务发生所涉及的各职能部门或个人联系起来，使各职能部门之间以及财会部门内部各有关人员之间形成既相互联系，又相互制约、相互监督的格局，强化和完善会计工作的内部控制制度，保证会计工作的规范运行。

(四) 便于开展会计检查和审计工作

由于经办任何经济业务，都要填制或取得相应的会计凭证，因而通过审核和检查会计凭证，可以确定经济活动是否符合国家有关的财经政策、法规和制度的规定，了解有无挥霍浪费、弄虚作假、贪污盗窃等违法乱纪的行为，以保证经济活动的合法合理性、会计资料的客观真实性。因此说，设计会计凭证不仅能保证会计监督职能的充分发挥，而且有利于审计工作的开展，及时发现生产经营过程中存在的问题，有针对性地采取措施，改进工作。

二、会计凭证设计的原则

会计凭证按其主要用途和填制程序不同，分为原始凭证和记账凭证。原始凭证是在经济业务发生时取得或填制的，作为业务办理手续、证明业务发生情况，明确经办人员责任的原始依据，是具有法律效力的书面文件。记账凭证是会计人员根据原始凭证反映的业务内容，运用会计科目加工处理、编制会计分录后作为账簿登记依据的会计凭证，纯属于会计核算的方法和工具。

由于原始凭证和记账凭证的主要作用、使用方法、应用范围、重要程度等各不相同，设计时所应遵循的原则也必然有所区别，分述如下。

(一) 原始凭证的设计原则

设计原始凭证，就是按照经济业务的发生情况和内部控制制度的要求，对原始凭证的种类、格式、内容和联次（张数）等进行的规划和制定。由于原始凭证具有法律性强、种类繁多、使用范围广、经手人员多等特点，因此，设计时应当遵循以下原则：

(1) 全面详细地反映经济业务发生情况。作为业务发生最初书面证明的原始凭证，应把业务发生的时间、地点、内容、有关人员的责任等基本情况详细地提供出来，以便充分发挥原始凭证的作用，并加强原始凭证的管理。因此，设计的原始凭证应当具备：①原始凭证的名称（反映业务种类）；②填制凭证的日期（反映业务发生时间）；③填制凭证和接受凭证的单位（表明业务发生地点）；④经济业务的具体内容；⑤有关单位或个人签章（表明经手人员责任）。这样的原始凭证才能保证经济业务的反映具备全面性和可靠性。

(2) 充分满足内部控制制度的要求。企业、行政事业等单位发生的经济业务，除少

数外，大部分要涉及若干单位或同一单位的几个职能机构以及相关人员。因此，在设计原始凭证时，必须根据实际需要，合理确定各种凭证所需要的联次数量，并规定各联的具体用途。既要满足各单位、各部门从事经济管理和核算的要求，加强岗位责任制，又要通过连续编号、复写多联等方式使各部门之间相互制约、相互监督，加强内部控制。如反映销货业务的“销货单”（发货票），在大中型企业里，最少应设计四联，由销货单位的销售部门、财会部门和仓库以及购货单位各持一联。销售部门留作存根进行业务核算，财会部门凭以收款并进行会计核算，仓库凭以发货并进行实物核算，购货单位作为付款凭证办理采购业务的会计核算。

（3）有利于加快凭证传递，提高工作效率。凭证如何传递，不仅关系到经办业务的各职能部门如何联系和相互制约，促使他们尽职尽责，积极完成自己承担的任务，而且关系到如何简化凭证传递过程，提高工作效率，防止产生工作脱节和漏洞的问题。这就要求在设计原始凭证时，科学合理地规定每一凭证的传递程序，避免传递过程中的迂回或脱节。具体规定各个传递环节的任务，哪些凭证联需要经过哪些部门，在传递过程的哪个环节留归相关部门，等等。如反映领料业务的“领料单”，一般由领料单位填制后，交物资供应部门审批，仓库根据审批后的“领料单”发料，并将实发数量填入单内，交给各有关部门。其程序如图 4-1 所示。

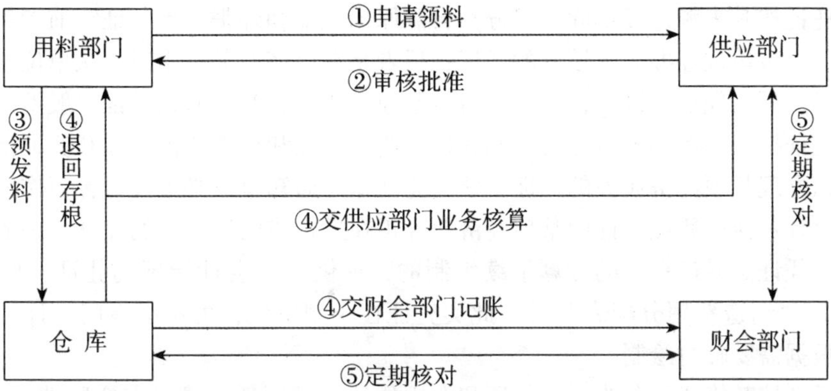

说明：领料单一式四联（小型企业可一式三联），由仓库填入实发材料数量后，将其中三联分别传递给用料、供应和财会三个部门，自留一联登记材料卡片。

图 4-1 “领料单”传递程序图

（4）原始凭证的种类、用途、格式力求标准化和通用化。在企事业单位内部，办理同类性质的经济业务所用的凭证必须统一，并保持稳定，不能经常改变，以方便凭证的填制和审查，同时节约设计和印制费用。有些凭证应尽可能地在部门、系统范围内通用，有条件的还应在地区或全国范围内统一使用，以方便财政、税务和审计等部门的监督检查。

（二）记账凭证的设计原则

记账凭证与原始凭证虽有紧密的联系，但又存在明显的区别。因此，设计记账凭证，在符合内部控制和力求标准通用化的基础上，还应遵循以下原则：

（1）必须具备记账凭证的基本内容，包括记账凭证的名称，填制凭证的日期和编号，经济业务的简要说明；使用的会计科目包括总账科目和明细科目及其增减变化金额，所附原始凭证的张数以及有关人员的签名或盖章。

（2）必须与使用的会计核算形式相适应。不同的会计核算形式，要求有不同种类的记账凭证，如记账凭证核算形式，可以设计“收款凭证”、“付款凭证”和“转账凭证”三种凭证，也可以设计统一的“记账凭证”。但在汇总记账凭证核算形式下，则必须分设“收”、“付”、“转”三种，并相应设计“汇总收款凭证”、“汇总付款凭证”和“汇总转账凭证”才能满足需要。

(3) 满足账簿登记的需要。记账凭证是登记账簿的主要依据，由于账簿有总分类账和明细分类账之别，为了能够使总账和明细账的登记都有依据，设计记账凭证时，会计科目必须分清总账科目、子目和细目，以便分别记载它们的增减变化。此外，为了使记账凭证与账簿之间的关系更加严密，清楚反映凭证中的每一项数字记入账簿的页码，应在记账凭证上设计“账页”一栏。

第二节　原始凭证设计

一、原始凭证的分类

在设计原始凭证之前，设计人员应当熟悉和掌握各种原始凭证的特殊性，以便设计出符合实际需要，凭证内容既不多余又不短缺的原始凭证来。为此，必须对原始凭证进行分类。

原始凭证按其来源途径不同，可分为自制原始凭证和外来原始凭证。前者是在经济业务发生时，由本单位经办人员填制的凭证；后者是在经济业务发生时，从单位外部取得的凭证。所以，原始凭证的设计，主要针对自制原始凭证，外来原始凭证一般不需要设计。

原始凭证按其用途不同可分为通知凭证、执行凭证和计算凭证。通知凭证指命令或要求有关部门办理某项经济业务的凭证。此类凭证作为通知单位必须设计，而作为被通知单位则不需设计；执行凭证是证明某项经济业务正在进行或已经完成的凭证，一般需要自行设计；计算凭证是通过一定的计算手续编制的，提供某项会计指标的凭证，如“产品成本计算单”、“制造费用分配表”等，此类凭证在小型单位，可不必专门设计，使用时由有关人员根据需要临时绘制。

原始凭证按其格式可分为通用凭证和专用凭证。通用凭证是具有全国性或某一地区、某一系统、某一部门统一规格的凭证，可从市场上直接购买，不必自行设计；专用凭证是指具有专门用途，反映各企业特殊经济业务的凭证，必须自己设计。

原始凭证按其填制手续可分为一次凭证和累计凭证。一次凭证是只反映一项经济业务或若干项同类性质的经济业务，填制手续一次完成的凭证，包括自制和外来两部分；累计凭证是在一定时期内反映若干项同类性质的经济业务，填制手续分次完成的凭证。累计凭证大多数只在单位内部使用，故必须自行设计。

此外，原始凭证的分类，还应按经济业务的种类进行，如反映货币资金收付业务的凭证、反映采购业务的凭证、反映销货业务的凭证等。这种分类，将结合原始凭证的具体设计，在后面的问题中详细介绍，此处不再赘述。

二、原始凭证的设计步骤

明确原始凭证的设计步骤，有利于在设计原始凭证时，统筹规划，合理安排，有秩序、有主次地进行，防止重复、遗漏等现象。一般来讲，在企业里原始凭证应按下列步骤设计：

（一）根据实际需要，确定原始凭证种类

原始凭证的种类，一受经济业务具体内容的决定，二受管理要求和核算方式的影响。确定符合实际需要的原始凭证种类，是设计原始凭证必须首先解决的问题，它给原始凭证的设计工作划定了范围，指出了方向。因此，各企事业单位在设计原始凭证时，首先必须根据本单位的经济业务类型、经营管理要求和会计核算方式等，确定所需要的原始凭证种类，保证单位发生的各种经济业务都有相应的原始凭证予以反映。

（二）按照原始凭证用途，设计原始凭证的格式和联次

这是设计原始凭证的关键步骤和具体工作，是产生各种形式的原始凭证的基础。不同种类的原始凭证具有不同的用途，而用途不同，又使得各种原始凭证的具体内容不同。这就要求针对不同用途的原始凭证，按照设计原则，分别设计各种凭证的格式、联次，并规定各联的具体用途。设计时，必须将凭证具备的全部内容作出合理的安排。对表格内外各列示哪些项目，有关项目之间的勾稽关系如何反映，上下左右怎样布局，规格尺寸如何确定，每一凭证需要一式几份，各联如何予以区分以及采用什么纸质印制、印成何种颜色、印刷多少等，都应当作出合理的设计或明确的说明，以保证设计和印制的质量。

（三）制定原始凭证的传递程序

科学合理的原始凭证传递程序，是建立正常的会计业务处理秩序、加强会计工作内部控制、提供真实可靠的会计资料、促进会计工作效率提高的保证。制定传递程序，就是对原始凭证填制或取得后，应当经由哪些部门或个人进行必要的业务处理，直到最后归档为止的全部过程作出规定。原始凭证的传递程序一般可以通过原始凭证各联次的具体用途或有关单位和个人的签章表明。

（四）建立原始凭证的使用保管制度

原始凭证是具有法律效力的经济资料和会计档案，任何单位在设计完成原始凭证后，都应明确规定原始凭证的使用要求，建立规范化的使用制度，保证原始凭证使用的合理、合法和合规性。同时在完成经济业务手续和记账之后，必须对原始凭证妥善保管，以便日后随时查阅。未使用的空白原始凭证也应由专人负责保管，特别是对事先已经盖章的原始凭证和已经使用的原始凭证“存根”更要加强管理，防止丢失。因此，必经按照《会计档案管理办法》的要求，对原始凭证的保管方法、保存期限、查阅和复制手续、销毁办法等作出明确的规定，建立严密完善的原始凭证保管制度。

三、各种原始凭证的具体设计

前已述及，不同的经济业务需要不同的原始凭证反映，按照经济业务的种类，原始凭证大致可以分为：①反映货币资金业务的原始凭证；②反映工资业务的原始凭证；③反映固定资产业务的原始凭证；④反映采购业务的原始凭证；⑤反映存货业务的原始凭证；⑥反映成本核算的原始凭证；⑦反映销售业务的原始凭证；⑧反映其他业务的原始凭证。现以工业企业为例，将各类经济业务所需要的主要原始凭证分别设计如下。

（一）货币资金业务原始凭证的设计

货币资金业务主要指企业的现金、银行存款业务。反映此类业务的原始凭证具有下列特点：既有外来原始凭证，又有自制原始凭证；既有通用凭证，又有专用凭证；从填制手续看都是一次凭证。反映现金业务的原始凭证主要有借款单、收据、差旅费报销单、现金盘点报告表和医药费报销单等。银行存款业务的原始凭证有支票、付款委托书、商业汇票

等。在我国，银行结算凭证实行通用化，不需要自行设计，而反映现金业务的各种原始凭证大多需要自己设计。因此，现金业务凭证是货币资金业务凭证的设计重点。

常用的现金业务收、支凭证基本格式和内容设计参见表4–1至表4–4。

表4–1

现金收据

年　月　日　　　　字第＿＿＿号

交款单位或个人名称	
收款事由	¥＿＿＿＿＿＿
人民币（大写）	
注：本收据无单位公章无效	

收款单位　　　出纳　　　审核　　　交款人

“现金收据”一般设计一式三联，一联作为存根备查，一联送交付款单位（或个人）收执作为报销凭证，并加盖或加印税务部门的鉴制章，另外一联会计凭以记账。

表4–2

（企业名称）

出差借款单

年　月　日　　　　字第＿＿＿号

借款人姓名			所在单位或部门		
出差地点			出差事由		
往返时间		借款金额		预计还款日期	
人民币（大写）					

审批　　　出纳　　　借款单位负责人　　　借款人

“出差借款单”一般只设计一联，由借款人填写，交其所在单位负责人审核签字，再送财会部门负责人审批后，出纳予以付款并送交会计进行账务处理。

表4–3

（企业名称）

差旅费报销单

年　月　日

<table>
<tr><td>报销人姓名</td><td colspan="2"></td><td colspan="2">所在单位</td><td></td><td colspan="2">出差地点</td><td colspan="2"></td></tr>
<tr><td>出差事由</td><td colspan="3"></td><td colspan="2">出差时间</td><td colspan="4">月　日至　月　日</td></tr>
<tr><td rowspan="2">费用项目</td><td colspan="5">交通费</td><td rowspan="2">住宿费</td><td rowspan="2">补助费</td><td rowspan="2">其他费用</td><td rowspan="2">合计</td></tr>
<tr><td>火车</td><td>飞机</td><td>轮船</td><td>长途汽车</td><td>其他</td></tr>
<tr><td>凭证张数</td><td></td><td></td><td></td><td></td><td></td><td></td><td></td><td></td><td></td></tr>
<tr><td>金　额</td><td></td><td></td><td></td><td></td><td></td><td></td><td></td><td></td><td></td></tr>
<tr><td>原借款数</td><td colspan="3"></td><td>报销数</td><td colspan="2"></td><td>退补数</td><td colspan="2"></td></tr>
<tr><td>人民币（大写）</td><td colspan="9"></td></tr>
</table>

审批　　　报销单位负责人　　　报销人

“差旅费报销单”属汇总原始凭证，只设计一联，由报销人和会计主管人员共同填制，经有关人员签章后，会计据此及所附各原始凭证进行账务处理。

表 4-4　　　　（企业名称）

现金盘点报告表

单位名称________　　　　年　月　日　　　　单位：元

账存金额	实存金额	短　缺	长　余	原因

盘点负责人　　　　　　　　出纳员

“现金盘点报告表”是在对现金进行清查盘点，发现盘盈或盘亏时所使用的一张原始凭证。通常可设计两联，一联由出纳员留存，一联送交会计人员审查后编制记账凭证。该凭证在小型企业里可不专门设计。

（二）工资业务原始凭证的设计

工资是以货币形式支付给职工的劳动报酬。工资业务主要包括工资的结算和工资费用的分配。为了保证工资计划的正确实施，防止在工资结算和发放过程中出现弄虚作假、贪污舞弊等行为，必须设计严密的控制程序和完善的凭证体系，建立健全考勤记录和产量记录。反映工资业务的原始凭证，主要有“工资单”、“集体计件工资分配表”和“工资分配汇总表”等。

“工资单”是由劳资部门和财会部门按车间、职能科室、工段或小组按月编制的记录工资发放情况的原始凭证。通常一式三份，其中两份分别由劳资部门和会计部门存留备查和进行账务处理，另一份按每个职工裁成单条，连同工资现金一并发给职工。“工资单”的一般格式参见表 4-5。

表 4-5　　　　（企业名称）

工资单

车间或部门：　　　　年　月份

工号	姓名	计时工资			计件工资	加班工资	奖金	津贴	应发工资	代扣款项							实发工资	领款人签字
		日工资率	出勤天数	金额						房租	水电费	工会费	借支	幼托费	其他	合计		
合计																		

车间或部门负责人　　工资核算员　　复核　　制单　　出纳

“集体计件工资分配表”是在按照生产小组的产量和计件单价计算出小组应得工资后，分配小组成员应得计件工资的原始凭证，一般按小组内各成员工资等级和实际工作时间进行分配。其格式参见表4-6。

表4-6　　　　（企业名称）

集体计件工资分配表

小组名称：　　　　年　月份　　　　编号：

姓　名	工资等级	工资等级系数	实际工作时数	小时工资系数	每一系数小时应得工资	应得工资
①	②	③	④	⑤=③×④	⑥	⑦=⑤×⑥
合　计						

会计主管　　　　复核　　　　制单

“工资分配汇总表”是对各车间或部门的工资费用按用途进行归集和分配的原始凭证。其格式参见表4-7。

表4-7　　　　（企业名称）

工资分配汇总表

年　月份

<table>
<tr><th rowspan="3">车间或部门</th><th rowspan="3">应贷科目
“应付职工薪酬”</th><th colspan="7">应　借　科　目</th></tr>
<tr><th colspan="2">生产成本</th><th rowspan="2">制造费用</th><th rowspan="2">管理费用</th><th rowspan="2">销售费用</th><th rowspan="2">在建工程</th><th rowspan="2">合　计</th></tr>
<tr><th>基本生产成本</th><th>辅助生产成本</th></tr>
<tr><td></td><td></td><td></td><td></td><td></td><td></td><td></td><td></td><td></td></tr>
<tr><td></td><td></td><td></td><td></td><td></td><td></td><td></td><td></td><td></td></tr>
<tr><td>合　计</td><td></td><td></td><td></td><td></td><td></td><td></td><td></td><td></td></tr>
</table>

会计主管　　　　复核　　　　制单

（三）固定资产业务原始凭证的设计

固定资产业务，包括固定资产的购买、接受捐赠、工程完工验收、折旧、报废、盘盈和盘亏等。为了分别反映固定资产各项业务的发生或完成情况，需要分别设计“固定资产验收单”、“工程验收决算报告”、“接受捐赠固定资产情况表”、“固定资产报废单”、“固定资产折旧计算表”、“固定资产内部转移单”、“固定资产盘盈盘亏报告单”等。由于固定资产业务不太频繁，该类原始凭证也不经常使用，因此，大都没有固定格式，而多采用书面说明的办法或自行设计专用凭证。但固定资产业务比较复杂，需要在凭证上反映的内容较多，因此设计该类原始凭证又比较麻烦，经常需要与固定资产管理部门共同协商。现将几种主要凭证的格式、内容设计如下。

（1）“固定资产验收单”，用于投资者投入、企业购进不需要安装的固定资产业务，通常由固定资产验收小组填制后，交财会部门结合其他有关资料进行账务处理。其格式参见表4-8。

（2）“固定资产报废单”。通常设计一式两联，由固定资产管理部门或使用单位提出报废申请，按报废对象填制，详细说明固定资产的技术状况和报废原因，经有关部门审定批准后，送交财会部门一联，作为组织固定资产清理核算的依据；另一联留归固定资产管理部门或使用部门存查，并登记固定资产卡片。“处理意见”栏各部门审查后加注意见并签章。其格式参见表4-9。

表4-8

（企业名称）

固定资产验收单

编号　　　　　　　　　　　　　　　　年　月　日

合同号数	固定资产名称	规格型号	计量单位	质量检查		合同数量	实收数量	备　注
				合格	不合格			

使用部门　　　　　管理部门　　　　　质检部门　　　　　财会部门

表4-9

（企业名称）

固定资产报废单

固定资产名称________　　　　年　月　日　　　　字第______号

编号	规格型号	单位	数量	预用年限	已用年限	原始价值	已提折旧	残值	附属设备	备注
固定资产状况及报废原因										
处理意见	使用部门		技术鉴定小组		设备管理部门		主管部门审批			

（四）采购业务原始凭证的设计

采购业务发生后，必须首先取得供货单位的“发货票”、运输单位的“运单”、银行的结算凭证以及其他有关凭证，在此基础上，进行会计核算。核算的任务，一是计算材料的实际采购成本；二是反映材料入库的实际情况。由此决定需要设计的原始凭证：一是“材料采购成本计算单”；二是“材料入库单”。分别参见表4-10、表4-11。

表4-10

（企业名称）

材料采购成本计算单

年　月　日　　　　字第______号

材料类别	材料名称	规格及型号	计量单位	入库数量	总成本				单位成本	备　注
					买价	运杂费	…	合计		

会计主管　　　　　复核　　　　　制单

表 4-11　　　　　　　　　　　　　　（企业名称）

供货单位________　　　　　　　　　　**收料单**　　　　　　　　　　收字第________号

发票号码________　　　　　　　　　　年　月　日　　　　　　　　　收料仓库________

材料类别	材料名称	规格与型号	计量单位	数量		计划单价	实入库金额	备注
				应收	实收			
合计								

仓库负责人　　　　　　　　　　收料人　　　　　　　　　　交料人

需要指出的是，“材料采购成本计算单”在材料采购业务不多的企业里，可不必专门设计，在计算材料采购成本时，由有关人员临时绘制。

“材料入库单”通常称为“收料单”，一般应设计三联。一联留在仓库登记材料卡片；一联退给交料单位进行业务核算；一联送交财会部门进行账务处理。

应当指出，材料如果按实际成本计价时，“计划单价”栏应按实际成本设计。如果管理需要，金额栏内还应分别设计材料买价和采购费用项目。

（五）存货业务原始凭证的设计

存货是指企业用于销售或生产消耗的各种物品。存货业务的主要内容有存货的收入、存储、发出和盘点等。为了正确反映各种存货的收、发、结存情况，加强存货的管理，应当设计“领料单”、“限额领料单”、“委托加工材料出库单”、“收发料汇总表”、“产品入库单”、“产品出库单”和“存货盘点报告表”等。现将几种主要的凭证格式、内容设计如下。

（1）“领料单”，用于车间或部门从仓库领用材料的业务，一般设计四联（或三联）。具体用途：一联由领料单位存查，一联由审批单位进行业务核算，一联送交财会部门报账，一联留归仓库登记材料卡片。实发数量栏由发料人填写，单价金额栏由会计确定，其余领料单位填写。其格式参见表 4-12。

表 4-12　　　　　　　　　　　　　　（企业名称）

领料单位________　　　　　　　　　　**领料单**　　　　　　　　　　领字第________号

用　　途________　　　　　　　　　　年　月　日　　　　　　　　　发料仓库________

材料类别	材料名称	规格与型号	计量单位	数量		单价	金额	备注
				请领	实发			
合计								

领料单位负责人　　　　　　审批　　　　　　发料人　　　　　　领料人

（2）“限额领料单”，是一种累计领发料凭证，在有效期限（最多为一个月）内，只要领用不超过限额，就可以连续使用。该凭证应在每月开始前，由生产计划部门或供应部门根据生产计划、材料消耗定额等有关资料，按照每种材料的具体用途填制。“限额领料单”一般设计一式两联，经供应部门审核签章后，一联送交仓库据以发料，一联送交领料单位据以领料。

领料单位领料时，应在单内注明领用数量，并由负责人签章后，持往仓库领料。仓库发料时，应严格按照单内所列的材料品种、用途、数量限额发放，并将累计领用数计算填入单内。领用期限结束时，根据限额与累计领用数计算出结余或超支数填入单内，交会计据以记账。其格式参见表4-13。

表4-13　　　　　　　　（企业名称）

领料部门________　　　　**限额领料单**　　　　限领字第________号

材料名称________　　　　年　　月份　　　　发料仓库________

用　　途________　　　　限额________　　　　计量单位________

日　期	本次领用数	累计领用数			超　支	结　余	领料人	备　注
		数量	单价	金额				
合　计								

领料单位负责人　　　　发料人　　　　供应部门负责人

（3）“产品入库单”，是用来记录已经生产完工，经检验合格送交仓库准备销售的产品的原始凭证。入库单的内容应反映生产或班组的名称、产品名称、规格与型号、产品质量等级、生产成本、入库数量等内容。通常设计一式三联，一联仓库盖章后生产部门留存，一联仓库登记存货账，一联送交财会部门进行账务处理。产品入库单的格式参见表4-14。

表4-14　　　　　　　　（企业名称）

产品入库单

年　　月　　日

车间________　　　　班组________　　　　编号：

产品名称	规格与型号	鉴定等级	计量单位	交库数	实收数	单位成本	总成本
合　计							

交库人　　　　保管　　　　会计

(4)“存货盘点报告表”。存货盘点有两种情况，一是采用实地盘存制的企业在期末进行的盘点，另一种是采用永续盘存制的企业为了保证账实相符而进行的盘点。两种盘存制的目的不同，所采用的盘点报告表也不相同。

采用实地盘存制时，进行盘点是为了通过确定结存数计算本期发出存货的数量和金额。其盘点报告表的内容包括存货的名称、规格、期初结存、本期收入、期末结存、本期发出等。盘点报告单的格式参见表4-15。

表4-15　　　　(企业名称)

存货盘点报告表(实地盘存制)

年　月　日　　　　仓库：

名称	规格	计量单位	单价	期初结存		本期收入		期末结存		本期发出	
				数量	金额	数量	金额	数量	金额	数量	金额
合计											

盘点负责人　　　　保管　　　　制单

实行永续盘存制时，进行盘点是为了对那些账实不符，发生盘盈盘亏的存货进行反映。存货盘点报告表的内容包括存货的名称，规格与型号，计量单位，单价，账面结存、实际结存、盘盈盘亏的数量和金额，盈亏原因等。盘点报告表的格式参见表4-16。

表4-16　　　　(企业名称)

单位名称________　　**存货盘点报告表**(永续盘存制)

财产类型________　　年　月　日　　字第________号

编号	品名	规格与型号	计量单位	数　量		单价	盘　盈		盘　亏		盈亏原因
				账存	实存		数量	金额	数量	金额	

主管会计　　　　盘点负责人　　　　实物保管人

(六)成本核算原始凭证的设计

严格地讲，成本核算所使用的原始凭证包括材料发出、工资费用分配、折旧计提及分配等方面的原始凭证，但这些凭证在前述业务中已分别作了介绍。因此，这里重点介绍“产品成本计算单”、“材料费用分配表”和“制造费用分配表”。

(1)“产品成本计算单”，是按照产品名称计算企业各种完工产品成本的原始凭证。在以会计期间作为成本计算期的企业，其一般格式参见表4-17。

表 4-17　　　　　　　　　　　　（企业名称）

产品成本计算单

年　　月　　日

产品名称：　　　　　　　　　　　　计量单位：　　　　　　　　　　字第________号

成本项目	月初在产品成本	本月费用	生产费用合计	月末在产品成本	产成品成本			备　注
					数量	总成本	单位成本	
合　计								

主管会计　　　　　　　　　　制单　　　　　　　　　　审核

（2）“材料费用分配表”，是对月份内所耗材料按其用途进行分配的一种原始凭证，由会计人员根据领料凭证和仓库人员送交的领料登记表在月底编制。其格式从略。

（3）“制造费用分配表”。制造费用是车间管理部门为组织管理产品生产而发生的间接费用。为了保证产品成本计算的准确性，应将制造费用按照一定的标准分配计入各种产品成本。为此，必须设计“制造费用分配表”。其一般格式参见表 4-18。

表 4-18　　　　　　　　　　　　（企业名称）

制造费用分配表

车间：　　　　　　　　　　　　年　　月份

费用受益对象	制造费用总额	分配标准	分配率	分配金额
①	②	③	④=②÷③	⑤=③×④
合　计				

主管会计　　　　　　　　　　复核　　　　　　　　　　制单

（七）销售业务原始凭证的设计

反映销售业务的原始凭证，最主要的是“销货单”（或称“发货票”、“提货单”、“产品出库单”）。由于产品销售方式不同，“销货单”的具体内容和名称也不一致，如采用分期收款销售方式与一次收款销售方式下销售凭证的设计就有很大的区别。此外，反映销售业务的凭证，如果代替购货单位垫付运费，还应设计“代垫运费清单”；如果销货退回的业务较多，还应设计“销货退回收货单”。

需要指出的是，销售凭证不同于材料采购业务和产品生产业务的凭证，它与外单位发生联系，既是本单位的自制原始凭证，又是购货单位的外来原始凭证。因此在设计时，既要注重凭证的内容齐备，又要讲究形式的美观大方；既要满足本单位的需要，又要符合购货单位的要求。现将工业企业的“销货单”设计如下，参见表 4-19。

表4-19　　　　　　　　　　（企业名称）

购货单位或个人　　　　　　　　**销货单**　　　　　　销字第________号

发票号码　　　　　　　　　年　月　日　　　　　　发货仓库________

货　号	品　名	规格与型号	计量单位	数　量	单　价	金　额	备　注
合计（金额大写）							

业务主管　　　会计　　　制单　　　保管　　　提货人

“销货单”一般应设计一式五联：①存根联，由销售部门留存进行业务核算；②购货方联，交购货人回单位报账；③收款联，由财会部门办理收款并进行会计核算；④发货联，由仓库保管凭以发货并登记仓库台账；⑤出门证联，交门卫存查。

需要指出的是，“销货单”购货方联必须加盖销货单位的财务专用章，否则无效；出门证联可以取消，另行开具，办理出门手续。此外，该凭证是将“提货单”（办理产品出库手续）和“发货票”（办理产品销售业务）合并在一起设计的。这样做，有利于简化凭证填制和传递手续，方便会计核算。设计时，可以把二者分开，“提货单”一式两联，由销售单位填制，经办人员签章后，交还销售部门一联，另一联留存仓库记账。“发货票”一式三联，销售部门留一联作为存根备查，其余两联会计部门审核后，留一联记账，交购货人一联回单位报账。

为防止发票的丢失和伪造，方便查询，销售凭证必须连续编号，并填写大写金额。“代垫运费清单”是采用发货制方式销售产品时，由销货单位代替购货单位向运输单位垫支运费后，再与购货单位结算款项所使用的原始凭证。一般设计三联，一联加盖公章后，随同运输单位开具的货物运输收费单送交购货单位，一联送交财会部门进行会计核算，一联留归销售部门存查。为简化工作，销售部门的一联可以取消，设计成一式两联。凭证的格式 和内容从略。

四、原始凭证设计的注意事项

尽管原始凭证的种类繁多，内容各异，但只要对以上设计的各种原始凭证进行细致的观察和分析，就不难看出，原始凭证从内容设计方面大致可以归纳为三类：①反映财产实物增减变动情况的原始凭证，如“材料入库单”、“领料单”、“产品入库单”、“销货单”、“存货盘点报告表”等；②反映货币资金收支变化情况的原始凭证，如“现金收据”、“出差借款单”、“代垫运费清单”、“差旅费报销单”、“现金盘点报告表”等；③反映各项费用分配和成本计算情况的原始凭证，如“材料采购成本计算单”、“产品成本计算单”、“材料费用分配表”、“制造费用分配表”以及“工资分配汇总表”等。

现将各类原始凭证设计应注意的事项分述如下。

（一）反映财产物资增减变化的原始凭证

该类原始凭证，用来反映和记载各种固定资产、材料、燃料、低值易耗品、产成品等的增减情况。由于对各种财产物资的核算，不仅进行价值核算，而且要求进行实物核算，既提供详细的价值指标，又提供具体的实物数量指标，因此，设计时，除符合原始凭证设计原则外，还应注意以下问题：

（1）在凭证中必须设计各种财产物资的品名、类别、规格型号、计量单位、数量、单价等内容，以方便对经济业务的检验和考查、保管和进行实物核算。

（2）由于财产物资的增减变动涉及的部门相对较多，因而设计的张数相应较多，如“销货单”设计五联。但不管几联，最好在设计时，将各联用不同的颜色进行区分，使用时，采用复写的方式。

（3）某些财产物资的变动牵涉到外单位时，必须在有关联次里加盖公章，如“销货单”的发票联，并设计金额大写栏。

（二）反映货币资金收支变化的原始凭证

该类原始凭证，用来反映和记载现金、银行存款等的收支情况。由于银行存款结算的有关凭证实行专用，所以该类凭证的设计主要是有关现金的凭证。设计时应当注意以下问题：

（1）为了保证货币资金的安全，防止涂改、伪造，凭证的金额除有小写外，还必须设计大写金额栏。

（2）必须具备经济业务说明栏，摘要记录经济业务的内容，表明货币资金收支的原因。

（3）有关责任人签章必须齐全，包括业务经办人、审核人，尤其是出纳员。付款原始凭证还须有相应领导负责人签章。

（4）付款业务的原始凭证一般应有外单位加盖的公章，对外收款的原始凭证应加盖本单位的公章。

（三）反映费用成本分配计算的原始凭证

该类原始凭证，用来反映和记载费用的分配和成本的计算情况。这些凭证中，要进行一些运算，因此它们的结构比较复杂，设计的质量如何，影响费用分配和成本计算的准确性，进而影响财务成果。设计时应注意以下问题：

（1）必须与本企业生产特点和管理需求紧密结合，适合本企业的具体情况，反映本企业的特殊要求。

（2）正确划分各栏目的具体内容，明确各栏目之间的勾稽关系、计算依据和相应的计算方法，以保证计算的及时性和准确性。

（3）费用分配表上应当设计费用的分配标准及分配率，并置于醒目的位置，以便进行运算。成本计算单则需列出数量等内容，以便计算各种产品的单位成本。

（4）该类原始凭证属内部使用，因此只设计制证人签章和主管会计员的签章，不必加盖公章。同时，金额只要求小写，不必设计大写金额。

第三节 记账凭证设计

一、记账凭证设计的步骤

前已述及，记账凭证的设计应当遵循一定的原则，如必须具备记账凭证的基本内容、适应会计核算形式和登记账簿的需要等。同时，记账凭证的设计，又必须按照一定的步骤进行。科学合理的设计步骤，有利于减少设计工作量，提高设计工作的效率。

记账凭证的设计，一般应按下列步骤进行：

（一）设计记账凭证的种类

按照《会计基础工作规范》的要求，记账凭证可以采用专用收款凭证、付款凭证和转账凭证，也可以使用通用记账凭证。在各企业、行政事业单位里，使用何种记账凭证，主要受单位经营规模大小、经济业务量多少、财会机构内部分工粗细等因素的决定，同时还受会计核算形式的影响。一般情况下，小型经济单位设计单一的、通用的记账凭证即可，无论现金、银行存款的收付业务，还是转账业务都可以统一使用。在大中型单位，一般应设计收款凭证、付款凭证和转账凭证三种，以便区分各类经济业务。如收款凭证反映货币资金收入业务，付款凭证反映货币资金支出业务，转账凭证反映与货币资金无关的经济业务。同时，也便于汇总记账凭证，简化登记总账的工作量。

（二）设计记账凭证的格式

根据单位规模大小确定了使用的记账凭证种类后，就可以对各种记账凭证，按照记账凭证设计原则进行格式的设计。这一步骤是设计记账凭证的具体工作和关键。

（三）规定记账凭证的用途和管理制度

记账凭证格式设计完毕后，应当对各种记账凭证的用途、使用方法及注意事项等作出明确的规定，以保证各记账凭证的合理使用，使凭证自身的用途与经济业务的内容相符合。如通用的记账凭证适用于一切经济业务，而收款、付款、转账等专用的记账凭证则分别适用于现金、银行存款的收支业务和与现金、银行存款无关的转账业务。

此外，由于记账凭证是对原始凭证内容的分类整理和会计加工，它反映了经济业务发生后引起的资金变化情况，因此，也是重要的会计资料，必须建立完善的管理制度，同原始凭证一起保管和销毁。这也是设计记账凭证应予注意的问题。

二、记账凭证的具体设计

如前所述，记账凭证采用通用格式，还是专用格式，取决于企业的经营规模和财会机构的内部分工。现将企业常用的记账凭证分别设计如下：

（1）通用记账凭证。参见表4-20。

表4-20 **记账凭证** 字第________号

年 月 日 附件________张

摘　要	会计科目		记账符号	借方金额	贷方金额
	总账科目	子目、细目			
合　计					

会计主管　　记账　　出纳　　复核　　制单

通用格式的复式记账凭证，在设计时也可将“借方金额”栏和“贷方金额”栏下的总账科目和子目、细目移至“会计科目”栏下。这样设计便于分清会计科目，但不利于借贷金额的试算平衡。

（2）专用记账凭证，包括收款凭证、付款凭证和转账凭证。格式分别参见表4-21至表4-23。

表4-21　　**收款凭证**　　字第________号

借方科目　　年　月　日　　附件________张

摘　要	贷方科目		记账符号	金　额
	总账科目	子目、细目		
合　计				

会计主管　　记账　　出纳　　复核　　制单

表4-22　　**付款凭证**　　字第________号

贷方科目　　年　月　日　　附件________张

摘　要	借方科目		记账符号	金　额
	总账科目	子目、细目		
合　计				

会计主管　　记账　　出纳　　复核　　制单

表4-23　　**转账凭证**　　字第________号

年　月　日　　附件________张

摘　要	会计科目		记账符号	借方金额	贷方金额
	总账科目	子目、细目			
合　计					

会计主管　　记账　　复核　　制单

基本训练

一、单项选择题

1. 在设计原始凭证时，重点是要(　　)。

A. 真实地记录经济业务的发生过程

B. 充分体现企业内部控制的要求

C. 科学地建立凭证的传递程序

D. 合理地安排原始凭证的基本要素

2. 设计原始凭证的格式时应考虑的问题是(　　)。

A. 所反映经济业务的情况　　B. 凭证的联次

C. 与货币资金收付的关系　　D. 所采用的记账方法

3. 下列属于原始凭证的是(　　)。

A. 银行存款余额调节表　　B. 经济合同

C. 增值税专用发票　　D. 会计档案保管清册

4. 由本单位人员填制的原始凭证叫做(　　)。

A. 单式记账凭证　　B. 外来原始凭证

C. 自制原始凭证　　D. 累计凭证

5. 下列凭证中属于外来凭证的是(　　)。

A. 入库单　　B. 出库单

C. 银行收款通知单　　D. 发出材料汇总表

6. 企业为加强对领用材料的管理，便于考核用料单位的预算执行情况，可设计(　　)。

A. 领料单　　B. 发料凭证汇总表

C. 限额领料单　　D. 请购单

7. 反映销售业务的原始凭证，最主要的是(　　)。

A. 出库单　　B. 销货单

C. 代垫运费清单　　D. 销货退回收货单

8. 企业为反映销售业务设计一式五联的“销货单”，其存根联的用途是(　　)。

A. 交购货人回单位报账

B. 交由财会部门办理收款事项并进行核算

C. 由仓库保管凭以发货并登记仓库台账

D. 由销售部门留存

9. 记账凭证设计时为满足账簿登记的需要，应(　　)。

A. 在记账凭证上设计“过账”栏

B. 将记账凭证设计成通用格式

C. 将记账凭证定期汇总以登记总账

D. 将记账凭证设计成单式

10. 按(　　)标准划分可将会计凭证分为原始凭证和记账凭证。

A. 应用范围　　B. 用途和填制程序

C. 重要程度　　D. 使用方法

二、多项选择题

1. 原始凭证的设计应满足的原则有(　　)。

A. 全面详细地反经济业务发生情况

B. 充分满足内部控制制度的要求

C. 有利于加快凭证传递，提高工作效率

D. 要与所使用的会计核算形式相适应

E. 凭证的种类、用途、格式力求标准化和通用化

2. 企业设计的原始凭证应当具备的内容有(　　)。

A. 凭证的名称　　B. 填制凭证的日期

C. 填制及接受凭证的单位　D. 经济业务的具体内容

E. 有关单位或个人签章

3. 设计原始凭证时，(　　)体现了内部控制制度的要求。

A. 多联复写　B. 连续编号

C. 设计过账栏　D. 有关单位或个人签章

E. 与货币资金有关的业务设计大写金额栏

4. 设计原始凭证，要对原始凭证的(　　)进行规划和制定。

A. 原始凭证的种类　B. 原始凭证的格式

C. 原始凭证的内容　D. 原始凭证的联次

E. 原始凭证的用途及填制程序

5. 设计记账凭证，在符合内部控制和力求标准通用化的基础上，应遵循的原则有(　　)。

A. 须具备记账凭证的基本内容

B. 须与所使用的会计核算形式相适应

C. 须满足账簿登记的需要

D. 须按照用途设计格式和联次

E. 须制定记账凭证的传递程序

6. 下列原始凭证中，可以用来反映企业采购业务的有(　　)。

A. 本单位开出的“发货票”　B. 运输单位的“运单”

C. “银行付款通知单”　D. “材料采购成本计算单”

E. “材料入库单”

7. “收料单”一般是一式三联，这三联主要是提供给(　　)。

A. 保管部门　B. 会计部门　C. 销售部门

D. 采购部门　E. 生产部门

8. 企业选择设计何种记账凭证会受到(　　)的影响

A. 单位经营规模大小　B. 经济业务量多少

C. 财会机构内部分工粗细　D. 会计核算形式

E. 内控制度健全程度

9. 下列凭证中，属于反映企业货币资金收支变化情况的原始凭证的有(　　)。

A. 现金收据　B. 出差借款单

C. 工资分配汇总表　D. 差旅费报销单

E. 现金盘点报告表

10. 下列属于原始凭证中的执行凭证的有(　　)

A. 银行付款通知单　B. 增值税专用发票

C. 产品出库单　D. 制造费用分配表

E. 收料单

三、思考题

1. 设计会计凭证有何意义？

2. 设计原始凭证应当遵循哪些原则？

3. 设计原始凭证，为什么必须具备原始凭证的基本内容？
4. 反映财产物资、货币资金、费用成本的原始凭证，设计时应分别注意哪些问题？
5. 原始凭证的设计步骤有哪些？
6. 设计记账凭证应注意哪些事项？应按照哪些步骤设计？
7. 阐述会计凭证设计与内部控制之间的关系。

四、制度设计题

（一）资料：立新公司准备在材料采购环节增加设计“材料请购单”，在采购材料之前先办理申请手续，以达到加强存货管理、防止盲目采购、节约使用资金的目的。

要求：请为立新公司设计“材料请购单”的格式、联次及传递程序。

（二）资料：科创公司的存货类别较多，业务量较大，为了加强仓储管理，保护资产的安全完整，公司准备重新规范资产盘存业务。

要求：请围绕资产盘存的常见业务，为该公司设计所需要的原始凭证（指出名称即可），并简要说明各种原始凭证的联次、用途。

（三）资料：某机械制造公司固定资产占资产总额的比重较大，固定资产业务比较多。为了保证固定资产业务会计制度的有效实施，需要设计固定资产业务处理的原始凭证。

要求：围绕固定资产常见的业务，为该公司设计固定资产业务处理的原始凭证（指出名称即可），并简要说明其用途。

第五章

会计账簿设计

学习目标

□知识目标

了解会计账簿的含义、种类和设计目的，明确会计账簿设计应当遵循的原则、应当采用的步骤和方法，熟悉序时账簿、总分类账簿、明细分类账簿的有关法律规定。

□技能目标

掌握序时账簿、总分类账簿、明细分类账簿的设计程序和方法。能够针对中小企业的实际情况，规划、组织和设计序时账簿、总分类账簿、明细分类账簿的种类和格式，熟练掌握各种账簿的使用要求。

第一节　会计账簿设计概述

一、会计账簿设计的意义

会计账簿是以会计凭证为依据，全面、系统、连续地反映和监督经济业务，汇集、整理和加工会计信息的工具。设置和登记账簿，是会计核算工作的中心环节，它可以将分散在会计凭证上的大量核算资料，加以集中和归类整理，进而为经营管理提供系统的信息资料。因此，科学合理地设计会计账簿，建立健全会计账簿体系，是会计制度设计的重要内容。

在会计核算工作中，对发生的每一项经济业务，都必须填制或取得会计凭证，以便及时地记录各项经济业务的发生情况，确定经办人员的经济责任。正因为如此，每张凭证只能反映一项或几项同类性质的经济业务，不能连续、系统、全面地反映和监督一个单位在一定时期内某类或全部经济业务的变化情况，无法为经济管理提供系统的、有效的会计核算资料。要解决这些问题，必须借助会计账簿。因此，设计会计账簿，对于归类汇总会计凭证所反映的内容，编制财务报表，积累、贮存经济活动过程和结果的有关数据资料，加强会计监督等都有非常重要的意义。具体阐述如下：

（一）为连续、系统、全面地反映和监督经济业务提供了条件

连续、系统、全面地记录和计算、反映和监督经济业务是会计的特点之一，而这一特点主要体现在会计账簿中。通过会计账簿的序时记录，解决了“连续性”，通过会计账簿的分类记录，解决了“系统性”，两种记录方法的有机结合，又解决了“全面性”。所以说，设计会计账簿，为全面、系统地反映各项资产、负债和所有者权益以及经营收入、支出和成果提供了必备条件，使会计连续、系统、全面地反映和监督经济业务成为可能和现实。而分散在会计凭证上的大量核算资料，通过账簿的登记，也有了合理的归属，进而变成更为有用的会计信息。

（二）为及时、准确地编制财务报表提供了依据

经营管理所需要的数据资料，绝大部分是由财会部门通过财务报表的编制提供的。而

各种财务报表中所反映的资料，又主要来源于会计账簿，例如，“资产负债表”的数据主要取自总分类账簿，“利润表”的数据主要来源于收入、费用和利润等明细账。所以说，设置并登记会计账簿，为财务报表的及时准确编制提供了依据，从而保证了经营管理所需要的各种财务会计指标。同时，为考核和分析资金、成本、利润计划的执行情况和制订下期计划奠定了基础。

（三）有利于经济责任的建立和考核

会计凭证对于明确经济责任有直接的作用，但它只是对个别业务进行证明，而会计账簿则可以在一定的范围内建立岗位责任并予以考核。例如，通过各类各种材料的明细核算，可以了解库存材料的增减变化和结存情况，明确并考核仓库保管员的经济责任，促使保管员尽职尽责。又如，通过应收账款、应付账款的明细核算，可以了解企业与其他单位之间的往来结算情况，考核企业的债权、债务，促使有关人员及时清理账目，保证资金的正常周转。

（四）有利于加强会计监督，保证财产安全

会计账簿是汇集、整理和加工会计信息的工具，同时也是积累和贮存经济活动情况的数据库。企业的一切财务收支、经营过程和结果都要反映在有关的账簿中。因此，建立健全账簿组织体系，有利于利用账簿的功能对企业的经济活动实施会计监督，加强内部控制。通过账簿的记录，可以全面而深入地了解和掌握各项财产物资、货币资金、债权债务的增减变动，在此基础上对生产经营过程进行及时有效的控制和监督，保证经济单位财产物资的安全完整和合理使用，充分发挥会计在经济管理中的作用。

此外，设计完整的账簿组织体系，还有利于开展会计分析和会计检查工作，为审计工作的开展提供全面系统的依据，通过对会计账簿的审查，揭露问题，分析原因，提出改进措施，完善会计核算工作。

二、会计账簿的设计原则

（一）账簿组织与企业的规模和特点相适应

账簿组织要适应企业的特点与规模，必须根据企业的具体情况确定账簿的种类、数量、格式、层次及内容。如在大中型企业里，材料品种多、数量大、变动频繁、保管地点分散，必须分类管理与核算，这就要求按材料类别设置二级明细账，按材料品名设置三级明细账，小型企业根据情况可以适当简化。账簿设计既要考虑满足管理需要、保证账簿组织的严密与完整，又要减少登账工作量，防止重复设账，提高登账的工作效率。

（二）满足财务报表的资料需要

账簿是编制财务报表的依据，编制财务报表所需的数据资料主要来源于账簿。因此，在设计账簿时，必须考虑财务报表的指标需要，尽可能使账簿的种类、明细项目与财务报表的种类与指标做到口径一致，减少编表时的汇总或分解等计算工作，加快报表的编制和报送速度。

（三）账簿设计要与所采用的会计核算形式相适应

会计核算程形式不同，对设置的账簿种类与格式有不同的要求。如“记账凭证核算形式”下，总分类账簿可设计为“三栏式”，而在“日记总账核算形式”下，则必须设计为“多栏式”；前者按会计科目分设账页，后者按会计科目在同一账页中分设专栏；前者纯属分类记录，后者则兼有序时记录和分类记录的共同作用。又如，在一般情况下，“现金日记账”、“银行存款日记账”采用“收、支、余”三栏式；而在“多栏式日记账核算形式”下，为便于对应账户汇总的需要，在“收、支”栏内还需分别按对应账户设明细栏目，这是对日记账赋予了汇总凭证的功能。

（四）设计的账簿要便于登记、审核与保管

账簿的设计还要为登账、审核与保管考虑，账页尺寸不宜太大，账页格式不宜过于复杂，以方便账簿的登记，提高工作效率。同时还要便于账证、账账、账表之间的核对。此外，还要便于审阅与保管。

三、会计账簿设计的步骤

所谓账簿的设计，就是根据企业的经营特点和管理要求对账簿的种类、数量、格式、内容、各种账簿之间的关系以及登记账簿的方法等进行的规定。为了保证账簿组织的严密性和有效性，设计账簿时，应当按照下列步骤进行：

（一）确定所使用的账簿种类

这是设计账簿必须首先解决的问题。但要确定所使用的账簿种类，就必须先了解账簿的种类。账簿的种类可以采用不同的标准来划分，具体如下：

（1）按照账簿的用途，可以分为序时账簿、分类账簿和备查账簿。序时账簿的主要作用是按时间顺序记录发生的经济业务，以保证会计资料的序时性和连续性，主要包括普通日记账、现金日记账、银行存款日记账、购货日记账等；分类账簿的主要作用是按业务内容分类记录各项会计要素内容的增减变化情况，以保证会计资料的系统性，主要包括总分类账和各种形式的明细分类账；备查账簿的主要作用是作为辅助账簿，补充记录主体账簿（序时账和分类账）未能或无法反映的经济事项，加强会计资料的全面性。

（2）按照账簿的外表形式，可分为订本账、活页账和卡片账三种。订本账的特点是在启用前将若干账页固定装订成册；活页账的特点是用账夹将零散的若干账页夹在一起，可以随时增减；卡片账则是活页账簿的一种特殊形式。

（3）按照账簿中账页格式的不同，可以分为三栏式账簿、多栏式账簿和数量金额式账簿三种。三栏式账簿是将“金额”分成三个栏目，分别登记资金的增加、减少和结存；多栏式账簿是根据实际需要，在增加、减少栏目下划分若干栏次；数量金额式账簿是在增加、减少和结存栏目下分别设计三个栏次，用来登记财产实物的数量、单价、金额。

明白了账簿的分类，就可以根据单位的经济业务类型、经营管理要求以及财会机构内部分工情况，确定所使用的账簿种类，并在此基础上，设计各种账簿的数量、格式和内容。

（二）设计各种账簿的格式和内容

这是账簿设计的主要工作和关键步骤。在确定所用账簿的种类后，每一种账簿应采用何种形式，账页格式如何，包括哪些具体内容等，都是需要解决的问题。这些问题将在本章以后的各节中具体讨论。

（三）规定各种账簿之间的关系

设计出的各种会计账簿，虽有其各自的特点和不同的用途，但它们并不是完全孤立的，相互之间存在客观的联系。如总分类账对其所属的明细分类账起着控制作用，而明细分类账对总分类账起着补充和详细说明的作用，二者的关系是制约与被制约的关系。为此，设计账簿时，应明确规定各种账簿之间的勾稽关系，保证各种账簿的相互制约、相互补充，完善账簿组织体系。

（四）建立会计账簿的保管制度

与会计凭证一样，会计账簿也是重要的会计档案，是企业经济活动情况的数据库。为此，企业必须妥善保管会计账簿，建立健全账簿管理制度。年终，应将使用完的账簿装订成册，交专人负责管理。保管期限及其销毁办法按国家颁布的《会计档案管理办法》执行，到期经上级审批后方可销毁。严密的账簿管理制度，有利于堵塞漏洞，防止舞弊行为，保护财产安全。

第二节 序时账簿设计

序时账簿是按照经济业务发生的时间先后顺序逐日逐笔登记的账簿。从其具体用途来看，有两种情况：一种是只起备查簿或明细账的作用；另一种是既作为记录经济业务发生情况的账簿，又作为登记总分类账的依据，起汇总记账凭证的作用。由于其具体用途不同，设计的要求和方法也不相同。因此，设计序时账簿，首先需要解决的问题是序时账簿是否用来登记总分类账。如果采用记账凭证和汇总记账凭证登记总分类账的形式，有关日记账只是作为备查账或明细账，那么，序时账簿的设计比较简单；如果用日记账登记总账，因日记账簿兼有记录经济业务详细内容和确定编制会计分录、登记总账的双重作用，设计起来则比较复杂。无论账簿的种类、格式、内容，还是各种账簿之间的关系均复杂地多，严格地多。

一、不作为登记总账依据的序时账簿的设计

普通序时账簿不作为登记总账的依据，其作用类似于明细账。在企业里，主要有反映货币资金收支业务的“现金日记账”和“银行存款日记账”。对于一些经常发生、又需加强专门管理的业务，也可设置专门的日记账予以反映，如商品流通企业，进货、销货业务频繁，就可以设计“购货日记账”和“销货日记账”，分别反映购销业务的详细情况。工业企业的购销业务相对较少，可以不专门设计。

“现金日记账”和“银行存款日记账”分别反映企业的现金收支业务和银行存款收付业务，为了保证货币资金的安全完整，必须对其严加管理，有效控制。因此，这两种账簿在任何企业都必须设置，在手工记账方式下必须采用“订本式”，格式一般采用“三栏式”，参见表5-1、表5-2。

表5-1 现金日记账 第____页

年		凭证		摘　要	对方科目	借方	贷方	余额
月	日	字	号					

表5-2

银行存款日记账

第____页

年		凭证		摘要	结算凭证		对方科目	借方	贷方	余额
月	日	字	号		种类	编号				

现金、银行存款日记账采用三栏式，便于在实际使用时，进行收入和支出的直观对比，结算余额，随时了解货币资金收支变化和结余情况，监督货币资金的使用。同时，便于按照现金和银行存款收支业务的发生顺序逐日逐笔登记，序时性强。但在货币资金收支业务频繁时，不便于分工记账，进而影响登记账簿的速度。因此，它适用于中小型企业事业单位。

如果单位的出纳业务（货币资金收支）较多，需要由两名出纳人员分管现金和银行存款的收支业务时，可将上述三栏式现金日记账和银行存款日记账分别分为“现金（银行存款）收入日记账”和“现金（银行存款）支出日记账”一栏式账簿，分别登记现金、银行存款的收入和支出业务。现以“现金收入日记账”和“银行存款支出日记账”为例介绍其格式。参见表5-3、表5-4。

表5-3

现金收入日记账

借方：库存现金

第____页

年		凭证		摘要	贷方会计科目	金额
月	日	字	号			

表5-4

银行存款支出日记账

贷方：银行存款

第____页

年		凭证		摘要	结算凭证		借方会计科目	金额
月	日	字	号		种类	编号		

“现金支出日记账”只要将表5-3中的的“借方”改成“贷方”、“银行存款收入日记账”只需把表5-4中的“贷方”改成“借方”即可。

这种账簿适用于现金、银行存款收付业务繁多，出纳分工较细的大型企事业单位。其具体操作方法是：根据收、付款凭证分别登记收入、支出日记账，每日将各种账簿登记的总额报告出纳，以结出现金的余额，编制出纳报告单，向财务负责人提供，以便统筹安排使用货币资金，加强资金管理。

在货币资金收支业务不多的小型企事业单位，为了简化账簿设置，方便记账，总括了解现金和银行存款增减变化及结存情况，也可以将现金日记账和银行存款日记账合并设置为“出纳日记簿”。其格式参见表5-5。

表5-5 出纳日记簿 第____页

年		凭证		摘要	对方科目	库存现金			银行存款			结余合计
月	日	字	号			收入	支出	结余	收入	支出	结余	

当一个单位同时在两个以上的银行开户或在同一银行开设若干账户时，为了便于集中反映各银行存款或各种存款的收、支、结存情况，也可将三栏式银行存款日记账改为表5-5所示的格式，按每一开户银行或每一种存款分设栏目，并在其下分设“收入”、“支出”和“结余”三栏。

二、作为登记总账依据的序时账簿的设计

在以序时账簿作为登记总账的依据时，通常需要设置完整的序时账簿体系，包括：普通日记账、现金日记账、银行存款日记账、购货日记账和销货日记账等，分述如下。

（一）普通日记账

从账簿组织的演变过程来看，普通日记账是最基本的序时账簿，是专门编制会计分录的簿记，因而，也称“分录簿”，其他日记账则是在此基础上演变而来的特殊形式，即特种日记账。在只设置现金和银行存款两种特种日记账时，普通日记账专门记录转账业务；在不设置特种日记账时，普通日记账记录全部经济业务；而在多种特种日记账存在的条件下，普通日记账只记录各种特种日记账记录内容之外的经济业务。鉴于此，普通日记账的设计，应当区别不同情况，设计出适合需要的账页格式和内容。

（1）账户式普通日记账。这是账簿家族中最古老、最基本的复式记账法下的账页格式，其他格式都是在此基础上演变发展而来的，具体格式参见表5-6。这种账簿虽然具有结构严谨、借方贷方对比明显、反映业务全面等优点，但由于逐笔登记日记账和总账，因而工作量大，且存在重复劳动，目前已很少有单位使用。

表5-6 账户式普通日记账

借方 第____页 贷方

年		凭证		摘要	会计科目	账页	金额	年		凭证		摘要	会计科目	账页	金额
月	日	字	号					月	日	字	号				

注：普通日记账的“账页”一栏，表示过入总账的账页编号，下同。

（2）顺序式普通日记账。这种日记账是将账户式普通日记账借、贷两方相同的内容——记账日期、凭证字号、摘要、会计科目、账页等分别合并设置，并将“金额”分为借方、贷方两栏。这样做，简化了账页格式，并能按照经济业务发生的时间顺序编制会计分录，登记账簿。其格式参见表5-7。

表5-7 **顺序式普通日记账** 第____页

年		凭证		摘要	会计科目	账页	借方金额	贷方金额
月	日	字	号					

（3）多栏式普通日记账。上述介绍的两种普通日记账只能序时地记录各项经济业务的会计分录，且据此过总账时必须逐项进行，难以反映各类经济业务的发生情况。为此，可以为某些常用的业务频繁的会计科目设置专栏，集中记录各类经济业务，月末根据各会计科目专栏的合计数登记总账。其他不常使用的会计科目，即业务较少的会计科目，限于账页篇幅，可合并在一起由“其他”栏登记，方法如同前两种普通日记账。月末，“其他”栏内的金额仍需逐项过入总账。

这种账簿，账户对应关系明确，可减少主要业务的会计分录过入总账的工作量，同时因设置会计科目专栏而简化了记账劳动。但是，在会计科目数量多、主要经济业务种类多的情况下，则因账页尺寸的限制而不便于实行。因此，这种账簿适用于业务种类较少但主要业务突出的单位。其格式参见表5-8。

表5-8 **多栏式普通日记账** 第____页

年		凭证		摘要	原材料		应付账款		应收账款		其他业务		
月	日	字	号		借方	贷方	借方	贷方	借方	贷方	科目	借方	贷方

以上介绍了三种格式的普通日记账，但从实际工作来看，目前使用的单位不太多。如果从加强审计监督，方便查找资料等方面考虑，设计普通日记账是一种行之有效的方式。各单位可以结合具体情况，确定是否需要，需要何种格式。

（二）特种日记账

特种日记账是为了专门反映某些重要的、经常发生的业务，从普通日记账中逐步分离出来的序时账簿。它既是专门用于记录某种业务的日记账，同时又是登记总账的依据。因此，设计时应尽可能地应用专栏和多栏的形式，使具有特殊目的的指标可以单独登记，并将会计分录在日记账上直接按会计科目作出明细分类。这样做，可以在一本账上既取得序时记录的资料，又体现分类的指标。同时，各专栏的金额合计数，又可简化登记总账的工作，减少登记总账的工作量。

特种日记账，一般应包括现金日记账、银行存款日记账、购货日记账和销货日记账等，分别记录现金收支业务、银行存款收支业务、材料（商品）采购业务和产品（商品）销售业务。分别介绍如下：

（1）现金日记账。根据现金收支业务的复杂程度不同，可以设置单一“现金日记账”（参见表5-9），也可以将现金的收入业务与支出业务分开，设置“现金收入日记账”和“现金支出日记账”（参见表5-10和表5-11）。在这种方式下，按现金收、支业务的发生顺序分别登记，每日将现金支出合计数从“支出账”转入“收入账”中的“支出合计”栏，以便与现金收入数对比，确定现金结余数。登记总账的工作，可以定期（5天、10天或1个月）进行。登记时，将各会计科目的合计数分别过入总分类账，并将它们的总计数（现金收入合计与现金支出合计）过入“库存现金”总分类账户。经济业务不多时，也可根据各会计科目的发生数逐笔过账。

表5-9 **现金日记账** 第____页

年		凭证		摘要	收入（应贷科目）						支出（应借科目）						结余
月	日	字	号						收入合计	账页					支出合计	账页	

说明：①每日根据收入合计数、支出合计数计算余额；②总账可以定期进行登记，也可每日过账。

表5-10 **现金收入日记账** 第____页

年		凭证		摘要	贷方科目							收入合计	账页	支出合计	结余
月	日	字	号												

表5-11 **现金支出日记账** 第____页

年		凭证		摘要	借方科目					支出合计	账页	转出数
月	日	字	号									

（2）银行存款日记账。如同现金日记账，可以设置一本“银行存款日记账”，记录全部的银行存款收支业务，也可分设“银行存款收入日记账”、“银行存款支出日记账”，分别记录银行存款的收入业务和支出业务。使用方法也大致相同。但为了加强银行存款的管

理，可在“摘要”后面增设“结算凭证”栏目，下设“种类”、“编号”两小栏。

如果单位经常有外汇收支业务，为了加强外汇的管理，银行存款日记账除上述登记总账的日记账簿外，还应专设“外币式”（或称“双币式”）银行存款日记账，分别用人民币和外币进行登记。在中外合资企业里，这种账簿必须设置。其格式参加表5-12。

表5-12　**外币银行存款日记账**　第____页

年		凭证		摘　要	借　方			贷　方			余　额		
月	日	字	号		外币	兑换率	人民币	外币	兑换率	人民币	外币	兑换率	人民币

（3）购货日记账。用来序时登记材料（商品）采购业务的发生和完成情况。赊购业务多的企业，一般需要设置这种日记账。根据实际需要不同，购货日记账可设计为“一栏式”（参见表5-13），也可以设计为“多栏式”，以便分析各类材料的采购情况，加强材料采购业务的管理和核算。购货业务少的企业可将购货业务并入普通日记账登记，而不专设“购货日记账”。

表5-13　**购货日记账**　第____页

年		凭证		摘　要	应付账款明细科目	材　料		借：原材料 贷：应付账款	账页
月	日	字	号			数量	单价		

（4）销货日记账，用来序时地登记产品（商品）销售业务的发生情况。赊销业务多的企业最好设置该日记账。如同购货日记账，既可设计为“一栏式”（参见表5-14），也可设计为“多栏式”，按产品类别或销售区域分别记录，以便分析考核各类产品或各销售区域的销售情况，及时发现销售中存在的问题，采取措施，改进销售工作，扩大销售量和市场范围。多栏式销货日记账只要把购货日记账中的“应付账款”改为“应收账款”即可，并将材料类别改为产品类别或销售地区。

表5-14　**销货日记账**　第____页

年		凭证		摘　要	应收账款明细科目	产成品		借：应收账款 贷：主营业务收入	账页
月	日	字	号			数量	单价		

如果销售中既有赊销，又有现销的情况，为提供完整的销售额指标，方便销售业务的分析和考核，可以设置多栏式销货日记账（格式从略），分类反映现销和赊销业务。

三、两种序时账簿的主要区别

综上所述，登记总账的序时账簿与不登记总账的序时账簿，即普通序时账，在设计时应当注意以下几方面的区别：

（1）是否需要设计“账页”一栏？作为登记总账依据的序时账，要将日记账反映的全部内容逐项或定期汇总后过入总账。为了建立序时账与总账间的联系，反映序时账上有关数字的去向，方便账账核对、资料的查找，必须设计“账页”一栏，表明序时账上数字过入总账后的所在账页；而不过总账的序时账，只起备查簿或明细账的作用，不需要设计“账页”栏。

（2）是否必须反映科目之间的对应关系？作为登记总账依据的序时账，是联系原始凭证和分类账簿的“桥梁”，必须对原始凭证所反映的经济内容，运用账户和复式记账法编制会计分录，并据此登记总账。而要想编制会计分录，必须在序时账簿上将经济业务可能涉及的会计科目列示出来，并形成一定的对应关系；不过总账的序时账，会计分录在记账凭证中编制，记账凭证起着“桥梁”作用，因而可以不反映科目之间的对应关系，但为了对账的方便，也可以设计“对方科目”栏。

（3）是否需要完整的序时账簿体系？代替记账凭证的序时账簿必须具备完整的体系，既要避免重复过账，又要防止遗漏；代替汇总记账凭证的序时账簿不强求完整，根据实际情况决定；而不过总账的序时账簿，一般只设置反映货币资金收支业务的日记账，即现金日记账和银行存款日记账，目的是加强货币资金管理。其他日记账则不一定设置，因而形不成也不要求有完整的序时账簿体系。

第三节　总分类账簿设计

分类账簿，是对全部经济业务按照总分类账户和明细分类账户进行分类登记的账簿。由总分类账户（根据总账科目设置）组成的，用来分类登记全部经济业务，提供各种资产、负债、所有者权益、成本费用和收入利润等总括核算资料的分类账簿，称为总分类账簿（简称总账）；由明细分类账户（根据明细科目设置）组成的，用来分类登记某类经济业务，提供某种资产、负债或所有者权益等明细核算资料的分类账簿，称为明细分类账簿（简称明细账）。总账和明细账是控制与被控制的关系。总分类账户对其所属的明细分类账户起控制作用，明细分类账户对总分类账户起着补充和详细说明的作用。一个总分类账户的借、贷方发生额和余额，必须等于该总分类账户所属的各明细分类账户的借、贷方发生额和余额的合计数。因此，总账和明细账必须按照“同时登记、方向相同、金额相等”的原则平行登记。但是，由于总账和明细账的具体作用、登记依据和方式不同，因此，设计的要求和方法也不尽相同。

总分类账簿的作用，可以概括为：记录全部经济业务、控制所属的明细分类账、为编制财务报表提供总括价值核算资料。总分类账的登记依据可以是记账凭证和汇总记账凭证，也可以是序时账簿；登记方式为可以逐笔登记，也可以采取一定的汇总方式登记。总分类账簿的设计，应当有利于其作用的发挥，并与登记总账的依据和方式相适应。

总分类账是各企业、行政事业单位的重要账簿，在整个账簿组织体系中，处于中心地位。为了保证其安全完整，一般使用订本式账簿，但账页格式具有不同的种类。现结合会计核算形式介绍几种常用的格式。

一、三栏式总分类账

这是最基本、最常用的总分类账格式，适用于“日记总账核算形式”以外的所有会计核算形式，也是分类账簿的标准格式。其特点是在账页上设置三个金额栏，即借方、贷方和余额三栏。使用时每个总账科目设立一个账户，单独占用一张（或几张）账页，定期或不定期地进行登记。其优点是简单明了，适用性强，便于记账、查账。

三栏式总分类账的格式见表 5-15。

表 5-15 三栏式总分类账

会计科目：________ 第____页

年		凭证		摘　要	借　方	贷　方	借或贷	余　额
月	日	字	号					

上述总分类账格式是按记账凭证登记总账，即“记账凭证核算形式”的要求设计的，如果采用“科目汇总表核算形式”或“汇总记账凭证核算形式”时，可以取消“摘要”栏。因为按汇总数字过账，“摘要”无法表述经济业务的内容。如果以序时账簿登记总账时，账页中的“凭证字号”栏应当改为“账页”栏。

二、汇总式总分类账

对于规模小、业务少，而又使用汇总记账凭证登记总账的单位，可将全部总账科目设在一张账页上，或按会计科目性质分设两张账页，每月根据汇总凭证登记一次，结出余额。如果一个月汇总登记几次，可在“上月余额”栏后分设栏次，按汇总凭证分时期予以登记，同时取消第一栏“汇总凭证”栏目。其优点是：登记总账的工作量简化，在一张（或两张）账页上就可看出全部资产、负债、所有者权益当月的增减变动和结存情况，便于财务报表的编制，而且节省账页。其格式见表 5-16。

表 5-16 汇总式总分类账

年　月 第____页

汇总凭证		会计科目	借或贷	上月余额	借　方	贷　方	借或贷	余　额
字	号							
		合　计						

三、日记总账

这是“日记总账核算形式”下采用的一种多栏式总分类账。其特点是将全部会计科目集中设置在一张账页中，每一总账科目设置一栏，在总账科目下再分设借、贷方两小栏，按照经济业务发生的时间顺序逐笔登记。因此，它是兼有序时记录和分类记录双重作用的联合账簿，格式参见表 5-17。

表 5-17　　日记总账　　第____页

年		凭证		摘　要	发生额（合计）	库存现金		银行存款		原材料		固定资产	
月	日	字	号			借方	贷方	借方	贷方	借方	贷方	借方	贷方

日记总账的优点是：序时记录与分类记录相结合从而简化核算；账簿上仍然反映了科目之间的对应关系；可防止或减少过账中的错误，即使出现错账也容易查找；通过发生额的登记，既能控制各科目的发生额，又便于期末进行试算平衡，检验记账是否正确。缺点是：局限性大，不适用于业务复杂、会计科目数量多的单位；栏次多、账页规格大，不便于操作。因此，日记总账适用于经营规模小，经济业务简单，使用会计科目少的企事业单位。

四、报告式总分类账

这是“凭单日记账核算形式”下使用的一种多栏式总分类账。其特点是，按会计科目分设账户，每一总账科目使用一张账页，登记全年的有关事项。每月根据凭单日记账，按科目对应关系分析、汇总登记一次。由于此种账簿采用垂直登记的办法，上部反映借方发生额，下部反映贷方发生额，再下为余额，直行反映，与书面报告的排列顺序相同，故称为“报告式”。报告式总分类账的格式从略。

第四节　明细分类账簿设计

明细分类账的作用，可以归纳为，作为总分类账簿的补充，记录各种资产、负债、所有者权益、收入、费用和利润变化的具体情况，为经营管理提供详细的价值核算指标和实物核算指标。其登记的依据可以是记账凭证和原始凭证，也可以是序时账簿和原始凭证，登记的方式一般为逐笔登记。明细分类账的设计，无疑应当满足其登记依据和方式的需要，并有利于明细账作用的充分发挥。

由于各企事业单位的经营特点和管理要求不同，即使某一单位，也因其各类经济业务的核算和管理方式不同，而对明细账的设计有不同的要求。加之明细账户具有灵活多变、账页数量难以固定、随时可能增删取舍的特点，因此，明细分类账一般使用活页式或卡片式（多用于固定资产）账簿。其账页格式根据管理需要和记录的具体业务内容而定，一般有以下三种情况：

一、三栏式明细分类账

此种明细账簿的格式如同“三栏式总分类账”（参见表 5-15）。其主要特征是在账页上分设三个金额栏，分别记录经济业务引起的资金增减变化和结存情况，单纯提供详细具体的价值核算指标，资本金明细账、待摊费用、预提费用明细账、各种债权债务（应收款、应付款、预收款、预付款等）明细账，大多采用三栏式。这是明细账中最基本的格式，其他格式的明细账一般都是在此基础上，结合所要记录的特殊内容加以演变而来的。现以“应收账款明细账”为例，介绍其格式参见表 5-18。

表 5-18 **应收账款明细账**

购货单位名称： 第____页

年		凭证		摘　要	借　方	贷　方	借或贷	余　额
月	日	字	号					

二、数量金额式明细分类账

这种账簿是在三栏金额的基础上增设“数量”和“单价”栏而形成的。它适用于既能提供详细价值指标，又提供实物数量指标的材料、燃料、包装物、低值易耗品、产成品、自制半成品、固定资产等明细核算。这些明细账一般按品种规格分别设置，分别记录各种材料、产成品的入库、出库和结存等情况。其格式参见表 5-19。

表 5-19 **原材料明细账** 第____页

材料类别：　编号：　储存地点：　最高储量：

材料名称：　规格：　计量单位：　最低储量：

年		凭证		摘　要	收入（借方）			发出（贷方）			结　存		
月	日	字	号		数量	单价	金额	数量	单价	金额	数量	单价	金额

设置材料类别，有利于进行材料的二级明细核算；设置储存地点，有利于账实核对、及时准确的收发料；设置最高储备量和最低储备量，有利于加强材料的定额管理，防止材料的超储积压或储备不足影响生产；而设置编号，有利于材料识别和统一保管。其他如燃料、产成品等可比照“原材料明细账”（参见表 5-19）设计。

以上是材料按实际成本计价时的账页格式，如果材料按计划成本计价，则可取消各“单价”栏，而在账页上方或“摘要”栏后增设“计划成本”栏，以简化账页格式。

三、多栏式明细分类账

与三栏式明细账和数量金额式明细账比较，此种账簿的格式不固定，栏目变化较多。一般以明细科目在借方或贷方栏下设置若干金额栏，栏次的数量多少取决于明细科目的数量及其所包含的具体经济内容，以及经营管理对这些内容了解和掌握的详细程度。为了适应经济内容的变化，在设计栏次时，除满足现行需要外，还应设置一些空栏，以备后用。这种格式一般适用于成本（生产成本、材料采购等）、费用（制造费用、管理费用、销售费用等）明细核算。现择其代表性的格式介绍如下，供设计时参考。

（一）生产成本明细账

该账按成本计算对象（按产品品种或批别等）设置明细账户。为了考核成本计划完成情况，分析成本升降的原因，寻求降低成本的途径，需要提供各种产品的成本构成指标。为此，其必须按产品的成本项目在“借方”栏下分设栏次，以便分别记录各种费用的发生情况，提供经营管理所需要的指标，其格式参见表 5-20。

表 5-20 **生产成本明细账**

产品品种或类别： 第____页

年		凭证		摘　要	借　方						贷方	余额
月	日	字	号		直接材料	燃料及动力	直接人工	制造费用	废品损失	合计		

注：如果采用“分批法”计算成本，明细账户按“产品批别”设置。

该账的使用方法：发生各种费用时，记入相应的栏次，它们的合计数即为产品成本负担的全部费用。结转完工产品的成本时记入“贷方”栏下，如果“借方”合计数等于“贷方”数额，说明产品全部完工，没有余额。否则，说明尚有在产品存在。

表 5-20 所列示的格式，基本生产和辅助生产的明细核算都可使用，只不过由于它们的成本计算对象不同，成本项目也不相同，借方以下各栏的具体内容也不完全相同。因此，在设计时，只需将各栏的内容适当调整变更，就能满足两种成本核算的需要。

（二）材料采购明细账

材料的计价方式不同，材料采购所使用的账页格式也不相同。采用计划成本计价时，账页设计应考虑材料成本差异的结转，而采用实际成本计价则不必考虑。由于支付材料买价及采购费用与材料成本确定、结转入库的时间一般不会太长，且按各批购进的材料予以结清，因此，可采用横线登记法予以登记。

现对材料采用计划成本计价时的材料采购明细账进行设计，格式参见表 5-21。值得指出的是材料一次付款，分次到达，即贷方需要登记若干次才能与借方发生额结平，则借方可设置一行，贷方与此对应分设若干小行，以保证材料采购的横线登记，结清每一批材料。

表 5-21 **材料采购明细账**

材料类别： 材料名称： 规格及型号： 第____页

收料凭证		发票账单编号	供货单位名称	数量	借　方					贷　方			备注
日期	编号				买价	运杂费	其他	成本差异	合计	计划成本	成本差异	合计	

注：月底，借方合计等于贷方合计时，表明该批材料货到款付；当借方大于贷方，或有借方无贷方时，表明款付货未到（或未完全到达）；当借方小于贷方，或只有贷方而无借方时，表明货到款未付（或未全部付清）。

（三）制造费用明细账

一般按车间名称设置明细账户，以反映各车间为组织和管理生产而发生的费用。为了加强费用管理，控制车间范围内各项费用的开支，需要按费用的具体项目在借方分设栏次，记录各项费用的发生情况，以便提供费用核算的详细指标。由于制造费用是为管理产品生产而发生的全部制造费用，在月底必须全部分配计入产品成本，因此，制造费用明细账的账页可以不设计“余额”栏。其格式参见表5-22。

表5-22　**制造费用明细账**

车间名称：　　　　第____页

年		凭证		摘　要	借　方							贷方
月	日	字	号		工薪费	机物料费	水电费	折旧费	修理费	劳保费	合计	

管理费用、财务费用、销售费用是分别为行政管理、筹集资金、推销产品而发生的期间费用，月底必须全部转入“本年利润”账户，不保留余额。因此，它们的明细账账页均可比照“制造费用明细账”设计。

如果对以上几种多栏式明细账进行观察比较，不难看出多栏式明细账的特点：

（1）一般没有统一的账页格式，设计时需根据经济业务的具体内容确定。

（2）每一栏目都为经营管理提供一个具体的经济指标，如成本的组成项目、费用的构成内容等，因此，栏目设计多少取决于管理需要的经济指标的详细程度。

（3）有关金额栏的数字相加后，可为经营管理提供一个总括的价值指标，如某种产品的生产总费用、某个车间或某个部门发生的总制造费用或全部管理费用等。

需要指出的是，明细分类账的三种形式并不是完全孤立的，各种具体的明细分类账账页格式也不是绝对固定的，在实际工作中，可以根据企业的具体情况，将具有一定关联性的明细账进行联合设计。例如，产成品明细账采用数量金额式，产品销售成本明细账采用三栏式，结转已售产品销售成本反映了产成品的出库（减少），而它们的明细账户设置方式一样，都按产品品种设置，因此可以考虑合二为一，设计一本联合账簿，既反映产品的入库、出库（结转已售产品成本及盘亏），又反映产品的结存情况。这样做，可以简化登记明细账的工作量，加快核算速度。

第五节　会计账簿其他内容设计

序时账簿和分类账簿是账簿组织体系中的主体账簿，对它们的设计也是账簿设计的主要内容。为此，在前三节作了比较详细的说明。但是，完整的账簿组织设计，除主体账簿外，还应包括备查账等辅助性账簿的设计，以及账簿使用、保管等方面的特殊性内容的设计。

一、备查账簿的设计

备查账簿的主要用途是记录序时账簿和分类账簿未能或无法反映的特殊经济事项。它的种类和格式一般没有固定的模式，完全取决于特殊经济事项的种类、内容以及对此实施管理的具体要求。为此，在设计备查账簿时，必须从实际情况出发，讲求实用性、简单化。现对工业企业常用的几种备查账簿的格式设计如下：

（一）委托加工材料登记簿

委托加工材料登记簿是加工企业为了对受托加工的材料加强实物管理，用来登记加工材料增、减、结存情况的备查账簿。该账簿登记的内容主要是材料实物数量的增减变化，由于受托的材料不办理款项结算，即不进行价值核算，因而该账簿中可不进行材料金额的记载。其格式参见表5-23。

表5-23 **委托加工材料登记簿**

来料单位： 第____页

收料凭证		材料名称及规格	计量单位	数量	送料人	加工后材料				余料	退料凭证		领料人
日期	编号					名称及规格	单位	数量	收取加工费		日期	编号	

（二）租入固定资产登记簿

租入固定资产登记簿是为了加强对经营租入固定资产的实物管理，保证其正常使用而用来登记固定资产的租入、使用和归还情况的备查账簿。如同委托加工材料登记簿，该账簿主要进行实物核算。其格式参见表5-24。

表5-24 **租入固定资产登记簿**

出租单位： 资产名称： 规格型号： 计量单位： 第____页

租入凭证		租入数量	原始价值	净值	租期	月租金		使用部门	负责人签字	修理费		归还期限	经手人签字
日期	编号					单位租金	总租金			各次	累计		

二、账簿启用表的设计

账簿是储存会计数据资料的重要档案，登记账簿必须要有专人负责。为了保证账簿记录的合法性和账簿资料的完整性，明确岗位责任，考核记账人员的工作情况，应当设计“账簿启用与经管人员一览表”，作为各本账的扉页在账簿启用时填列（活页账和卡片账在装订成册后填列）。表中详细载明：账簿名称、单位名称、账簿编号、账簿册数、账簿页数、启用日期，并加盖单位公章及会计主管和记账人员章。更换记账人员时，需办理交接手续。因此，还应在表中设计交接日期、交接人员姓名以及监交人员姓名，以分清经济责任。“账簿启用与经管人员一览表”的一般格式参见表5-25。

表5-25 **账簿启用与经管人员一览表**

账簿名称____________ 单位名称____________

账簿编号____________ 账簿册数____________

账簿页数____________ 启用日期____________

会计主管（签章） 记账人员（签章）

移交日期			移交人		接管日期			接管人		会计主管	
年	月	日	姓名	盖章	年	月	日	姓名	盖章	姓名	盖章

根据实际情况，“账簿启用与经管人员一览表”也可以分设两张，即“账簿启用表”和“经管账簿人员一览表”。表中“会计主管”负责监交，在确认交接人员各自的手续全部具备的情况下，予以盖章，表示移交完毕。

三、账页格式设计的要求

为了保证账簿的规范性、适用性，便于账簿的登记和保管，节约账簿的设计工作量和印刷费用，在设计账页格式时，应当注意以下事项：

（1）账簿应尽可能地采用现成的通用格式，以便从商店直接购买，减少绘制、印刷等工作，节省开支。同时，可以尽快满足单位开展会计工作的需要。

（2）账页的规格尺寸，一般以十六开本为宜，横式绘制、装订。多栏式明细账需要的栏目较多时，（如制造费用、管理费用明细账）可采用两张账页对接的方式，绘制出全部栏目，以便全面反映明细核算的具体内容。

（3）账页中金额栏的各位数应当以文字表明，以便记账和看账，设置几位数字栏，应以业务可能发生的最高数额为限，既要满足记录需要，又不设置用不到的栏目。

（4）印制账簿所用的纸张，既要经久耐用，又要经济实惠。活页账账页的穿孔，要位置适当，大小适宜，便于装订。

（5）账页各行次之间的距离，既要保证记账和改正错账的需要，又要避免过宽形成浪费。划线最好使用蓝色或绿色，一般不使用黑色，以保证划线和记账内容（数字和文字）之间具有明显的区别。各栏次之间的区分线颜色最好深一些、线条粗一些。

此外，账页中的文字字体、字号、各栏之间的准确尺寸等都应予以详细说明，以保证账簿印制的质量，进而保证账簿登记内容的清晰性和美观性。

基本训练

一、单项选择题

1. 下列关于银行存款日记账的说法中，不正确的是(　　)。

A. 按银行存款的收、付款业务发生的先后顺序逐笔登记

B. 在我国通常作为登记银行存款总账的依据

C. 采用订本式

D. 由出纳人员登记

2. “生产成本”明细账的格式一般采用(　　)。

A. 三栏式　　B. 数量金额式　　C. 贷方多栏式　　D. 借方多栏式

3. “应交增值税”明细账的格式一般采用(　　)

A. 三栏式　　B. 数量金额式　　C. 多栏式　　D. 卡片式

4. “应收账款”明细账一般采用的账页格式是(　　)。

A. 三栏式　　B. 数量金额式　　C. 多栏式　　D. 任意一种明细账格式

5. 多栏式银行存款日记账属于(　　)。

A. 总分类账　　B. 卡片账　　C. 序时账　　D. 备查账

6. 下列各项中，需要列示在营业外支出明细账中的项目有(　　)。

A. 非常损失　　B. 资产减值损失

C. 处置非流动资产利得　　D. 债务重组利得

7. 下列选项中，需要按单位名称或个人名字开设明细账的是(　　)。

A. “材料采购”　　B. “预收账款”　　C. “应交税费”　　D. “利润分配”

8. 三栏式总账是总账的基本格式，这里的“三栏”是指(　　)。

A. 日期栏、摘要栏和金额栏　　B. 日期栏、凭证栏和摘要栏

C. 日期栏、凭证栏和金额栏　　D. 借方、贷方和余额三个金额栏

9. 适宜采用借方多栏式账页进行明细分类核算的账户是(　　)。

A. “原材料”　　B. “应收账款”　　C. “制造费用”　　D. “固定资产”

10. 结算类科目应按(　　)设置明细账。

A. 种类和品名　　B. 单位名称或个人

C. 对象　　D. 业务种类和项目

二、多项选择题

1. 账簿按其用途可分为(　　)。

A. 多栏式账　　B. 日记账　　C. 分类账　　D. 订本账

E. 备查账

2. 下列总分类账户所属的明细分类账中，采用多栏式账页格式的有(　　)。

A. “原材料”　　B. “应收账款”　　C. “生产成本”　　D. “主营业务收入”

E. “营业外收入 ”

3. 下列总分类账户所属的明细分类账采用借方多栏式账页格式的有(　　)。

A. “原材料”　　B. “生产成本”　　C. “制造费用”　　D. “营业外支出”

E. “主营业务收入”

4. 下列账簿中，一般采用订本式账簿的有(　　)。

A. 总分类账　　B. 库存现金日记账

C. 银行存款日记账　　D. 固定资产明细分类账

E. 管理费用明细分类账

5. 银行存款日记账的登记依据可能有(　　)。

A. 原始凭证　　B. 银行存款收款凭证

C. 现金付款凭证　　D. 银行存款付款凭证

E. 转账凭证

6. 关于总分类账簿，下列说法中正确的有(　　)。
A. 分类登记全部的交易或者事项
B. 一般采用订本式账簿
C. 是按总分类科目设置和登记的账簿
D. 分为三栏式总账和多栏式总账
E. 一般采用活页式账簿
7. 明细分类账的登记依据有(　　)。
A. 原始凭证　　B. 记账凭证
C. 原始凭证汇总表　　D. 汇总记账凭证
E. 记账凭证汇总表
8. 每年必须更换的账簿有(　　)。
A. 日记账簿　　B. 总分类账簿　　C. 原材料明细账
D. 固定资产卡片　　E. 应收账款明细账
9. 用红色墨水登记账簿时，适用于下列情况中的(　　)。
A. 按照红字冲账的记账凭证，冲销错误记录
B. 在不设置借方（或贷方）栏的多栏式账页中，登记减少或转销金额
C. 在期末结账时，划结账标志线
D. 三栏式账户的余额栏前，如未注明余额方向，在余额栏内登记负数余额
E. 采用划线更正法改正错误时的划线
10. 属于任何会计主体都必须设置的账簿有(　　)。
A. 现金日记账　　B. 银行存款日记账
C. 总分类账　　D. 明细分类账
E. 备查账

三、思考题

1. 设计会计账簿有何意义？设计时应遵循哪些原则？
2. 账簿设计的基本步骤和内容包括哪些？
3. 总分类账簿的格式主要有哪几种？各自的适用范围是什么？
4. 明细分类账簿的常用格式有哪些？各自的适用范围是什么??
5. 多栏式明细账账页格式有何特点？
6. 手工记账与计算机记账在现金日记账的设计上有何异同？
7. 为什么我国会计法规要求企业应依法设置一套账？

第六章

财务报表设计

学习目标

□知识目标

了解财务报表的种类和财务报表设计的意义，明确财务报表设计应当遵循的原则，熟悉对内财务报表与对外财务报表在设计上的异同。

□技能目标

掌握对内财务报表和对外财务报表的设计程序和方法。能够针对中小型企业的实际情况为其设计常用的对内财务报表。

第一节　财务报表设计概述

一、财务报表的设计意义

会计工作的基本目的是对企业内外部信息使用者提供预决策所需要的会计信息。通过设置科目、填制和审核会计凭证、开设并登记会计账簿等日常核算工作所得到的是零星的、分散的会计信息，参考价值甚微。因此，必须设计财务报表，对日常会计信息进一步进行整理、归纳和汇总，按照一定顺序对会计指标加以排列和组合，形成完整的财务会计报告体系。设计科学合理的财务报表，对于加强企业经营管理，满足与企业相关的各利害团体的需要，充分发挥会计在国民经济发展中的作用，都具有十分重要的意义。

（一）为企业经营管理者进行管理，提供必要的信息资料

各企业的经营管理者，需要不断地考核、分析本企业的财务状况和经营情况；总结经验、查明问题存在的原因；改进经营管理工作、提高管理水平；预测经济前景、进行经营决策。所有这些工作能否顺利、正确地进行，很大程度上取决于会计人员提供会计信息的质量，而财务报表是提供会计信息的主要方式。

（二）为投资者进行投资决策，提供必要的信息资料

企业的投资者包括国家、法人、外商和社会公众等。投资者所关心的是投资的报酬和投资的风险，在投资前需要了解企业的资金状况和经济活动情况，以便作出正确的投资决策；投资后，需要了解企业的经营成果、资金使用状况以及支付报酬的能力等资料。财务报表是投资者了解如上信息的唯一渠道。

（三）为债权人进行信贷和信用决策提供必要的信息资料

在商品经济条件下，商业信贷和商业信用是商品经济发展的重要因素。由商业信贷所形成的债权人主要包括银行、非银行金融机构。它们需要反映企业能按时支付利息和偿还债务的资料。由商业信用所形成的债权人是商品经济条件下的一种债权人，也是企业最主要、最普遍的债权人。他们通过供应材料、设备及劳务等交易成为企业的债权人。此外，还有因公司发行债券所形成的债权人（包括法人和社会公众）。他们同样需要了解企业偿

债能力的资料。财务报表是债权人了解这些信息的主要渠道。

(四) 为财政、工商、税务等行政管理部门，提供对企业实施管理和监督的各种信息资料

财政、工商、税务等行政管理部门，履行国家管理企业的职能，负责检查企业的资金使用情况、成本计算情况、利润的形成和分配情况以及税金的计算和结缴情况，检查企业财经法纪的遵守情况。财务报表作为集中、概括反映企业经济活动情况及其结果的会计载体，是财政、工商、税务各部门对企业实施管理和监督的重要资料。

(五) 为企业内部审计机构和外部审计部门检查、监督企业的生产经营活动，提供必要的信息资料

审计包括企业内部审计和外部审计。内部审计是指企业内部成立的审计机构对本单位的会计工作实施的审计。外部审计包括国家审计和社会审计。国家审计是指由国家财政、审计等部门依法对企业会计工作实施的审计。社会审计是指由会计师事务所等社会中介机构对企业会计工作实施的审计。审计工作一般是从财务报表审计开始的。财务报表不仅能够为审计工作提供详尽、全面的数据资料，而且可以为进一步审计会计凭证和会计账簿指明方向。

二、财务报表的设计原则

为了充分发挥财务报表的作用，便于报表使用者进行分析和决策，在设计财务报表时，应遵循以下原则：

(一) 完整性原则，即财务报表及其指标体系应当严密完整

任何一个企业，要想全面、准确地反映一定时期的经营活动过程及其结果，提供信息使用者所需要的全部会计信息，必须建立一套完整的财务报表体系，并根据国家现行会计制度、企业的经营特点和管理要求设置各个方面的指标，按照各种指标的不同性质和不同用途以及相互之间的联系进行科学合理的分组，将每一组指标集中在一张财务报表中反映，使某一报表反映企业财务状况、经营成果、现金流量、收支或成本费用的某一个方面。各种财务报表中的指标应当相互联系、相互补充、相互衔接，共同构成一完整的会计指标体系，以便反映企业经济活动的全貌。

(二) 统一性与灵活性相结合原则，即财务报表的设计，既要满足国家统一规定，又要满足企业具体需要

企业设计财务报表，首先应遵照现行会计制度的规定，设计对外财务报表，其报送的各种财务报表的种类、名称、格式、内容、编制方法、报送时间和程序等必须与现行会计制度保持一致。其次，应结合企业自身管理的要求和业务的特点，设计适合本单位需要的各种对内财务报表，其种类、名称、格式、内容、编制方法、报送时间和程序等由各单位自行确定。

(三) 稳定性原则，即报表指标内容、名称应保持相对稳定性

财务报表不论是对外财务报表还是对内财务报表，都是由一系列的指标构成的，并且各报表内部指标之间，以及不同报表指标之间都具有一定的联系，他们的有机结合方能更加准确地提供会计信息。设计财务报表的过程，实质上也是设计报表指标及指标体系的过程。因此，报表指标及指标体系一经确定，就不应随意改动，以保持不同时期报表指标的可比性，使信息使用者通过不同时期的同类和同种会计指标的对比，考查企业的成长性，

评价企业的经济效益。

（四）简易性原则，即报表内容及指标要力求简明易懂，便于编制

会计工作是一项专业性极强的工作，财务报表作为会计工作的最终产品，也必然具有极强的专业性。但是，由于财务报表应用广泛，其所涉及的使用者并非全部为会计专业人士，而绝大多数为非会计专业人员，因此，为了保证会计人员及时编报财务报表，也为了使广大会计信息使用者能够在较小的使用成本下，准确理解会计信息，正确、及时地应用会计信息，财务报表的内容及指标应力求概括，简明易懂，并便于编制。

第二节　财务报表基本内容设计

一、财务报表的分类

财务报表是反映企业一定时期经营活动过程和结果的综合信息载体，对财务报表进行科学合理的分类，一方面有利于了解各类财务报表的特点，掌握他们的设计要求和规律，并在符合设计要求的基础上，具体设计各种财务报表的格式和内容；另一方面，也有利于对经营管理所需要的全部会计指标进行分组，避免指标的重复设置或遗漏，保证报表设计的质量。因此，设计财务报表，应首先设计报表的类别。

不同性质的经济单位，由于会计核算的内容和经济管理的要求不同，所编制的财务报表的种类也不尽相同。鉴于工业企业的财务报表种类最多，内容也较为复杂，因此，财务报表的设计仍以工业企业为主进行阐述。工业企业所编制的财务报表可以按照以下标准分类：

（一）按照财务报表所反映的经济内容分类

按照财务报表所反映的经济内容不同，可分为反映企业财务状况的财务报表、反映企业经营成果的财务报表、反映企业一定会计期间现金流入和流出情况的财务报表、反映企业收支情况的财务报表和反映企业成本、费用的财务报表五类：

（1）反映企业财务状况的财务报表。这类报表是用来总括反映企业某一特定日期的财务状况的财务报表，如“资产负债表”。

（2）反映企业经营成果的财务报表。这类报表是总括反映企业一定时期经营成果的财务报表，根据现行企业会计准则，主要指反映企业一定时期利润（或亏损）的实现情况的财务报表，即“利润表”。

（3）反映企业一定会计期间现金流入和流出情况的财务报表。这类报表是以现金的流入和流出来反映企业在一定时期内的经营活动、投资活动和筹资活动的财务报表，如“现金流量表”。

（4）反映企业收支情况的财务报表。这类报表是总括反映企业在一定时期内收入的取得和费用的支付情况的财务报表，如“主营业务收支明细表”。

（5）反映企业成本、费用的财务报表。这类报表是总括反映企业在一定时期内，因生产加工产品所发生的各项费用的支出和成本形成情况的财务报表，主要包括以下三类：①反映企业一定时期内期间费用支出情况的财务报表，如“管理费用明细表”、“财务费用明细表”、“销售费用明细表”；②反映企业一定时期内制造费用支出情况的财务报表，如“制造费用明细表”；③反映企业一定时期内所生产的产品生产成本构成情况的财务报

表，如“主要产品单位成本表”和“产品生产成本表”等。

（二）按照财务报表用途分类

按照财务报表的用途不同，可分为对外财务报表和对内财务报表两类。

（1）对外财务报表。按照我国现行会计准则的规定，企业对外报送的财务报表包括“资产负债表”、“利润表”、“现金流量表”、“所有者（股东）权益变动表”等报表。这些对外财务报表的具体格式、编制方法和报送时间均由财政部统一规定，任何单位都不得随意增减。

（2）对内财务报表。企业对内财务报表的种类、格式、编制方法及其编制时间均由各企业根据自身的经营特点和管理要求自行规定、自行设计。工业企业对内财务报表一般包括反映企业收支情况的财务报表和反映企业成本、费用情况的财务报表。

（三）按照财务报表的编制主体分类

按照财务报表的编制主体不同，可分为个别财务报表和合并财务报表两类。这种划分是在企业拥有对外投资的情况下，由于特殊的财务关系所形成的。

（1）个别财务报表。个别财务报表是由企业在自身会计核算基础上对账簿记录进行加工而编制的财务报表，只反映企业自身的财务状况、经营成果和现金流量情况，包括对内和对外财务报表。

（2）合并财务报表。合并财务报表是以母公司和子公司组成的企业集团为会计主体，根据母公司和所属子公司的财务报表，由母公司编制的综合反映企业集团财务状况、经营成果及现金流量的财务报表，一般只编制对外财务报表，包括合并资产负债表、合并利润表、合并现金流量表和合并股东权益变动表等。

（四）按照财务报表的编制时间分类

按照财务报表的编制时间不同，可分为定期报表和不定期报表两类。其中定期报表按照编制的具体时间不同又可分为中期财务报表和年度财务报表。中期财务报表是以短于一个完整会计年度的报告期间为基础编制的财务报表，包括月度财务报表（月报）、季度财务报表（季报）、半年度财务报表（半年报），也包括年初至本中期期末的财务报表。

（1）年度财务报表。年度财务报表亦称年报，是用以总括反映企业年终财务状况和全年经营成果和现金流量情况的财务报表，主要包括“资产负债表”、“利润表”、“现金流量表”、“所有者（股东）权益变动表”等。年度财务报表至少应反映两个会计年度或者两个相关会计期间的比较数据。

（2）半年度财务报表。半年度财务报表亦称半年报，是用以总括反映企业会计年度中期财务状况、经营成果和现金流量情况的财务报表，主要包括“资产负债表”、“利润表”、“现金流量表”等。半年度财务报表同年度财务报表一样，至少应反映两个会计年度或者两个相关会计期间的比较数据。

（3）季度财务报表。季度财务报表亦称季报，是用来总括反映企业季末的财务状况与一个季度的经营成果和现金流量情况的财务报表，主要包括“资产负债表”、“利润表”、“现金流量表”等。如同年报一样，季度财务报表也应反映两个会计年度或者两个相关会计期间的比较数据。

（4）月度财务报表。月度财务报表亦称月报，是用来总括反映企业月末的财务状况及其一个月的经营成果情况的财务报表，主要包括“资产负债表”、“利润表”等对外财务报表和成本费用报表等内部报表。

对外财务报表在企业持续经营的条件下，一般按年、半年、季、月定期编制，但在某种特殊情况下，则需要不定期编制，随着知识经济的到来和资本经营的不断扩张，不定期编制财务报表的情况会越来越多。如企业的破产、合并、联营、重组等，都需要编制不定期的财务报表。在编制对外财务报表时，哪些财务报表为年度和半年度财务报表，哪些财务报表为季度财务报表，哪些财务报表为月度财务报表，都应按照《企业会计准则第30号——财务报表列报》、《企业会计准则第32号——中期财务报告》、《企业会计准则第33号——合并财务报表》和《企业财务会计报告条例》的统一规定办理。对内财务报表哪些为定期报表，哪些为不定期报表由企业自行决定，同一报表在不同经营时期其编制的时间可能是不一样的，即有时是定期的，有时可能是不定期的。

（五）按照财务报表的编制单位分类

按照财务报表的编制单位不同，可分为单位财务报表和汇总财务报表两类。

（1）单位财务报表。单位财务报表是指由独立核算的会计主体编制的，用以反映该会计主体的财务状况、经营成果、现金流量及其收支和成本、费用情况的财务报表。

（2）汇总财务报表。汇总财务报表是由上级主管部门将其所属各基层单位的财务报表，与其本身的财务报表汇总编制而成的财务报表，用以反映一个部门或一个区域的经济情况。

通过财务报表的分类，不难看出财务报表从其反映的经济内容上应设计成一个完整的报表体系，但在具体设计时，则应掌握好重点：从报表编制的用途看，重点是内部报表，因为外部报表的名称、内容、格式、编制方法、编报时间等一概由国家财政部统一制定，企业并无自行设计的权利；从报表的编制单位看，主要是基层报表，因为汇总报表是对基层单位财务报表的汇总；从报表的编制时间看，主要是定期报表，因为不定期报表具有较大的不确定性，且具有偶然性；从报表包括的会计主体看，主要是个别财务报表，因为合并财务报表都是以个别财务报表为基础编制的。

二、财务报表基本内容的设计

财务报表由基本内容和主体内容两部分组成。其主体内容是指构成财务报表主体，体现财务报表特点的内容，一般指报表所提供的经济指标，对于这部分内容将在以后各报表设计中予以详细讨论，这里只对各种财务报表应具备的基本内容进行设计，以便具体设计每一种财务报表时参考。财务报表的基本内容应包括以下几项内容：

（1）编制单位名称，即编制财务报表的企业、事业、行政机关及主管部门的名称，表明财务报表所反映经济内容的空间范围。

（2）财务报表的名称及编号，表明各财务报表的种类及其在报表体系中所处的位置和重要程度。

（3）编制报表的日期，即编制财务报表的日期或财务报表所反映的会计期间，表明财务报表所反映经济内容的时间范围。

（4）计量单位，即财务报表中所使用的货币量度（元、百元等）、劳动量度（工时、工日等）和实物量度（吨、件、个等）的单位。

（5）经济指标，即财务报表中各个项目的数量和金额，除必须具备本期数外，还可包括本年累计数、本期计划数、上年数和历史先进水平数等数据指标。

(6) 补充资料（或报表附注），是为了帮助报表使用者阅读和使用报表指标而提供的一些参考资料，主要包括：不符合会计核算基本前提的说明；重要会计政策和会计估计及其变更的说明；或有事项和资产负债表日后事项的说明；关联方关系及其交易的披露；重要资产转让及其出售的说明；企业合并、分立的说明；财务报表中重要项目的明细资料等。一般在对外报告中披露。

第三节 对外财务报表设计

对外财务报表设计包括对外财务报表的名称、格式、内容、编制时间、编报方法、报送时间、计量单位、编号、附注等内容的设计。我国的会计准则对这些内容都作了明确的规定，企业没有设计的自主权，即使是报送时间，企业也必须在规定的时段内完成。考虑到新会计准则在财务报表方面的变动，为便于读者理解，本教材对“资产负债表”和“现金流量表”仅做基本设计知识的介绍，不列示表格。对于变动幅度较大的“利润表”、“所有者权益变动表”、“应交增值税明细表”和“分部报告”等五种报表，除介绍设计知识外，还将列示表格。

一、资产负债表的设计

这里所讲资产负债表既包括个别资产负债表，也包括合并资产负债表。

（一）设计原理和格式

资产负债表是反映企业某一特定日期的财务状况的报表。其设计原理是“资产=负债+所有者权益”这一会计恒等式，是对企业一定日期的资产、负债和所有者权益项目，按照一定的分类标准和秩序进行的排列组合。

资产负债表有“账户式”和“报告式”两种格式。账户式，又称平衡式，这种格式是根据会计恒等式设计的，把报表分为左、右两部分，左方为资产，右方为权益，左、右两方数字必然相等。权益又分为上下两部分，上部分列示负债，下部分列示所有者权益。报告式，又称垂直式，是根据“资产-负债=所有者权益”公式设计的。报表项目自上而下排列，依次为资产、负债和所有者权益。

账户式资产负债表的优点是对资产、负债和所有者权益的等式关系列示比较直观，能一目了然地看出企业的财务状况和资本结构，便于查阅、理解和应用。目前，我国企业会计制度中规定使用账户式资产负债表。

（二）项目排列顺序的设计

资产负债表项目的排列方法一般有两种：一是按项目的重要程度排列，即按各项目在总体中所占的比重大小和在生产经营过程中的重要性排列，其目的是为满足国家宏观管理需要而设计。二是按流动性或来源、特定用途排列，如资产和负债按流动性排列。资产被区分为流动资产和非流动资产列报，具体项目依次为：货币资金、以公允价值计量且其变动计入当期损益的金融资产、应收票据、应收账款、预付款项、存货、持有待售资产、可供出售金融资产、持有至到期投资、长期股权投资、投资性房地产、固定资产、生产性生物资产、无形资产、递延所得税资产。负债按流动负债和非流动负债进行列示，具体项目依次为：短期借款、以公允价值计量且其变动计入当期损益的金融负债、应付票据、应付账款、预收款项、应付职工薪酬、应交税费、持有待售负债、长期借款、应付债券、长期应付款、预计负债、递延所得税负债。所有者权益则按照净资产的不同来源和特定用途进行分类，依次为实收资本、资本公积、盈余公积和未分配利润。在合并资产负债表中，应当在所有者权益类单独列示少数股东权益。这种设计目的是便于信息使用者分析和评价企业的偿债能力，我国资产负债表采用此种排列顺序。

（三）提供的数据资料

资产负债表中除对各具体项目单独列报外，还应当列报相关项目的合计数或总计数。如资产负债表中资产类至少应当列示流动资产和非流动资产的合计数；负债类至少应当列示流动负债、非流动负债以及负债的合计数；所有者权益类应当列示所有者权益的合计数。此外，还应当分别列示资产总计金额、负债与所有者权益总计金额等。根据财务报表列报准则的规定，企业需要提供比较资产负债表，以便于报表使用者通过比较不同时点资产负债表数据，掌握企业财务状况的变动情况及发展趋势，因此，资产负债表各项目都应提供“期末余额”和“年初余额”两种数据。其中，“期末余额”指各项目本期的期末数字；“年初余额”指各项目上年年末数字，即上年年度资产负债表各项目的“期末余额”栏的数字。

需要注意的是，对于拥有子公司的企业，除编制母公司资产负债表外，还应编制合并资产负债表，在季报和半年报中，个别资产负债表和合并资产负债表可以反映在同一张报表中，但年报中，个别资产负债表和合并资产负债表必须分别编制。具体格式略。

二、利润表的设计

这里所讲的利润表，既包括个别利润表，也包括合并利润表。

（一）设计原理和格式

利润表，是反映企业一定时期经营成果的财务报表。其设计原理是“收入−费用=利润”这一会计公式。各项收入指标和费用指标的排列顺序不同，报表的格式也就不同，目前，利润表的格式主要有单步式和多步式两种。

单步式利润表是指在利润表中，将本期所有收入加在一起，再把所有费用加在一起，两者相减，通过一步计算就计算出净利润。多步式利润表是指在利润表中，净利润是通过多个连续的步骤逐步计算出来的，它反映企业在净利润形成过程中每一类业务所取得的业绩。多步式一般分为四个步骤：第一步，以营业收入为基础，减去营业成本、营业税金及附加、销售费用、管理费用、财务费用、资产减值损失，加上公允价值变动收益（或减去公允价值变动损失）和投资收益（或减去投资损失），计算出营业利润；第二步，以营业利润为基础，加上营业外收入，减去营业外支出后计算出利润总额；第三步，以利润总额为基础，减去所得税费用，计算出净利润（或净损失）；第四步，以净利润为基础，加上其他综合收益各项目分别扣除所得税影响后的净额，计算出综合收益总额。

单步式利润表的优点是简单直观，易于编制和理解。缺点是不能反映净利润的形成过程及结构，不利于对企业经营成果进行分析和对未来盈利能力的预测。而多步式利润表虽编制繁琐，但却能够提供利润构成和形成情况，便于信息使用者对企业经营成果的分析和对未来盈利能力的预测。我国规定采用多步式利润表。

需要注意的是：①无论采用单步式格式，还是多步式格式，对于普通股或潜在普通股已公开交易的企业，以及正处于公开发行普通股或潜在普通股过程中的企业，还应当在利润表中列示每股收益信息，包括基本每股收益和稀释每股收益信息；②对于拥有子公司的企业，除编制母公司利润表外，还应编制合并利润表，在季报和半年报中，个别利润表和合并利润表可以反映在同一张报表中，但年报中，个别利润表和合并利润表必须分别编制。在合并利润表中，企业应当在净利润项目之下单独列示归属于母公司所有者的损益和归属于少数股东的损益，在综合收益总额项目之下单独列示归属于母公司所有者的综合收益总额和归属于少数股东的综合收益总额。

（二）费用项目排列顺序的设计

根据财务报表列报准则的规定，在多步式利润表中，费用项目应当采用“功能法”列报，即按照费用在企业所发挥的功能进行分类列报，通常分为从事经营业务发生的成本、销售费用、管理费用和财务费用等，并将营业成本与其他费用分开披露。对于企业而言，其活动通常分为生产、销售、管理、融资等。由于每一种活动上发生的费用所发挥的功能并不相同，因此，按照费用功能法将其分开列报，能够向报表使用者提供具有结构性的信息，能更清楚地揭示企业经营业绩的主要来源和构成，有助于使用者了解费用发生的活动领域，提供的信息更为相关。

（三）提供的数据资料

根据财务报表列报准则的规定，企业需要提供比较利润表，需要对报表中各项目的“本期金额”和“上期金额”分别填列。其中，“本期金额”指各项目的本期实际发生额，如在月度利润表中，指本月实际发生额；在季度利润表中，则指本季度实际发生额；在半年度利润表中，则指 1 月 1 日至 6 月 30 日的实际发生额；在年度利润表中则指 1 月 1 日至 12 月 31 日的实际发生额。“上期金额”则指上年同期利润表中“本期金额”栏内所填列的金额，如 1 月份月度利润表中的“上期金额”则应根据上年 1 月份月度利润表各项目的本期金额数字填列；年度利润表中的“上期金额”则应根据上年年度利润表中各项目的本期金额数字填列。采用比较利润表，可以使报表使用者通过比较不同期间利润的实际情况，判断企业经营成果的未来发展趋势。利润表格式参见表 6-1。

表中其他综合收益，是指企业根据其他会计准则规定未在当期损益中确认的各项利得和损失，具体包括：①以后会计期间不能重分类进损益的其他综合收益项目，主要包括重新计量设定受益计划净负债或净资产导致的变动的税后净额、按照权益法核算的在被投资单位不能重分类进损益的其他综合收益中所享有的份额的税后净额；②以后会计期间在满足规定条件时将重分类进损益的其他综合收益项目，主要包括按照权益法核算的在被投资单位可重分类进损益的其他综合收益中所享有的份额的税后净额、可供出售金融资产公允价值变动产生利得或损失的税后净额、持有至到期投资重分类为可供出售金融资产形成的利得或损失的税后净额、现金流量套期工具产生的利得或损失中属于有效套期的部分的税后净额、外币财务报表折算差额的税后净额。

综合收益，是指企业在某一期间除与所有者以其所有者身份进行的交易之外的其他交易或事项所引起的所有者权益变动。综合收益总额项目反映净利润和其他综合收益扣除所得税影响后的净额相加后的合计金额。此外，在编制合并利润表时，企业还应当在“净利润”项目之下单独列示归属于母公司所有者的损益和归属于少数股东的损益；在“综合收益总额”项目下单独列示归属于母公司所有者的综合收益总额和归属于少数股东的综合收益总额。

表 6-1　　**利 润 表**　　会企 02 表

编制单位：　　____年度　　单位：元

项　　目	本期金额	上期金额
一、营业收入		
减：营业成本		
营业税金及附加		
销售费用		
管理费用		
财务费用		
资产减值损失		
加：公允价值变动收益（损失以“-”号填列）		
投资收益（损失以“-”号填列）		
其中：对联营企业和合营企业的投资收益		
二、营业利润（亏损以“-”号填列）		
加：营业外收入		
减：营业外支出		
其中：非流动资产处置损失		
三、利润总额（亏损总额以“-”号填列）		
减：所得税费用		
四、净利润（净亏损以“-”号填列）		
五、其他综合收益		
（一）以后会计期间不能重分类进损益的其他综合收益项目		
（二）以后会计期间在满足规定条件时将重分类进损益的其他综合收益项目		
六、综合收益总额		
七、每股收益		
（一）基本每股收益		
（二）稀释每股收益		

公司法定代表人　　主管会计工作负责人　　会计机构负责人

三、现金流量表的设计

这里所讲的现金流量表，既包括个别现金流量表，也包括合并现金流量表。

（一）设计原理和结构

现金流量表是反映企业某一特定日期（通常是年末）现金及现金等价物的流入、流出的报表。其中现金是指库存现金和可以随时用于支付的存款；现金等价物是指企业持有的期限短、流动性强、易于转换为已知金额现金、价值变动风险很小的投资；现金流量是指现金和现金等价物的流入和流出。现金流量表的设计原理是“现金流入量-现金流出量=现金净流量”，其设计意义在于正确评价企业的支付能力，分析企业收益质量及影响现金流量的因素，预测企业未来的现金流量。

现金流量表的项目主要有：经营活动现金流量、投资活动现金流量、筹资活动现金流量、汇率变动对现金及现金等价物的影响、现金及现金等价物净增加额、期末现金及现金等价物余额等项目，采用报告式排列。现金流量表格式分别一般企业、商业银行、保险公司、证券公司等企业类型予以规定。企业应当根据其经营活动的性质，确定本企业适用的现金流量表格式。

（二）现金流量表编制方法的设计

现金流量表中的经营活动现金流量可按现金的来源和运用直接填制，也可以净利润为基础调整填制。因此，现金流量表有直接法和间接法两种编制方法。在直接法下，一般是以利润表中的营业收入为起算点，调节与经营活动有关的项目的增减变动，然后计算出经营活动产生的现金流量。其优点是分析企业经营活动现金流量的来源和用途，预测企业未来现金流量的前景。在间接法下，一般以净利润为起算点，调整不涉及现金的收入、费用、营业外支出等有关项目，剔除投资活动、筹资活动对现金流量的影响，然后计算出经营活动产生的现金流量，其优点是便于将净利润与经营活动产生的现金净流量进行比较，了解净利润与经营活动现金流量存在差异的原因，从现金流量的角度分析净利润的质量。考虑到两种编制方法各有优点，而且对信息使用者的预测和决策都具有重要意义，我国现金流量表准则规定应当采用直接法编制现金流量表，同时要求在附注中提供以净利润为基础调节到经营活动现金流量的信息。

（三）提供的数据资料

根据现金流量表准则的规定，现金流量表为比较报表，至少每年编制一次，表中各项目需提供“本期金额”和“上期金额”两种数据。在年度现金流量表中的“本期金额”指各报表项目本年度累计金额；“上期金额”则指上年度现金流量表中各项目“本期金额”栏的数字；在季度现金流量表中，“本期金额”指各报表项目本季度累计金额；“上期金额”则指上年同季度现金流量表中各项目“本期金额”栏的数字。

需要注意的是，对于拥有子公司的企业，除编制母公司现金流量表外，还应编制合并现金流量表，在季报和半年报中，个别现金流量表和合并现金流量表可以反映在同一张报表中，但年报中，个别现金流量表和合并现金流量表必须分别编制。

四、所有者权益变动表的设计

（一）设计原理和结构

所有者权益变动表（在公司制企业，为“股东权益变动表”）是用来反映构成所有者权益的各组成部分当期的增减变动情况的财务报表，可一年编制一次。该表应当按照所有者权益的构成项目，即实收资本、资本公积、库存股、盈余公积和未分配利润等项目分别列示。该表在反映所有者权益总量增减变动的基础上，还要反映所有者权益增减变动的重要结构性信息，特别要将综合收益和与所有者（或股东）的资本交易导致的所有者权益的变动分别列示，以便使报表使用者准确理解所有者权益增减变动的根源。

（二）提供的数据资料

所有者权益变动表至少应当单独列示反映下列信息的项目：①会计政策变更和前期差错更正的累积影响金额；②综合收益总额，按照净利润和其他综合收益列示，在编制合并所有者权益变动表中还应单独列示归属于母公司所有者的综合收益总额和归属于少数股东的综合收益总额；③所有者投入资本和向所有者分配利润等；④按照规定提取的盈余公积；⑤所有者权益各组成部分的期初和期末余额及其调节情况。

根据企业财务报表列报准则的规定，企业需要提供比较所有者权益变动表，因此，所有者权益变动表应提供各项目“本年金额”和“上年金额”两组数据信息。为了清楚地表明所有者权益各组成部分当期的增减变动情况，所有者权益变动表应当以矩阵的形式列示。一方面，列示导致所有者权益变动的交易或事项，以便能够按所有者权益变动的来源对一定时期所有者权益变动情况进行全面反映；另一方面，按照所有者权益各组成部分及其总额列示交易或事项对所有者权益的影响。其内容和格式参见表6-2。

表6-2 **所有者权益变动表** 会企04表

编制单位： ________年度 单位：元

项目	本年金额						上年金额					
	实收资本（或股本）	资本公积	减：库存股	盈余公积	未分配利润	所有者权益合计	实收资本（或股本）	资本公积	减：库存股	盈余公积	未分配利润	所有者权益合计
一、上年年末余额												
加：会计政策变更												
前期差错更正												
二、本年年初余额												
三、本年增减变动金额（减少以“-”号填列）												
（一）净利润												
（二）其他综合收益												
1. 重新计量设定受益计划净负债或净资产导致的变动												
2. 按照权益法核算的在被投资单位以后会计期间不能重分类进损益的其他综合收益中所享有的份额												
3. 按照权益法核算的在被投资单位以后会计期间在满足规定条件时将重分类进损益的其他综合收益中所享有的份额												
4. 可供出售金融资产公允价值变动形成的利得和损失												
5. 持有至到期投资重分类为可供出售金融资产形成的利得或损失												

续表

项目	本年金额						上年金额					
	实收资本（或股本）	资本公积	减：库存股	盈余公积	未分配利润	所有者权益合计	实收资本（或股本）	资本公积	减：库存股	盈余公积	未分配利润	所有者权益合计
6. 现金流量套期工具产生的利得或损失中属于有效套期的部分												
7. 外币财务报表折算差额												
8. 其他												
综合收益总额												
（三）所有者投入和减少资本												
1. 所有者投入资本												
2. 股份支付计入所有者权益的金额												
3. 其他												
（四）利润分配												
1. 提取盈余公积												
2. 对所有者（或股东）的分配												
3. 其他												
（五）所有者（股东）权益内部转移												
1. 资本公积转增资本（或股本）												
2. 盈余公积转增资本（或股本）												
3. 盈余公积弥补亏损												
4. 其他												
四、本年年末余额												

公司法定代表人　　　　主管会计工作负责人　　　　会计机构负责人

五、对外财务报表附表的设计

企业在对外报送财务报表时，还可根据需要报送财务报表附表，如对资产负债表编制资产减值准备明细表、应交增值税明细表等。

（一）资产减值准备明细表的设计

按照现行企业会计制度规定的实质重于形式原则和谨慎性原则，企业应当定期或至少于每年年度终了，对各项资产进行全面检查，合理地预计各项资产可能发生的损失，计提资产减值准备，并于每年年末编制“资产减值准备明细表”，以提供当年各项资产减值损失的提取、转回和余额情况的信息。该表的具体格式和内容参见表6-3。

表6-3 **资产减值准备明细表** 会企01表附表1

编制单位： ________年度 单位：元

项 目	年初账面余额	本期计提数	本期减少数		期末账面余额
			转回	转销	
一、坏账准备					
二、存货跌价准备					
三、可供出售金融资产减值准备					
四、持有至到期投资减值准备					
五、长期股权投资减值准备					
六、投资性房地产减值准备					
七、固定资产减值准备					
八、工程物资减值准备					
九、在建工程减值准备					
十、生产性生物资产减值准备					
其中：成熟生产性生物资产减值准备					
十一、油气资产减值准备					
十二、无形资产减值准备					
十三、商誉减值准备					
十四、其他					
合 计					

公司法定代表人 主管会计工作负责人 会计机构负责人

（二）应交增值税明细表的设计

应交增值税明细表是反映企业一定会计期间的增值税缴纳和结存情况的报表，属于月报，是资产负债表的附表，主要内容是按照各增值税项目反映企业本月数和本年累计应交及未交增值税情况。其内容及格式参见表6-4。

六、分部报告的设计

（一）分部报告的设计意义

随着企业跨行业和跨地区经营，许多企业生产和销售各种各样的产品和提供多种劳务。这些产品和劳务广泛分布于各个行业或不同地区，而不同行业产品、不同地区销售和不同性质的劳务所产生的业绩和所面临风险不尽相同，给企业带来的发展机会也大不一样。各个业务部门（或品种）或各个经营地区的风险和报酬就构成了企业的整体风险。要评估企业的整体风险和报酬，必须借助企业的不同业务和不同地区经营的信息。分部报告就是从业务分类和地区分类的角度，分别反映企业各地区经营业务的营业收入、销售成本、营业利润、资产总额和负债总额情况等信息的财务报表，是利润表的附表。按照分部报告准则规定的标准，只要某分部的分部利润（亏损）的绝对额，占所有盈利分部利润合计额或者所有亏损分部合计额的绝对额两者中较大者的10%或者以上，就应当编制分

表6-4　　**应交增值税明细表**　　会企01表附表2

编制单位：　　________年____月　　单位：元

项目	本月数	本年累计数
一、应交增值税：		
1. 年初未抵扣数（以“-”号填列）		
2. 销项税额		
出口退税		
进项税额转出		
转出多交增值税		
3. 进项税额		
已交税金		
减免税款		
出口抵减内销产品应纳税额		
转出未交增值税		
4. 期末未抵扣数（以“-”号填列）		
二、未交增值税：		
1. 年初未交数（多交数以“-”号填列）		
2. 本期转入数（多交数以“-”号填列）		
3. 本期已交数		
4. 期末未交数（多交数以“-”号填列）		

公司法定代表人　　主管会计工作负责人　　会计机构负责人

部报告。企业提供分部信息，能够帮助会计信息使用者更好地理解企业以往的经营业绩，评估企业的风险和报酬，把握企业整体的经营情况，对未来的发展趋势作出合理的预期。

（二）分部报告的设计模式

企业设计分部报告时，可以采取业务分部和地区分部两种模式。

（1）业务分部的设计。业务分部是指企业内可区分的、能够提供单项或一组相关产品或劳务的组成部分，该组成部分应当承担不同于其他组成部分的风险和报酬。对于一个企业而言，某一业务部门可能是一个业务部门，也可能是由若干个业务部门组成的业务分部；企业可能将生产某一种产品或提供某一种劳务的部门作为一个业务分部，也可能将若干种（一组）相关产品或提供若干种（一组）劳务的部门作为一个业务分部。在确定业务分部时，应当注意：

①业务分部中涉及的单项目产品或劳务的性质必须相同，不能把性质不同的产品或劳务确定为一个业务部门。

②业务分部中涉及的单项目产品的生产过程性质必须相同。生产过程性质包括采用劳动密集或资本密集方式组织生产、使用相同或相似设备和原材料、采用委托加工生产等。

③业务分部中涉及的产品或劳务的客户类型应当相同。产品或劳务的客户类型指大宗客户、零散客户等，因为客户类型相同，销售条件也基本相同，业务风险和报酬也会相同或相似。

④业务分部中涉及的销售产品或提供劳务的方式应当相同。销售产品或提供劳务的方式包括批发、零售、自产自销、委托销售、承包等，因为销售产品或提供劳务的方式不同，其承受的风险和报酬也不相同。

⑤业务分部中涉及的生产产品或提供劳务所处的法律环境应当相同。

（2）地区分部的设计。地区分部是指企业内可区分的、能够在一个特定的经济环境内提供产品或劳务的组成部分，该组成部分应当承担不同于在其他经济环境内提供产品或劳务的组成部分的风险和报酬。企业在确定地区分部时，应当考虑分部经营活动的主要风险和报酬是与其生产产品或提供劳务的地区相关，还是与其经营活动的市场及客户所在地区相关，从而选择以资产所在地或者客户所在地为基础确定。此外，企业在确定地区分部时，还应当考虑如下因素：

①划定为一个地区分部的各个地区所处的经济、政治环境应当相似，包括境外经营所在地区经济和政治的稳定程度等；

②划定为一个地区分部的各个地区的经营之间应当存在紧密联系，包括在某地区进行销售等；

③划定为一个地区分部的各个地区的生产经营接近程度应当较高，包括在某地区生产的产品是否需在其他地区进一步加工生产等；

④划定为一个地区分部的各个地区之间在生产经营上应当不存在与经营相关的特别风险，如气候异常变化等；

⑤对于划定的境外地区分部的各个地区，应当考虑是否实行外汇管制，不能将实行外汇管制的国家和地区与外汇自由流动的国家和地区划定为一个地区分部；

⑥对于划定的境外地区分部的各个地区，应当考虑是否存在外汇汇率变动的风险，不能将外汇汇率变动幅度不同的国家或地区划定为一个地区分部。

（三）分部报告的信息披露形式和主要内容的设计

分部报告的信息披露形式，涉及主要报告形式和次要报告形式两种。企业可以业务分部报告为主要报告形式，也可以地区分部为主要报告形式，但无论以哪种为主要报告形式，分部信息都应当包括分部收入、分部费用、分部利润（亏损）、分部资产、分部负债等五部分。以业务分部报告和以地区分部报告的分部报告的内容和格式参见表6-5。

表 6-5　　**分部报告**　　会企 02 表附表 1

编制单位：　　________年度　　单位：元

项目	业务（地区）		业务（地区）		业务（地区）		其他业务（地区）		抵销		合计	
	本年	上年	本年	上年	本年	上年	本年	上年	本年	上年	本年	上年
一、营业收入												
其中：对外交易收入												
分部间交易收入												
占收入总额的百分比												
二、营业费用												
其中：对外交易费用												
分部间交易费用												
三、营业利润（亏损）												
占分部利润总额的百分比												
销售毛利率												
四、资产总额												
占分部资产合计的百分比												
五、负债总额												
六、补充信息												
1. 折旧和摊销费用												
2. 资本性支出												

公司法定代表人　　主管会计工作负责人　　会计机构负责人

七、对外财务报表附注的设计

附注是财务报表不可或缺的组成部分，是对资产负债表、利润表、现金流量表和所有者权益变动表等报表中列示项目的文字描述或明细资料，以及对未能在这些报表中列示项目的说明。附注与主体报表具有同等的重要性，是报表使用者了解企业财务状况、经营成果和现金流量的必读内容。根据财务报表列报准则的规定，报表附注应当包括如下内容：

（1）企业的基本情况，包括：企业的注册地、组织形式和总部地址；企业的业务性质和主要经营活动；母公司以及集团最终母公司的名称；财务报告的批准报出者和财务报告批准报出日，或者以签字人及其签字日期为准等内容。营业期限有限的企业，还应当披露有关其营业期限的信息。

（2）财务报表的编制基础。

（3）遵循企业会计准则的声明。企业应当明确说明编制的财务报表符合企业会计准则的要求，真实、完整地反映了企业的财务状况、经营成果和现金流量等有关信息，以此明确企业编制财务报表所依据的制度基础。

（4）重要会计政策和会计估计的说明，主要包括：对财务报表项目计量基础和会计政策的确定依据的说明；重要会计估计中所采用的关键假设和不确定因素的确定依据，因为这些关键假设和不确定因素在下一会计期间很可能导致对资产、负债账面价值进行重大调整。

（5）会计政策和会计估计变更以及差错更正的说明。企业应当按照《企业会计准则第 28 号——会计政策、会计估计变更和差错更正》的规定，披露会计政策和会计估计变更以及差错更正的情况。

（6）报表重要项目的说明。企业应当按照资产负债表、利润表、现金流量表、所有者权益变动表及其项目列示的顺序，对报表重要项目的说明采用文字和数字描述相结合的方式进行披露。报表重要项目的明细金额合计，应当与报表项目金额相衔接。企业应当在附注中披露费用按照性质分类的利润表补充资料，可将费用分为耗用的原材料、职工薪酬费用、折旧费用、摊销费用等。

（7）或有和承诺事项、资产负债表日后非调整事项、关联方关系及其交易等需要说明的事项。

（8）有助于财务报表使用者评价企业管理资本的目标、政策及程序的信息。

（9）关于其他综合收益各项目的信息。包括其他综合收益各项目及其对所得税的影响；其他综合收益各项目原计入其他综合收益、当期转出计入当期损益的金额；其他综合收益各项目的期初和期末余额及其调节情况。

（10）终止经营的收入、费用、利润总额、所得税费用和净利润，以及归属于母公司所有者的终止经营利润。

（11）企业应当在附注中披露在资产负债表日后、财务报告批准报出日前提议或宣布发放的股利总额和每股股利金额（或向投资者分配的利润总额）。

第四节　对内财务报表设计

对内财务报表是为企业各管理部门提供的报表。其作用在于为管理部门及时提供必要的预测、决策所需要的会计信息，是财务报表体系的重要组成部分。

一、对内财务报表的特点和设计原则

（一）对内财务报表的特点

与对外财务报表相比，对内报表的设计权完全归属于企业，没有统一性。因此，在报表的种类、内容、格式及编报时间上都有所不同。其特点表现如下：

（1）报表内容有较强的针对性。对外财务报表的报送对象是外界信息使用者，为了适应不同信息使用者的需要，财务报表的内容具有普遍性。而对内报表的信息使用者均为本单位管理部门或管理人员，是为了特定的管理要求设计的，其内容应具有较强的针对性。

(2) 报表指标的多样性。在对外报表中，为了综合反映企业财务状况和经营成果，便于信息使用者对指标的分析和评价，采用的指标都是价值指标。而对内报表是为企业的经营管理服务的，其使用重点是通过对报表指标的分析、比较和评价，检查计划和预算执行情况和结果，分析计划和预算执行中存在的问题和不足，总结计划和预算执行过程中的经验，以便提高企业管理水平。因此，采用的指标不仅有价值指标，还应有实物指标；不仅有绝对指标，还应有相对指标；不仅有定量指标，还应有定性指标。

(3) 编报期限的灵活性。正常情况下，对外报表都是要求定期编报的报表，具有报表报送的最后限制期限。而对内报表根据报表的使用要求和报送对象，应具有一定的灵活性，既可按年、季、月定期编报，也可根据企业经营和内部管理的需要不定期编报。

(4) 报表种类的不固定性。对外报表的种类都由国家财政部门统一规定，在一定时期保持稳定不变。而对内报表由于是根据企业经营和管理需要而设计的，因此，不同时期因管理需求不同，报表的种类也有所不同。

(二) 对内报表的设计原则

对内报表是企业进行经营预测和决策、考核评价经营业绩的重要依据，对内报表设计是否适宜将直接关系到企业的经营决策。因此，设计对内报表时应遵循以下原则：

(1) 适用性原则。设计对内报表时，在指标内容上应力求具有专题性和实用性，不要求对内财务报表形成完整体系，而要求按使用者的需要设计，做到针对性强，重点突出。

(2) 简明性原则。对内报表是直接为企业生产、经营、管理服务的，报送对象是企业的经营管理当局，因此，在适用的基础上，其格式和指标名称应尽量简单、明了。

(3) 及时性原则。报表信息是企业预测和决策的主要依据，而预测和决策具有极强的时效性，因此，报表的编报必须及时，不得拖延。

二、对内财务报表的具体设计

对内财务报表是企业内部经营管理者进行预决策的重要依据，由于企业的经营规模和管理要求不同，需要设计的内部报表种类也不一致，大中型工业企业和商品流通企业一般可以考虑设计以下几种报表：

(一) 日常管理用报表的设计

企业日常管理，主要是货币资金管理、存货管理和销售管理。为了适应日常管理的需要，通常需要编制反映一日货币资金增减变动和结余情况、一日或一段时间的存货增减变动和结存情况以及一日和一段时间商品销售情况的财务报表，这类报表可以按日编制，也可以视业务量按旬或按月编制。

1. 货币资金增减变动情况表的设计

货币资金增减变动情况表是反映企业现金及银行存款每日增减变动及其余额情况的财务报表，由出纳员在每日业务终了后，根据库存现金、银行存款日记账及其他有关资料编制，报送会计负责人和企业主要领导，以便及时掌握企业现金和银行存款的变动情况，合理调配资金，并准确作出货币资金的使用决策。

为全面地反映企业各项货币资金的变动、结余和存放情况，便于资金调度，设计该表时应突出三方面内容：一是当日实际资金余额，它是昨日账面余额，加本日增加金额，减本日减少金额计算得出；二是本日货币资金增加的渠道和减少的去向；三是资金的存放地点和账户。其格式参见表6–6。

表6–6 货币资金增减变动情况表

年 月 日 单位：元

项 目	银行存款	库存现金	合 计	备 注
一、昨日账面余额				
加：营业收入				
融资金额				
欠款回收				
投资收回				
其他收款				
减：营业支出				
归还欠款				
归还投资				
投资支出				
其他支出				
二、本日账面余额				
未记账增加数				
未记账减少数				
三、本日实际余额				

会计主管 出纳 制表 审核

2. 银行借款报告单的设计

银行借款报告单是对企业各种银行借款的借入、偿还和结欠情况进行详细反映的内部报表。一般由主管银行借款的会计人员在每月月底编制并报送会计负责人和企业主要负责人，使其及时了解和掌握银行借款的增减变动和余额情况，以便加强银行借款管理，按期归还借款。

设计该表，应按银行借款的种类（短期借款、长期借款）划分档次，分别反映它们每月的借入、归还和欠款数。其一般格式参见表6–7。

表6–7 银行借款报告单

____年____月 单位：元

项 目	短期借款	长期借款	合 计
一、上月欠款总额			
其中：逾期未还数			
二、本月借款总额			
三、本月还款总额			
四、月末欠款总额			
其中：逾期未还数			

会计主管 制表 审核

3. 进货日报表的设计

进货日报表是对企业每日材料或商品购进的详细情况进行反映的内部报表，一般由主管材料和应付款业务的会计人员在每日工作结束时编制并报送采购部门和其他有关部门，以便他们及时了解物资采购计划的执行情况，加强对采购业务的管理。为了反映材料采购资金的结算情况，应按现购和赊购分别列示。其格式参见表6-8。

表6-8　**进货日报表**

年　月　日　　金额单位：元

品名	规格及型号	计量单位	数量	单价	金额			本月累计购进	
					现购	赊购	合计	数量	金额
合计									

会计主管　　制表　　审核

4. 销货日报表的设计

销货日报表是对企业每日商品销售的详细情况进行反映的内部报表，一般由主管销售和应收款业务的会计人员在每日工作结束时编制并报送企业主要负责人及其他有关部门，以便他们及时了解和掌握企业销售计划的执行情况，及时发现问题，调整销售方式，改进销售策略，增加销售收入，减少销售风险。为了反映销货款的结算情况，应按现销和赊销分开列示。其格式参见表6-9。

表6-9　**销货日报表**

年　月　日　　金额单位：元

品名	规格及型号	计量单位	数量	单价	金额			本月累计销售	
					现销	赊销	合计	数量	金额
合计									

会计主管　　制表　　审核

（二）财务状况分析表的设计

财务状况分析表是指根据资产负债表的有关资料，对各项资产、负债和所有者权益在各自总额中所占比重以及报告期和基期比较的变化情况进行分析的报表，也称资产负债分析表。通过分析，可以查找企业资产、负债和所有者权益增减变动的原因，考查企业资产、负债的构成是否合理，便于了解企业的偿债能力，预测企业未来的财务状况。对资产负债表进行分析，涉及趋势分析和结构分析两种。其格式参见表6-10。

表6-10 **资产负债分析表**

年　月　日　　　　单位：元

资产项目	上期数		本期数				负债及所有者权益项目	上期数		本期数			
	金额	比重（%）	金额	比重（%）	增减额	增减百分比（%）		金额	比重（%）	金额	比重（%）	增减额	增减百分比（%）
一、流动资产							一、流动负债						
1. 货币资金							1. 短期借款						
2. 以公允价值计量且其变动计入当期损益的金融资产							2. 应付账款						
3. 应收账款							3. 预计负债						
4. 存货							二、非流动负债						
二、非流动资产							1. 长期借款						
1. 持有至到期投资							2. 应付债券						
2. 长期股权投资							3. 长期应付款						
3. 固定资产							4. 其他非流动负债						
4. 在建工程							三、所有者权益						
5. 无形资产							1. 投入资本						
6. 其他非流动资产							2. 留存收益						
合计							合计						

会计主管　　　　制表　　　　审核

（三）经营成果分析表的设计

经营成果分析表主要是对企业一定时期构成经营成果的各项目的本期实际数与计划数或上期数，或上年同期实际数等进行比较和分析的内部报表。经营成果分析表可以进行趋势分析，也可以进行结构分析；可以是总体分析，也可以是针对重点项目的具体分析。因此，经营成果分析表包括利润分析表、主营业务利润分析表（主营业务收支明细表）、营业外收支明细表、销售费用分析表、管理费用分析表等。经营成果分析表，可以反映本期利润实际数与对比数之间的关系，确定增减变动情况以及各项目对利润总额变化的影响程度，以便据此查明利润升降的原因，总结经验，发现问题，提出措施，改进工作。

1. 利润分析表的设计

为了反映利润计划的本期和本年累计执行情况，设计利润分析表时应按本期数和本年累计数分设栏目，并按利润的构成项目反映它们的实际数、计划数（或其他对比数）、差异数和差异率。对比数可以选一个或多个。本教材以预算数为对比数，其格式参见表6-11。

表 6-11

利润分析表

年 月 金额单位：元

项目	本期数				本年累计数			
	实际数	预算数	差异额	完成预算百分比（%）	实际数	预算数	差异额	完成预算百分比（%）
一、营业收入								
减：营业成本								
营业税金及附加								
销售费用								
管理费用								
财务费用								
资产减值损失								
加：公允价值变动收益								
投资收益								
其中：对联营和合营企业的投资收益								
二、营业利润								
加：营业外收入								
减：营业外支出								
其中：非流动资产处置损失								
三、利润总额								
减：所得税费用								
四、净利润								
五、其他综合收益各项目分别扣除所得税影响后的净额								
六、综合收益总额								
七、每股收益								
八、归属于母公司所有者的综合收益总额								
九、归属于少数股东的综合收益总额								

会计主管 制表 审核

需要说明的是，如果是对个别利润表进行分析，不包括表中的第八、九项。

2. 主营业务利润分析表的设计

主营业务利润分析表可分别按主营业务利润结构和采用因素分析法进行编制。按主营业务利润结构编制主营业务利润结构分析表，应按主营业务种类或者所售商品品种分栏设计，反映每类主营业务或每一商品营业收入、营业成本、营业税金及附加的本期实际数与计划数（或上期数、上年同期数、上年平均数等），通过比较，分析和考核各主营业务或所售商品营业情况的报表。其一般格式参见表6–12。

表6–12 **主营业务利润结构分析表**

年 月 金额单位：元

项目 商品名称	主营业务收入				主营业务成本				主营业务税金及附加				主营业务利润			
	实际数	预算数	差异额	完成百分比（%）	实际数	预算数	差异额	完成百分比（%）	实际数	预算数	差异额	完成百分比（%）	实际数	预算数	差异额	完成百分比（%）
合 计																

会计主管 制表 审核

采用因素分析法编制主营业务利润分析表，是对主营业务利润预算执行情况进行重点分析所使用的报表，也称主营业务利润因素分析表。主营业务利润分析表与其他业务利润分析表、营业外收支明细表一起，共同反映利润预算执行情况和升降原因。设计该表时，应把影响主营业务利润的各个因素及其影响程度反映出来。其一般格式参见表6–13。

表6–13 **主营业务利润因素分析表**

年 月 单位：元

影响主营业务利润变动的因素	影响利润变动金额	各影响因素占总变动额的百分比（%）
商品销售价格变动影响		
商品销售税金变动影响		
商品销售数量变动影响		
商品销售成本变动影响		
商品销售结构变动影响		
合 计		

会计主管 制表 审核

3. 其他业务利润分析表的设计

其他业务利润分析表是按其他业务种类分栏设计，将各种其他业务收入、支出实际数与上年实际平均数或本年预算数进行比较（本教材选用上年实际平均数为比较数），用以分析其他业务利润增减变动情况的内部报表。由于是依据其他业务利润的构成项目进行分析，因此，也称为其他业务利润结构分析表。其一般格式参见表6–14。

表 6-14　　**其他业务利润结构分析表**

年　　月　　　　单位：元

项目 业务种类	其他业务收入				其他业务成本				其他业务利润			
	实际数	上年实际平均数	增减额	增减率（%）	实际数	上年实际平均数	增减额	增减率（%）	实际数	上年实际平均数	增减额	增减率（%）
出租固定资产												
出租无形资产												
出租包装物												
销售材料												
用材料进行非货币性交换												
债务重组收入												
合　计												

会计主管　　　　制表　　　　审核

4. 营业外收支明细表的设计

营业外收支明细表是根据营业外收入明细账和营业外支出明细账的有关资料，对各项营业外收支的本期实际数加以反映，并与上年实际平均数进行对比分析的内部报表。编制营业外收支明细表，有利于了解企业营业外收支的构成情况，以便有针对性地采取措施，控制营业外收支项目及金额，扩大盈利。其一般格式参见表 6-15。

表 6-15　　**营业外收支明细表**

年　　月　　　　单位：元

项　目	本期实际	上年实际平均数	增减额	增减率（%）
一、营业外收入				
1. 固定资产处置利得				
2. 无形资产处置利得				
3. 非货币性资产交换利得				
4. 债务重组利得				
5. 政府补助				
6. 盘盈利得				
7. 捐赠利得				
营业外收入合计				
二、营业外支出				
1. 固定资产处置损失				
2. 无形资产处置损失				
3. 非货币性资产交换损失				
4. 公益性捐赠支出				
5. 非常损失				
6. 罚款支出				
7. 盘亏损失				
营业外支出合计				
三、营业外收支净额				

会计主管　　　　制表　　　　审核

5. 投资收益分析表的设计

投资收益分析表是根据投资收益明细账的有关资料，对各项投资项目的投资收益和投资损失的本年实际数进行反映，并与上年实际数进行对比的内部报表。由于是以构成投资收益的各个项目进行分析，因而也称为投资收益结构分析表。该表一般由负责投资收益明细账的会计人员于每年年末编制，报送企业主要负责人及投资管理部门，以便他们作出正确的投资决策，优化企业投资结构，取得最佳投资效益。投资收益分析表的一般格式参见表6-16。

表6-16 **投资收益分析表**

年　　月　　　　单位：元

项　目	本年实际	上年实际	增减额	增减率（%）
一、投资收益				
1. 交易性金融资产持有收益				
2. 交易性金融资产处置收益				
3. 可供出售金融资产持有收益				
4. 可供出售金融资产处置收益				
5. 持有至到期投资持有收益				
6. 持有至到期投资处置收益				
7. 长期股权投资持有收益				
8. 长期股权投资处置收益				
⋮				
投资收益合计				
二、投资损失				
1. 交易性金融资产取得费用				
2. 交易性金融资产处置损失				
3. 可供出售金融资产处置损失				
4. 持有至到期投资处置损失				
5. 长期股权投资持有损失				
6. 长期股权投资处置损失				
⋮				
投资损失合计				
三、投资净损益				

会计主管　　　　制表　　　　审核

6. 销售费用分析表的设计

销售费用分析表是由负责登记销售费用明细账的会计人员，于每月月末根据销售费用明细账编制的，用以反映企业每月销售费用的实际发生情况，并与本期预算数和上期实际数进行对比的内部报表。编制此表，有助于了解和掌握销售费用预算的执行情况，分析销售费用变化发展态势，控制销售费用的开支，提高产品盈利水平。其一般格式参见表6-17。

表6-17 **销售费用分析表**

年 月 单位：元

项 目	本期实际	本期预算	差异额	差异率（%）	上期实际	增减额	增减率（%）
1. 专设销售机构经费							
其中：职工薪酬							
业务费							
折旧费							
2. 运输费							
3. 装卸费							
4. 包装费							
5. 保险费							
6. 展览费							
7. 广告费							
8. 商品维修费							
9. 预计产品质量保证损失							
⋮							
合 计							

会计主管 制表 审核

7. 管理费用分析表的设计

管理费用分析表是由负责登记管理费用明细账的会计人员于每月结束后，根据管理费用明细账编制的，用以反映企业每月管理费用的实际支出情况，并与本年预算数和上年实际数进行比较的内部报表。其报送对象一般为企业主要负责人和费用预算管理部门以及其他有关部门。由于管理费用直接计入当期损益，其实际支出水平如何直接关系到企业的盈利水平，因此，编制此表，有利于管理当局及时了解和掌握企业各月份管理费用的实际支出情况和预算执行情况，便于及时采取控制费用支出的措施，提高管理水平和企业盈利水平。其一般格式参见表6-18。

表6-18 **管理费用分析表**

年　月　　单位：元

项　目	本期实际	本期预算	超支或节约额	完成率（%）	上期实际	增减额	增减率（%）
1. 职工薪酬							
2. 物料消耗							
3. 修理费							
4. 折旧费							
5. 办公费							
6. 水电费							
7. 差旅费							
8. 低值易耗品摊销							
9. 工会经费							
10. 董事会费							
11. 聘请中介机构费							
12. 咨询费							
13. 诉讼费							
14. 业务招待费							
15. 房产税							
16. 车船税							
17. 城镇土地使用税							
18. 印花税							
19. 技术转让费							
20. 矿产资源补偿费							
21. 研发费用							
22. 排污费							
23. 其他							
合　计							

会计主管　　　　制表　　　　审核

需要注意的是：由于商品流通企业管理费用项目较少，可以不单独设置“管理费用”会计科目，因而就无需设计管理费用分析表了。

（四）现金流量分析表的设计

现金流量分析表是以现金流量表为依据，对现金流量表中各种活动产生的现金流入、现金流出和现金流量净额进行分析的内部报表，一般一年编制一次，通过将本年实际数与以往年度的实际数进行环比，判断企业现金流量的变化趋势，并从中找出各类活动以及各项目增减变动的真实原因，了解现金流量的变化结果与变化过程之间的关系。其格式及内容参见表6-19。

表6-19 **现金流量分析表**

________年度 单位：元

项目	2011年实际数	2012年			2013年		
		实际数	同比增减额	同比增减率（%）	实际数	同比增减额	同比增减率（%）
经营活动：							
现金流入							
现金流出							
现金流量净额							
投资活动：							
现金流入							
现金流出							
现金流量净额							
筹资活动：							
现金流入							
现金流出							
现金流量净额							
汇率变动对现金及现金等价物影响额							
现金及现金等价物净增加额							

会计主管 制表 审核

（五）成本费用报表的设计

反映企业成本费用的报表均属于内部管理用财务报表，因为在市场经济体制下，企业成本费用管理是企业内部管理问题，其管理方法有哪些、是计划管理还是预算管理或定额管理或标准管理、其管理成效怎样均为企业的商业秘密，不得外露。另外，从企业信息使用者来看，他们所关心的是企业的财务状况、经营成果及现金流量的信息，而对企业成本费用管理方法等不必过多了解。在工业企业，常用的成本费用报表主要有：制造费用明细表、生产成本明细表、主要产品单位成本表、材料消耗报告和人工消耗报告等。

1. 制造费用明细表的设计

制造费用明细表是由负责登记制造费用明细账的会计人员，于每月月末根据制造费用明细账编制，反映企业一定时期制造费用的实际发生情况，并与本期预算数和上年实际数进行对比的内部报表，一般报送给生产成本管理部门及其他有关成本费用管理部门。通过编制制造费用明细表，可以及时了解企业制造费用预算执行情况，掌握其发展变化趋势，以便及时采取对策，提高费用管理水平，降低制造费用，从而降低生产成本。制造费用明细表的一般格式参见表6–20。

表6–20　　制造费用明细表

年　　月　　单位：元

项　目	本期实际	本期预算	差异额	预算完成率（%）	上期实际	增减额	同比增减率（%）
1. 职工薪酬							
2. 折旧费							
3. 修理费							
4. 办公费							
5. 水电费							
6. 机物料消耗							
7. 劳动保护费							
8. 季节性和修理期间的停工损失							
9. 其他							
合　计							

会计主管　　制表　　审核

2. 主要产品单位成本表的设计

主要产品单位成本表是对企业的各种主要产品，按成本项目反映其实际成本构成情况，并与本年目标成本或标准成本进行比较的内部报表。编制此表，有利于了解主要产品的单位成本变化情况，分析成本升降原因，寻求降低成本的途径，加强成本管理。主要产品单位成本表的一般格式参见表6–21。

表6–21　　主要产品单位成本表

年　　月

产品名称：　　规格及型号：　　计量单位：　　售价：

本月实际产量：　　本年累计产量：　　单位：元

成本项目	本期实际成本	本期目标成本	成本升降额	成本升降率（%）	上年实际平均数	成本升降额	成本升降率（%）
直接材料							
燃料及动力							
直接人工							
制造费用							
废品损失							
停工损失							
产品生产成本							

会计主管　　制表　　审核

3. 完工产品生产成本表的设计

完工产品生产成本表是由负责登记生产成本明细账的会计人员，于每月月末根据生产成本明细账编制的，用来反映企业一定时期内完工产品生产总成本的内部报表。其报送对象主要是企业主要负责人和有关成本管理部门。完工产品生产成本表通常按照成本项目分别列示本月实际、本年累计实际和上年实际平均等有关指标，以便对比分析，了解企业产品生产成本的发展趋势，强化成本管理。其一般格式参见表6-22。

表6-22　　**完工产品生产成本表**

年　　月　　　　单位：元

项　　目	本年计划	本月实际	本年累计实际	上年实际平均
本月生产费用				
其中：直接材料				
燃料及动力				
直接人工				
制造费用				
废品损失				
停工损失				
加：在产品月初余额				
减：在产品月末余额				
完工产品生产总成本				

会计主管　　　　制表　　　　审核

4. 材料消耗报告

材料消耗报告是详细反映产品生产中物化劳动耗费情况的内部报表，该表一般由负责登记材料明细账的会计人员于每月月末根据材料明细账和有关材料定额管理资料编制，主要报送对象为企业主要负责人、生产部门和有关成本管理部门。通过编制本表，可以及时发现材料消耗中存在的问题和不足，便于生产部门和管理部门及时采取降低材料消耗的对策，以便降低材料费用和产品生产成本，提高企业管理水平和经济效益。该表一般由生产车间或班组编制，其格式从略。

5. 人工消耗报告

人工消耗报告是详细反映企业一定时期内产品生产过程中活劳动消耗情况的内部报表，一般由负责工资核算的会计人员于每月结束后根据工资核算凭证进行编制，同时反映人工定额消耗和实际消耗指标。其报送对象是本单位主要负责人和有关生产管理部门，以便及时发现生产管理中存在的问题和不足，改进管理方案，提高人工利用效率，降低成本，提高经济效益。人工消耗报告一般分车间或班组编制，其格式从略。

需要指出，与工业企业相比，商品流通企业只需编制费用报表，且费用报表种类也较少，一般只有“营业费用明细表”一种。

商品流通企业的营业费用指商品在进、销、存过程中所发生的一切费用。营业费用明细表是反映商品流通企业一定时期营业费用发生情况的财务报表，由负责营业费用明细账登记的会计人员于每月月末根据营业费用明细账编制，报送单位主要负责人和有关管理部门。为发现管理工作中的问题和不足，提高企业经营管理水平和经济效益，本表应同时提供本月实际指标和本月预算指标。其格式从略。

基本训练

一、单项选择题

1. 按照经济内容分类，资产负债表属于(　　)。

A. 财务状况报表　　B. 财务成果报表
C. 费用成本报表　　D. 对外报表

2. 资产负债表中的资产项目的排列顺序是(　　)。

A. 按其相关性　　B. 按其重要性
C. 按其可比性　　D. 按其流动性

3. 反映企业一定时期经营成果的报表是(　　)。

A. 资产负债表　　B. 利润表
C. 现金流量表　　D. 所有者权益变动表

4. 企业对外投资占被投资企业资本总额半数以上时，应当编制(　　)。

A. 汇总财务报表　　B. 合并财务报表
C. 单位财务报表　　D. 个别财务报表

5. 资产负债表的所有者权益项目中，不包括(　　)。

A. 应交所得税　　B. 实收资本
C. 盈余公积　　D. 未分配利润

6. 我国会计准则规定的利润表的格式是(　　)。

A. 单步式　　B. 账户式
C. 报告式　　D. 多步式

7. 下列不应列入利润表中“营业税金及附加”项目的是(　　)。

A. 增值税　　B. 消费税
C. 城市维护建设税　　D. 教育费附加

8. 按编报时间，所有者权益变动表属于(　　)报表。

A. 月度　　B. 季度
C. 半年度　　D. 年度

9. 在我国上市公司的利润表中，单独作为一个项目列示的是(　　)。

A. 主营业务收入　　B. 主营业务成本
C. 资产减值损失　　D. 其他业务利润

10. 对内报表是由企业根据自身的经营特点和管理要求自行规定、自行设计的会计报表，实务中不包括(　　)。

A. 企业收支情况表　　B. 期间费用报表
C. 所有者权益变动表　　D. 货币资金增减变动表

二、多项选择题

1. 利润表可以提供的信息有(　　)。

A. 取得的全部收入

B. 财务状况

C. 利润分配情况

D. 实现的利润或亏损总额

E. 发生的全部费用与支出

2. 中期财务报表是指以中期为基础编制的财务报表，包括(　　)。

A. 月度财务报表

B. 季度财务报表

C. 半年度财务报表

D. 年初至本中期末的财务报表

E. 年度财务报表

3. 资产负债表中的“存货”项目应根据下列哪几个科目期末借方余额之和填列(　　)。

A. 原材料　　B. 生产成本　　C. 库存商品　　D. 制造费用

E. 固定资产

4. 利润表中，“营业成本”项目一般(　　)。

A. 反映已销商品的生产成本

B. 期末有余额

C. 反映已销商品的生产成本和销售费用

D. 根据“主营业务成本”和“其他业务成本”科目的发生额填列

E. 是计算“营业利润”过程中的一个减项

5. 资产负债表提供的信息资料有(　　)。

A. 利润总额的构成　　B. 资产的结存情况

C. 利润的分配情况　　D. 负债的结存情况

E. 所有者权益期末情况

6. 下列各项中，需要列示在营业外收支明细表中的项目有(　　)。

A. 非常损失　　B. 资产减值损失

C. 投资收益　　D. 债务重组利得

E. 公允价值变动收益

7. 我国企业利润表中的利润项目包括(　　)。

A. 营业利润　　B. 主营业务利润

C. 利润总额　　D. 净利润

E. 未分配利润

8. 现金流量表中，现金流量分为(　　)。

A. 收回货款产生的现金流量

B. 经营活动产生的现金流量

C. 投资活动产生的现金流量

D. 筹资活动产生的现金流量

E. 出售固定资产产生的现金流量

9. 大中型工业企业和商品流通企业一般可以考虑设计的内部报表种类有(　　)。

A. 日常管理用报表

B. 财务状况分析表

C. 经营成果分析表

D. 成本费用报表

E. 所有者权益变动表

10. 企业对内财务报表与对外财务报表相比较，其特点表现为(　　)。

A. 编报期限具有灵活性

B. 报表指标具有多样性

C. 报表内容具有普遍性

D. 报表种类具有不固定性

E. 报表内容有较强的针对性

三、思考题

1. 财务报表设计的意义是什么?

2. 设计财务报表应遵循哪些基本原则?

3. 设计财务报表应包括哪些基本内容?

4. 按照我国会计准则，对外财务报表包括哪些? 报送时间方面有什么要求?

5. 对外财务报表的基本结构是什么?

6. 为什么需要设计对内财务报表?

7. 与对外财务报表相比，对内财务报表设计的特点体现在哪里?

8. 企业需要设计哪些日常管理用报表?

9. 工业企业需要设计哪些成本费用报表?

10. 工业企业需要设计哪些内部经营成果报表?

四、制度设计题

资料：某集团公司在一次高层会议上，对管理费用的管理状况形成以下共识：

1. 管理费用数额过大，涨势太猛，原因之一是管理不当，提出应对各分（子）公司及集团各职能部门（处、室）的管理费用加强管理。

2. 管理费用最好与预算管理和绩效考核相结合。

3. 各分（子）公司和职能部门（处、室）应对发生的管理费用每月分析一次，集团公司应每季度分析一次。

要求：

1. 请结合上述资料考虑该公司应设计哪几张内部财务报表? (指出名称即可)

2. 请指出每张报表应突出哪些内容?

第七章

账务处理程序设计

学习目标

□知识目标

了解账务处理程序种类、各种账务处理程序的特点及使用范围，掌握账务处理程序的设计原则、明确逐笔过账账务处理程序设计与汇总过账账务处理程序设计的主要区别。

□技能目标

掌握各种账务处理程序的设计程序和方法。能够针对不同规模的企业科学合理地设计账务处理程序。

第一节　账务处理程序设计概述

账务处理程序，又称会计核算形式或会计核算组织程序，是指从填制会计凭证、登记会计账簿到编制财务报表的整个过程。在这一过程中，由于各个部分的组织和结合方式不同，就产生了不同的账务处理程序。科学合理的账务处理程序，对于保证会计核算质量、简化会计核算工作、提高工作效率等，具有重要的作用。因此，科学设计合理的账务处理程序，是企业会计制度设计的重要内容之一。

一、账务处理程序的设计意义

在前面几章，我们分别介绍了会计凭证、会计账簿和财务报表的设计，但在现实会计工作中，它们并不是孤立存在的，必须采用一定的方式，按照一定的顺序进行科学合理的组织，形成规范的核算程序，才能完成会计核算的任务，发挥会计在经济管理工作中的作用。账务处理程序的设计，不同于凭证、账簿和报表的设计，它是对会计制度的各个组成部分进行合理的组织，将各部分独立的、分散的内容结合起来，使之成为一个有机的整体和严密的系统。

账务处理程序设计要解决的问题是：如何以账簿组织为核心，将会计凭证、会计账簿、记账方法和记账程序有机地结合起来处理账务。具体包括：在会计制度中选用哪些账簿，各种账簿之间如何建立联系，进而组成记录全部经济业务的账簿体系；使用哪些种类和格式的原始凭证和记账凭证，凭证之间以及凭证和账簿之间怎样进行联系；各种财务报表产生的程序和根据；会计凭证如何填制和传递、会计账簿如何登记、怎样根据账簿的记录编制财务报表等方面的工作顺序的规定。

可见，账务处理程序的设计是整个会计制度设计中的一项比较复杂的工作，具有很大的灵活性，必须依据企业的具体情况，统一会计制度不作也不能作统一的规定。账务处理程序设计得是否妥当，是否符合本单位的业务特点和管理要求，对会计工作能否顺利进行、能否及时准确地提供会计信息、节约会计劳动、充分发挥会计的作用具有重要的意义。具体表现为：

（一）体现会计制度的系统性和完整性

前已述及，会计制度中的许多内容不是孤立存在的，也不能以独立的方式去指导会计实践，而必须通过一定的账务处理程序结合起来。如会计制度中的会计科目体系，包括总账科目和明细账科目，都要通过账簿组织来安排相应的总账账户和明细账账户，进行记录和核算；各种业务的核算要通过安排各种凭证、表格、账簿，以及它们之间的关系来具体实施；各种财务报表，包括对外报表和对内报表，需要通过合理的账务处理程序产生和形成。可以说，账务处理程序的设计，是对经济业务的记录、处理和汇集手段进行的协调、组织和综合，使之成为一个系统，从而体现会计制度的系统性和完整性。

（二）保证会计工作的有机运行

会计核算的基础工作可以概括为三项：填制会计凭证、登记会计账簿和编制财务报表。良好的账务处理程序，可以促使会计的各项工作有条不紊地、相互协调地运行，使会计信息在各个工作环节上的整理、加工以及反馈都能及时准确，杜绝会计凭证的迂回传递和会计账簿的重复登记。同时，有利于会计信息在适宜的时空条件下产生。

（三）提高会计核算质量和工作效率

会计核算质量的高低，影响着会计对经济活动管理作用的发挥，而核算质量又与其工作效率有着直接的关系。效率低下的会计工作，不可能产生高质量的会计信息。而账务处理程序设计得合理、科学，有利于简化工作手续，避免重复劳动，从而提高工作效率。工作效率提高了，核算速度加快了，才能保证信息的及时提供，核算内容也能相应拓宽，会计工作质量才能相应提高。否则，工作手续繁琐，核算不及时，会计质量将无法保证。

（四）节约会计耗费，降低会计成本

会计耗费是指从事会计工作所支出的一切物化劳动和活劳动；会计成本是指为加工一定种类和数量的会计信息所发生的会计耗费。会计与经济效益有着“血缘”关系，会计管理的最终目的就是提高经济效益。为此，会计自身的工作也必须注重节约。账务处理程序设计得好，可以在对凭证、账簿和报表的协调中，发现问题，及时解决，减少不必要的工作环节和手续，杜绝无效劳动，节约人力、财力、物力的支出，降低会计成本，进而达到整个会计制度经济节约、简明适用的目的。

总之，科学合理地设计账务处理程序，不仅有助于充分发挥会计凭证、账簿、报表等的个体作用，而且能够保证会计制度的总体效应，高效、高质、低耗地做好会计工作。

二、账务处理程序设计的种类

将会计凭证、会计账簿、财务报表等要素，按照不同的方式和顺序有机地组合起来，就形成了不同的账务处理程序，它们分别适用于经济业务特点、经营规模大小、经济管理要求不同的单位。由于各种账务处理程序的主要区别在于登记总分类账的依据和方式不同，因此，设计账务处理程序的种类，主要以如何登记总分类账为标准。一般来讲，在登记总分类账时，既可以将经济业务逐笔记入总分类账，简称为逐笔过账；又可以将经济业务汇总后记入总分类账，简称为汇总过账。逐笔过账程序和汇总过账程序的具体方式又有多种，因此，账务处理程序可以分为以下几种，如图 7-1 所示。

需要指出，尽管逐笔过账程序和汇总过账程序登记总分类账的依据和方式不同，但在实际工作中，往往可以相互变通，结合使用，并派生出一些其他的账务处理程序。

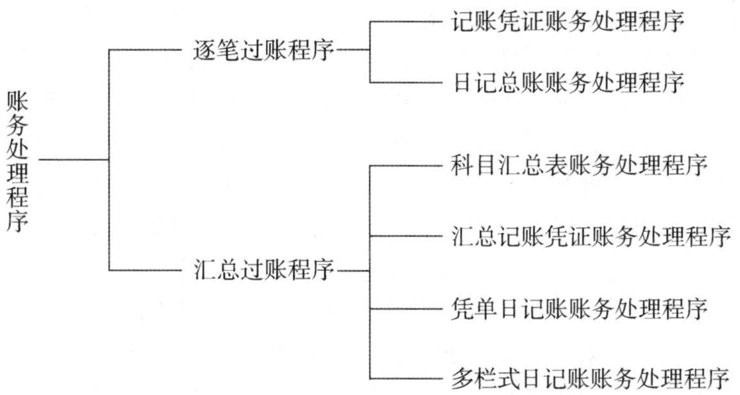

图 7-1 账务处理程序分类

三、账务处理程序的设计原则

账务处理程序的设计，实际上是对会计凭证、会计账簿、财务报表和记账程序等诸要素的协调和组织，具有内容庞杂、涉及面广、综合性强和灵活性大的特点。因此，为了保证其设计得科学合理、简便适用，应当遵循以下原则：

（一）符合本单位的具体情况

要设计科学合理的账务处理程序，必须从本单位的实际出发，考虑各种主客观条件，而不能一味模仿其他单位的做法。具体地讲，应当考虑以下几方面：

（1）经济活动的特点和经济业务的数量。这是设计账务处理程序的决定性因素，任何单位的账务处理程序，要想做到科学合理，首先必须适应本单位的经济活动特点和经济业务发生的数量。例如：从事生产经营活动的企业与从事预算收支活动的事业单位相比较，二者经济业务的繁简程度、相应会计科目的数量、使用凭证和账簿的种类等均有明显的区别，因此，设计时绝不能把它们等同起来，必须区别对待。一般来讲，行政事业单位和小型企业，经济业务比较简单，数量也相对较少，因此可以考虑采用逐笔过账程序；而大中型企业，经济业务复杂，数量也较多，则更适宜采用汇总过账程序。具体到采用哪种账务处理程序，可再根据会计科目的数量、人员的分工等情况决定。

（2）经济管理的要求。经济管理对会计工作提出的要求，是设计账务处理程序时必须考虑的第二因素。账务处理程序的终点，是编制财务报表，为经济管理提供数据资料。为此，各种资料出自何处，在哪个环节提供，采用什么方式等，都应有合理的安排。例如，对内部会计报告要求较多的单位，一般应采用凭单日记账账务处理程序或多栏式日记账账务处理程序，以方便数据资料的摘取。而内部报表很少的单位，则应考虑记账凭证账务处理程序或日记总账账务处理程序。

（3）财务机构的内部组织情况。一般地讲，财会人员数量多、内部分工比较细、岗位责任制健全的单位，适宜选用汇总过账的核算程序，以方便机构内部的分工合作。反之，则应考虑逐笔过账的核算程序。

（二）有利于凭证、账簿和报表之间的协调

设计账务处理程序，就是对会计凭证、账簿、报表等进行综合性的研究，使之有机地结合起来，协调一致，为此，在设计账务处理程序时，必须解决好以下几方面的问题。

（1）凭证与凭证之间的联系。这是账务处理程序的第一“工序”。具体解决步骤：

①如何根据原始凭证编制记账凭证，即建立原始凭证与记账凭证之间的联系。②是否需要汇总原始凭证，以及汇总原始凭证与原始凭证之间的关系怎样确立。③若采用汇总过账，记账凭证与汇总记账凭证如何联系？怎样根据记账凭证编制汇总记账凭证？

（2）凭证与账簿之间的联系。这是账务处理程序的关键“工序”。各种账务处理程序的主要区别，就是在于凭证和账簿的联结方式不同。各种凭证用来登记什么账簿？或各种账簿根据什么凭证登记？是记账凭证还是汇总记账凭证？或是原始凭证？都应有明确的规定，以确保凭证和账簿之间的紧密联系，杜绝重记或漏记现象的发生。

（3）账簿与账簿之间的联系。包括：分类账簿与序时账簿之间的联系，总分类账与明细分类账之间的联系。采用凭单日记账账务处理程序和多种日记账账务处理程序时，尤其要规定好总分类账与日记账之间的关系。保证总分类账对其他各种账簿的控制作用。

（4）账簿和报表之间的联系。各种财务报表所需要的资料，如何从有关的账簿中取得？哪些报表根据总分类账编制？哪些报表根据明细分类账编制？哪些报表还需借助于有关的日记账？在何时编制？都应作出明确的规定，以保证会计信息的及时性和准确性。

（三）有利于简化会计工作量，提高会计工作效率

记账凭证账务处理程序，是账务处理程序的基本形式，其他各种账务处理程序都是在这一基本形式的基础上演变发展而来的。由记账凭证账务处理程序转化为多种账务处理程序的原因之一，就是为了简化记账的工作量，克服重复抄录的现象。为此，设计账务处理程序，必须考虑简化工作量、提高工作效率的要求。具体到一个单位，所设计的账务处理程序，应当小于或等于记账凭证账务处理程序下的工作量。否则，就是不成功的设计。

会计工作中的重复抄录不仅会降低工作效率，而且会增加发生错误的机会，无论是会计凭证记录中的重复，还是账簿登记中的重复，都是如此。所以，尽量减少填制凭证的手续、改进账簿登记的方法，是设计账务处理程序时必须注意的问题。下面提供一些在适当情况下简化会计工作量的方法。

（1）以原始凭证代替记账凭证。原始凭证是编制记账凭证的依据，记账凭证是对原始凭证的内容进行的会计加工，二者反映的经济业务内容是一致的。因此，对于某些自制原始凭证，只要略加改进，增设会计科目、记账符号、财会人员签章的位置，并予以重新编号，就可起到记账凭证的作用，省去编制记账凭证的工作量。例如，在“现金收据”中增加“贷方科目和收款凭证”信息，就可替代“收款凭证”直接登记账簿。格式参见表7-1。

表7-1 **现金收据**（代记账凭证）

年 月 日

贷方科目：		收款凭证编号：收字第 号
交款单位或个人名称：		
收款事由：		
金额（大写）：	¥	（盖章）

第二联 会计记账

会计主管 记账 审核 出纳 交款人

（2）尽可能采用累计原始凭证。累计原始凭证可以连续反映一定时期内不断重复发生的同类经济业务，据此编制的记账凭证数量必然可以减少，整个记账工作随之简化。因此，对于自制的原始凭证，有条件的情况下，应尽可能地采用累计的方式。但必须明白，不能将不同类型的经济业务累计到一张凭证上。

（3）设计专用记账凭证。企业里某些类型的经济业务是大量重复发生的，且具有一定的规律。例如，产品销售业务，在取得销售收入的同时，主要是货款收存银行或形成应收款项。为了便于核算和管理，可以为这些重复发生的业务设计统一的专用凭证，将业务所涉及的会计科目直接印制在凭证上，编制时只需填制金额和签字，从而简化工作量。

（4）设计多栏式日记账、专用日记账。多栏式日记账可通过定期汇总，将各栏数字的合计数直接过入分类账，而不必再对记账凭证进行分类整理和汇总；专用日记账则可以在业务发生时一次完成序时的和分类的记录整理工作，减少序时账簿和分类账簿中的重复记录现象。因此，大中型企业应尽量采用。

（5）改进记账凭证汇总方法。在采用汇总记账凭证和科目汇总账务处理程序时，由于某些经济业务较复杂，使一张凭证中涉及几个会计科目，给汇总工作造成许多不便，而且汇总发生差错时又难以查找。为此，在编制记账凭证时，应当尽可能地编制一借一贷和多借一贷的会计分录，若遇一借多贷或多借多贷的情况，可将其化为一借一贷或多借一贷的形式，分解在几张凭证上，以便按单一的贷方汇总记账凭证，给汇总工作提供方便，简化汇总工作量。

此外，为了简化汇总工作量，还可采用“可裁式记账凭证”，即将记账凭证设计为几个独立的部分，每一会计科目占用一部分，用编号将它们联系起来。按科目汇总时，根据需要将它们分别裁开，进行汇总。

（6）采用凭证与账簿套写的方法。在以日记账作为过账媒介时，需要设置若干本专门日记账，分别由几个会计人员登记。如果根据日记账登记总账和明细账，不便于传递，影响效率；如果再编制记账凭证并汇总后登记，则发生重复。为此，可以设计凭证与账簿套写的方式。具体做法是，在每页日记账上附加一簿纸账页，下配以复写纸，每登记一笔业务，会同时记录在两张账页上，每页记满之后，将簿纸账页撕下，作为记账凭证与有关的原始凭证附在一起，传递登记明细账。每月月末，将全月的簿纸账页汇总起来登记总账。这种凭证与账簿套写的方式适用于经济业务较多的日记账，如库存现金、银行存款日记账等。通过套写，不再需要编制记账凭证，从而简化了记账工作量。

需要指出，以上简化会计工作量的方法，必须根据企业的实际情况确定是否采用。一般情况下，它们适用于经营规模大，经济业务种类复杂、数量多的大中型企业。而经济业务种类简单、数量少的企业则不宜采用，否则，难免事倍功半，适得其反。

（四）有利于加强内部会计控制

设计账务处理程序，不仅要求符合单位具体条件，协调会计的各项工作，提高会计工作效率，而且要求加强会计工作的内部控制制度，明确会计核算的各个环节、各个岗位上的责任，使从事各项工作的人员能够相互制约、相互监督，既有明确的分工，又能有效地合作。如果账务处理程序设计不合理，则内部控制就会不严密，责任不明确，既影响工作效率，又难以保证工作质量。

四、账务处理程序的设计步骤

根据各设计单位的具体情况不同，账务处理程序设计应当采用不同的工作步骤，才能保证质量，节约劳动。设计步骤一般可以分为以下两种：

（一）原有单位账务处理程序改进设计的步骤

为各企业、行政事业等单位原有的账务处理程序进行改进设计，一般应当先确定账务处理程序的类型，然后再逐项设计账务处理程序各组成部分的具体内容。因为原有单位已经设立运行，对原有账务处理程序是否合适，存在哪些问题，需要做哪些改进、创新等情况，都比较清楚，对财会人员的习惯也了解，相关资料也容易获得，因此，能够比较容易地正确确定账务处理程序的类型，并在此基础上，进行各个核算环节的设计。

具体地讲，这种设计的基本步骤是：

（1）根据对该单位生产经营特点和管理要求的调查，大致规划出该单位适用的账务处理程序的类型。必要的情况下，可以画出账务处理程序的草图。

（2）按照草图的要求安排账簿组织，设计各个核算环节使用的会计凭证、序时账簿、分类账簿和财务报表等，并使它们各自形成完整的体系。

（3）在设计各个具体核算环节的内容时，如果发现事先规定的账务处理程序有不妥的地方，应当进行修改，在草图上适当予以调整，使其逐步完善和严密，做到科学合理。

（二）新建单位账务处理程序设计的步骤

为新成立的企业、行政事业单位设计账务处理程序，其步骤与第一种情况一般相反，即先分别设计凭证、账簿、报表等具体内容，然后再将它们组合起来，形成所需要的账务处理程序。由于新建单位一切从零开始，既无成型的凭证、账簿、记账方法和记账程序，又不了解财会人员的习惯，因此，可以不受原有模式的束缚，在一张“白纸”上自由“作画”。

具体地讲，这种设计的基本步骤是：

（1）根据经济业务特点和管理要求，分别设计所需要的凭证、账簿及报表的种类和格式，并各自形成独立的完整体系；

（2）将各种凭证、账簿、报表等，结合记账方法有机地组合起来，确定它们之间的联系和记账程序，构成整体账务处理程序；

（3）对不适应或不利于整体账务处理程序实施的各个核算环节，进行必要的修改或补充。

第二节　逐笔过账账务处理程序设计

逐笔过账账务处理程序，根据单位业务特点和管理要求的不同，可以分为两种：记账凭证账务处理程序和日记总账账务处理程序。它们的共同点是：根据原始凭证编制记账凭证，并据记账凭证登记总账。其优点是能够反映经济业务发生的时间顺序，记录及时、详细、清晰。缺点是当经济业务较多时，登记总账的工作量较大，且与其他账簿记录重复。因此，一般适用于经营规模小、经济业务数量少且会计分工不细的单位。

一、记账凭证账务处理程序的设计

记账凭证账务处理程序是账务处理程序中最基本的形式。这种账务处理程序的特点是根据各种记账凭证（收款凭证、付款凭证、转账凭证）逐笔直接登记总分类账。

（一）所使用的记账凭证、账簿种类

（1）记账凭证的设置。记账凭证一般设收款凭证、付款凭证、转账凭证三种或只设一种通用格式的记账凭证，一般为复式记账凭证。由于不对记账凭证汇总，因此不设汇总记账凭证。

（2）账簿的设置。账簿组织应当包括总分类账和各种明细分类账。总分类账一般采用三栏式订本账，并按每一总分类科目开设账页。明细分类账可根据实际需要，分别采用三栏式、数量金额式和多栏式等格式，但均为活页账。为了加强货币资金的核算和管理，及时了解货币资金的增减变化及结存情况，还应当单独设置库存现金日记账和银行存款日记账，其格式一般采用三栏式订本账，如有必要，也可采用多栏式。

此外，为了保证记账凭证的完整，方便保管，还可以设计一本“记账凭证登记簿”，按记账凭证的顺序号进行登记。

（二）记账的基本程序

（1）根据原始凭证或原始凭证汇总表编制记账凭证；

（2）根据记账凭证中的收款、付款凭证逐日逐笔登记库存现金日记账和银行存款日记账；

（3）根据各种记账凭证，结合原始凭证或原始凭证汇总表逐笔登记各种明细分类账，并将记账凭证号记入“凭证登记簿”；

（4）根据各种记账凭证逐笔登记总分类账，并在总分类账的摘要栏内说明经济业务的主要内容或对方科目，以建立账户之间的对应关系；

（5）根据总账资料定期与有关的明细账和日记账核对，保证账账相符；

（6）根据总账、明细账和其他有关资料定期编制财务报表。

此外，为了检查总账各账户余额的平衡关系，为对账、报账的顺利进行作准备，还可在账账核对之前，编制“总账科目余额试算平衡表”。记账凭证账务处理程序如图 7-2 所示。

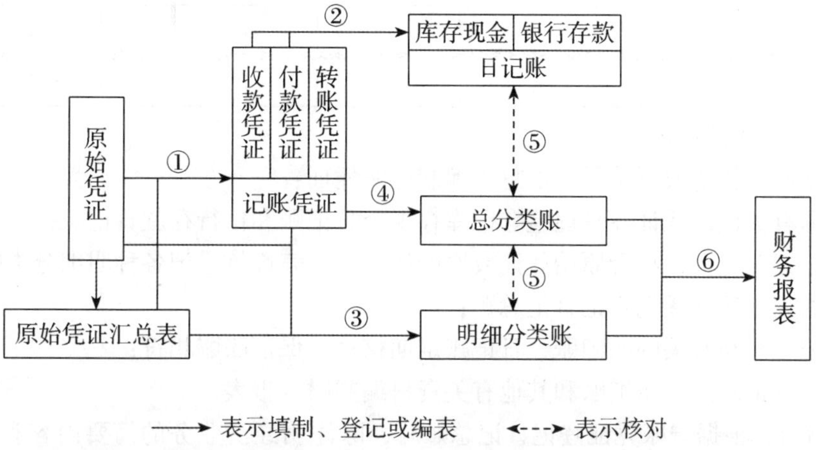

图 7-2 记账凭证账务处理程序

可以看出，记账凭证账务处理程序是按照“原始凭证→记账凭证→会计账簿→财务报表”的顺序完成会计核算的，所以说，它是最基本的会计账务处理程序。

（三）优缺点及适用范围

（1）优点。主要有：①手续简便，账务处理环节少，操作比较容易；②总分类账可以比较详尽地记录和反映经济业务的发生或完成情况，对一些不常发生经济业务的会计科目，可以不设置明细分类账，只需在总分类账的摘要栏内详细说明业务内容即可，使总分类账内一些会计科目的摘要记录起到明细账的作用；③对月末没有余额的一些会计科目，如“管理费用”、“主营业务收入”等，其总账和明细账可以合二为一，只要总账使用多栏式账页，就可避免总账与一些明细账的重复登记问题。

（2）缺点。由于记账凭证账务处理程序依据记账凭证逐笔登记总账，导致总账登记工作量较大，尤其是经济业务量多时，存在大量的重复劳动。因此，它适用于规模较小、经济业务较少的企事业单位。

二、日记总账账务处理程序的设计

日记总账账务处理程序的主要特点是：设置一种兼有序时记录和分类记录双重作用的联合账簿——日记总账，并根据记账凭证予以逐笔登记。与记账凭证账务处理程序的主要区别在于总分类账的设置与登记不同，其他则基本一致。

（一）所使用的记账凭证、账簿种类

（1）记账凭证的设置。记账凭证可以采用收款、付款、转账三种专用格式，但最好设计成通用格式。一般使用复式记账凭证，不设汇总记账凭证。

（2）账簿的设置。账簿组织包括日记总账和各种明细分类账。日记总账采用特殊的多栏式，参见表7-2，将所有总分类账户都集中在一张账页上，即将金额栏按照一级会计科目分为若干栏目，有多少总账科目，就设多少栏目。在每一科目栏下再分为两小栏，分别设计为“借方”、“贷方”登记各总账科目的增减变化，同时完成经济业务的序时记录和分类记录。明细账和日记账使用的格式与记账凭证账务处理程序相同。

表7-2 **日记总账** 第____页

年		凭证		摘要	发生额	库存现金		短期借款		利润分配	
月	日	字	号		（合计）	借方	贷方	借方	贷方	借方	贷方

（二）记账的基本程序

1. 根据原始凭证或原始凭证汇总表编制记账凭证；
2. 根据有关记账凭证逐日逐笔登记库存现金日记账和银行存款日记账；
3. 根据记账凭证，结合原始凭证或原始凭证汇总表逐笔登记各种明细分类账；
4. 根据记账凭证逐笔登记日记总账；
5. 日记总账与有关的明细账、日记账定期核对，保证账账相符；
6. 根据日记总账、明细账和其他有关资料编制财务报表。

需要指出，根据记账凭证登记日记总账时，除注明经济业务的简要内容和记账日期、凭证编号外，必须将每一经济业务的借方发生额和贷方发生额分别登记在同一行的有关科目借方栏和贷方栏内，并将发生额在同行的“发生额”栏内予以登记。月份终了，应结出各栏的合计数，计算各科目的月末余额，进行账簿记录的核对。“发生额”栏的本月合计数与全部科目的借方发生额或贷方发生额的合计数应当相等，各科目的借方余额合计数与贷方余额合计数应当相等。

日记总账账务处理程序如图 7-3 所示。

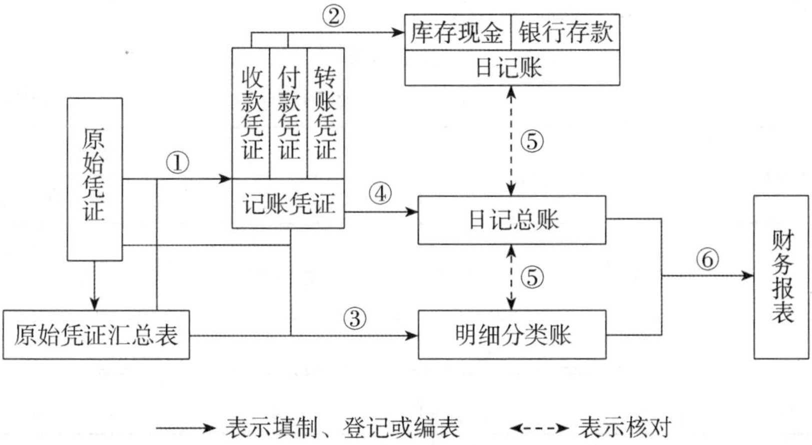

图 7-3　日记总账账务处理程序

（三）优缺点及适用范围

（1）优点。主要有：①将全部经济业务集中记录在日记总账上，便于反映企业经济活动的全貌；②账簿上能够清楚地反映账户之间的对应关系，便于会计分析和进行查账，减少账簿登记中的错误；③同时进行序时记录和分类记录，账务处理手续简化；④月末可以直接对本月发生额和余额进行核对和试算平衡，保证财务报表编制的顺利进行，不需要编制“总账科目余额试算平衡表”。

（2）缺点。主要有：①不便于分工记账；②如果企业经济业务复杂，运用会计科目较多，日记总账的账页就会过长，既不便于记账和查阅，又造成纸张的浪费，也不利于账簿的保管。因此，它适用于业务特别简单、会计科目数量少、会计人员不多、分工不细的单位，如小型建筑施工单位、小型机关、团体和学校等。

第三节　汇总过账账务处理程序设计

汇总过账的账务处理程序，具有汇总登记总账的共同特点，但由于总分类账的登记既可以根据汇总后的记账凭证，也可以根据各种日记账的汇总数字，因此可以设计成以下四种基本方式：科目汇总表账务处理程序、汇总记账凭证账务处理程序、凭单日记账账务处理程序和多栏式日记账账务处理程序。因凭单日记账账务处理程序目前实务中较少采用，这里不再详细介绍。

一、科目汇总表账务处理程序的设计

这种账务处理程序是在以记账凭证为基础汇总登记总账时最常用的一种方式。其特点是将一定时期的记账凭证中总账科目的发生额全部汇总在一张科目汇总表（也称记账凭证汇总表）上，然后据此登记总分类账。又称“记账凭证汇总表账务处理程序”。

（一）所使用的记账凭证、账簿种类

（1）记账凭证的设置。记账凭证除了设置收款、付款、转账凭证外，还必须设计

“科目汇总表”，参见表 7-3，以便定期对全部记账凭证的内容进行汇总。汇总时，将全部记账凭证所涉及的各个会计科目的借方、贷方发生额定期（如 5 天、10 天、1 个月）分别合计起来，填入有关栏内，据此登记总账。登账后，将总账账页编号填入“总账页次”一栏内，以便账证核对，保证相符。

表 7-3 **科目汇总表** 科汇字第 号

年 月 日至 日 附件：

会计科目	总账页次	发生额	
		借方	贷方
合计			

会计主管 复核 记账 制表

需要指出，编制“科目汇总表”的间隔时间不宜太长，一般以 5 天或 10 天为宜，业务不多的企业可以 1 个月汇总编制一次，以便及时发现账务处理中的问题，加以解决，同时，间隔时间短，汇总起来也比较容易。此外，在实际工作中，为了便于科目汇总表的编制，可以如第一节所述，采用适当的方式，改进记账凭证汇总的方法。

（2）账簿的设置。账簿组织及格式与记账凭证账务处理程序一致，包括总分类账、库存现金日记账、银行存款日记账和各种明细分类账。

（二）记账的基本程序

（1）根据原始凭证或原始凭证汇总表编制记账凭证；

（2）根据收款凭证、付款凭证登记库存现金日记账和银行存款日记账；

（3）根据记账凭证，结合原始凭证或原始凭证汇总表登记各种明细分类账；

（4）根据记账凭证定期编制“科目汇总表”；

（5）根据科目汇总表登记总分类账；

（6）总账与明细账、日记账定期核对，保证账账相符；

（7）根据总账、明细账和其他有关资料编制财务报表。

科目汇总表账务处理程序如图 7-4 所示。

（三）优缺点及适用范围

（1）优点。主要有：①汇总手续简单，大大简化了登记总账的工作量；②科目汇总表分别借贷方合计本期各账户的借方发生额和贷方发生额，利用借贷方合计数可以起到试算平衡的作用，便于及时发现错误予以更正；③总账记录成为综合性的数据，只反映各会计科目一定时期的增减发生额，因此，总账可以不设置“摘要”栏而采用多栏式总账格式，方便记账和对账工作。

（2）缺点。主要有：①经济业务复杂，复合会计分类较多时，汇总工作比较麻烦；②科目汇总表不能明确反映账户之间的对应关系，不便于分析和检查经济业务的来龙去脉，不便于查对账目。该程序适用于经济业务较多的大中型企业。

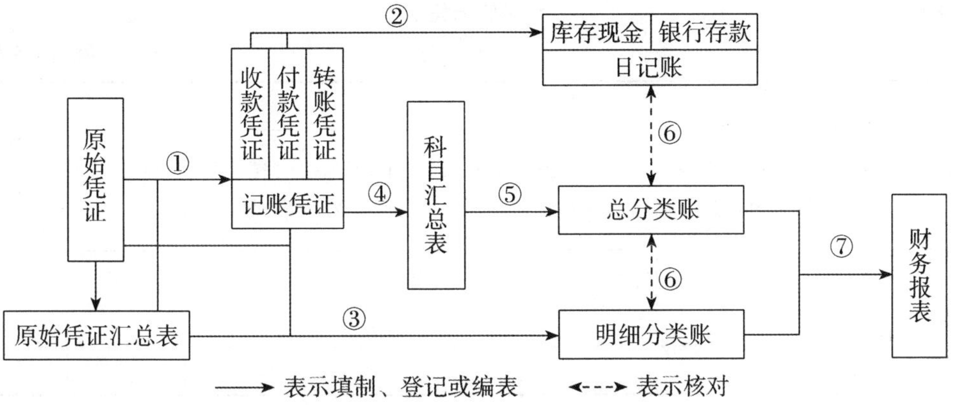

图 7-4 科目汇总表账务处理程序

二、汇总记账凭证账务处理程序的设计

这种账务处理程序的特点是：先定期将全部记账凭证按收款、付款、转账凭证分别归类编制汇总记账凭证，再根据汇总记账凭证登记总分类账，因而，称为“汇总记账凭证账务处理程序”。

(一) 所使用的记账凭证、账簿种类

(1) 记账凭证的设置。记账凭证除了设置收款、付款、转账凭证外，还应设置汇总收款凭证、汇总付款凭证和汇总转账凭证，格式分别参见表 7-4 至表 7-6，作为登记总分类账的依据。

表 7-4 汇总收款凭证

借方科目： 年 月 汇收字第 号

贷方科目	金额				总账页次
	1 日至 10 日收款凭证第×号至第×号	11 日至 20 日收款凭证第×号至第×号	21 日至 31 日收款凭证第×号至第×号	合 计	
合计					

会计主管 复核 记账 制证

表 7-5 汇总付款凭证

贷方科目： 年 月 汇付字第 号

借方科目	金额				总账页次
	1 日至 10 日付款凭证第×号至第×号	11 日至 20 日付款凭证第×号至第×号	21 日至 31 日付款凭证第×号至第×号	合 计	
合计					

会计主管 复核 记账 制证

表 7-6 **汇总转账凭证**

贷方科目： 年 月 汇转字第 号

借方科目	金额				总账页次
	1 日至 10 日转账凭证第×号至第×号	11 日至 20 日转账凭证第×号至第×号	21 日至 31 日转账凭证第×号至第×号	合计	
合计					

会计主管 复核 记账 制证

汇总记账凭证的具体编制方法是：

①汇总收款凭证，按库存现金或银行存款科目的借方分别设置，根据一定时期内的全部库存现金或银行存款收款凭证，分别按与设证科目（库存现金或银行存款）相对应的贷方科目加以归类，定期（一般为 5 天、10 天或 15 天等）汇总填列一次，每月编制一张，月终根据合计数登记总账。

②汇总付款凭证，按库存现金或银行存款科目的贷方分别设置，根据一定时期内的全部库存现金或银行存款付款凭证，分别按与设证科目（库存现金或银行存款）相对应的借方科目加以归类，定期汇总填列一次，每月编制一张，月终根据合计数登记总账。

③汇总转账凭证，按每一贷方科目设置，根据一定时期内的全部转账凭证，按与设证科目相对应的借方科目加以归类，定期汇总填列一次，每月编制一张，月终结算出合计数，据此登记总账中各有关账户的借方和设证账户的贷方。

（2）账簿的设置。账簿组织及格式与记账凭证账务处理程序一致，包括总分类账、库存现金日记账、银行存款日记账和各种明细分类账。

（二）记账的基本程序

（1）根据原始凭证或原始凭证汇总表编制记账凭证；

（2）根据收款凭证、付款凭证登记库存现金日记账和银行存款日记账；

（3）根据记账凭证，结合原始凭证或原始凭证汇总表登记各种明细分类账；

（4）根据收款凭证、付款凭证和转账凭证，定期编制汇总收款凭证、汇总付款凭证和汇总转账凭证；

（5）月终，根据汇总收款凭证、汇总付款凭证和汇总转账凭证，登记总分类账；

（6）总账与明细账、日记账定期核对，保证账账相符；

（7）根据总账、明细账和其他有关资料编制财务报表。

在填制汇总收款凭证、汇总付款凭证时，对库存现金和银行存款之间相互划转的业务，应以付款凭证为依据，汇总到以贷方为主的付款凭证中去。此外，为了便于汇总转账凭证的填制，日常编制转账凭证时，应使各账户之间保持一借一贷或多借一贷的对应关系，而不宜采用一借多贷或多借多贷的对应关系。

需要指出，如果在月份内某一贷方科目的转账凭证为数不多，或者有些汇总原始凭证已按贷方科目设置，那么，可以不编制汇总转账凭证，而直接据以登记总分类账，以简化核算手续。

汇总记账凭证账务处理程序参见图 7–5。

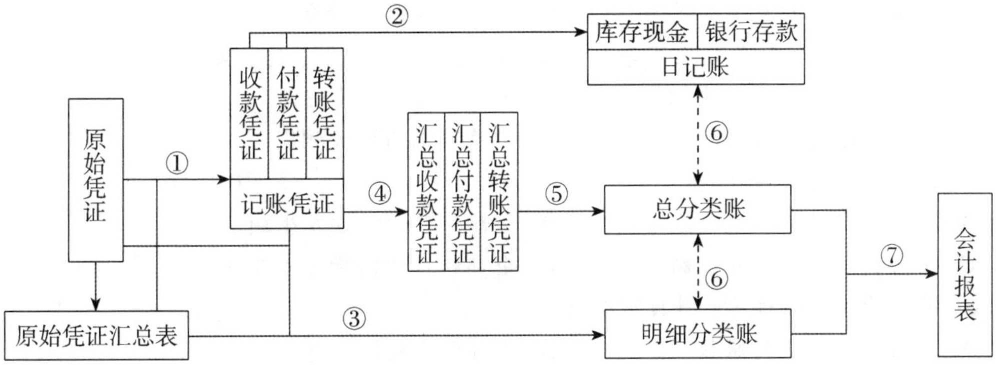

图 7–5 汇总记账凭证账务处理程序

（三）优缺点及适用范围

（1）优点。主要有：①汇总记账凭证每月定期编制一次或数次，登记总账，大大简化了记账工作；②汇总记账凭证和总账上仍然能够反映科目之间的对应关系，不仅便于了解经济业务内容的来龙去脉，而且发生差错后也容易查找；③分类汇总、分类平衡，便于财会人员分工，加快汇总的速度。

（2）缺点：汇总手续比全部汇总核算程序麻烦，如果单位经济业务较少，凭证数量不多，会增加汇总的工作量，起不到简化的作用。因此，它适用于规模大，业务多的企业。

基本训练

一、单项选择题

1. 记账凭证账务处理程序的主要特点是（　　）。

A. 根据各种记账凭证登记日记账和明细账

B. 直接根据记账凭证逐笔登记总分类账

C. 根据汇总记账凭证登记总分类账

D. 根据总账和明细账记录编制会计报表

2. 各种账务处理程序之间的关键区别是（　　）。

A. 总账的外表形式不同　　B. 总账的账页格式不同

C. 总账的登账依据和方法不同　　D. 总账的作用不同

3. 单位的凭证、账簿、报表相结合的方式称为（　　）。

A. 会计组织体制　　B. 记账工作步骤

C. 账务处理程序　　D. 会计机构

4. 体现汇总记账凭证账务处理程序特点的步骤是（　　）。

A. 根据收、付款凭证登记日记账

B. 根据原始凭证、记账凭证登记明细账

C. 根据记账凭证编制汇总记账凭证

D. 根据记账凭证编制汇总记账凭证，并以汇总记账凭证登记总分类账

5. 科目汇总表账务处理程序(　　)。

A. 便于分析经济业务　　B. 可以看清经济业务的来龙去脉

C. 能清楚反映账户对应关系　　D. 不能反映账户对应关系

6. 汇总记账凭证账务处理程序与科目汇总表账务处理程序的主要相同点是(　　)。

A. 记账凭证的汇总方法相同　　B. 记账凭证都需要汇总

C. 登记总账的依据相同　　D. 汇总凭证的格式相同

7. 科目汇总表汇总的是(　　)。

A. 全部科目的借方发生额　　B. 全部科目的贷方发生额

C. 全部科目的借贷方余额　　D. 全部科目的借贷方发生额

8. 汇总付款凭证的贷方科目可能是(　　)。

A. 应收账款或应付账款　　B. 库存现金或银行存款

C. 固定资产或实收资本　　D. 管理费用或销售费用

9. 编制科目汇总表直接依据的凭证是(　　)。

A. 原始凭证　　B. 汇总原始凭证

C. 记账凭证　　D. 汇总记账凭证

10. 账务处理程序的起点是(　　)。

A. 填制会计凭证　　B. 编制会计分录

C. 登记会计账簿　　D. 编制会计报表

二、多项选择题

1. 为保证会计核算形式的科学性和合理性，设计时应当遵循的原则有(　　)。

A. 会计核算与经营管理相结合　　B. 分散监督性与实际情况相结合

C. 集中统一性与实际情况相结合　　D. 合理性与合法性相结合

E. 合理简化手续与保证会计信息质量相结合

2. 下列对科目汇总表表述正确的有(　　)。

A. 反映账户之间的对应关系　　B. 具有发生额试算平衡的功能

C. 具有余额试算平衡的功能　　D. 作为登记总账的依据

E. 作为登记总账和明细账的依据

3. 科目汇总表是根据(　　)编制的。

A. 收款凭证　　B. 付款凭证

C. 汇总原始凭证　　D. 转账凭证

E. 原始凭证

4. 汇总记账凭证账务处理程序的优点是(　　)。

A. 反映科目的对应关系　　B. 编制汇总转账凭证的工作量较小

C. 减少了登记总账的工作量　　D. 有利于会计核算工作的分工

E. 可以了解经济业务的来龙去脉

5. 在会计核算工作中，可作为总分类账簿登记依据的是(　　)。

A. 记账凭证　　B. 汇总记账凭证

C. 明细分类账　　D. 科目汇总表

E. 多栏式库存现金日记账

6. 总分类账的格式因采用的账务处理程序不同，一般有(　　)。

A. 三栏式账簿　　B. 多栏式账簿

C. 数量金额式账簿　　D. 借方多栏式账簿

E. 横向登记式账簿

7. 记账凭证账务处理程序、汇总记账凭证账务处理程序和科目汇总表账务处理程序应共同遵循的程序有(　　)。

A. 根据原始凭证、汇总原始凭证和记账凭证，登记各种明细分类账

B. 根据记账凭证逐笔登记总分类账

C. 期末，库存现金日记账、银行存款日记账和明细分类账的余额与有关总分类账的余额核对相符

D. 根据总分类账和明细分类账的记录，编制会计报表

E. 根据收、付款凭证逐笔登记库存现金日记账和银行存款日记账

8. 企业账务处理程序的设计，其内容一般包括(　　)。

A. 会计科目的设计　　B. 会计凭证的设计

C. 会计账簿的设计　　D. 会计报表的设计

E. 账务处理流程的设计

9. 在下列账务处理程序中，能够减少登记总账的工作量的有(　　)。

A. 记账凭证账务处理程序　　B. 科目汇总表账务处理程序

C. 汇总记账凭证账务处理程序　　D. 普通日记账账务处理程序

E. 以上都可以

10. 科目汇总表的格式通常包括(　　)。

A. 科目汇总表填制日期和编号　　B. 填写会计科目的栏次

C. 填写借、贷方金额的栏次　　D. 所附原始凭证张数

E. 经济业务摘要

三、思考题

1. 什么是账务处理程序？设计账务处理程序有何意义？

2. 账务处理程序有哪几种？各种账务处理程序的主要区别及共同点在哪里？

3. 设计账务处理程序应当符合哪些要求？

4. 记账凭证账务处理程序有何特点？其基本账务处理流程如何？它的优缺点及其适用范围是什么？

5. 科目汇总表账务处理程序有何特点？其基本账务处理流程如何？它的优缺点及其适用范围是什么？

6. 汇总记账凭证账务处理程序有何特点？其基本账务处理流程如何？它的优缺点及其适用范围是什么？

7. 科目汇总表与汇总记账凭证相比，各有哪些优缺点？

8. 各种账务处理程序如何变通使用？试举一具体形式予以说明。

9. 你认为电算化条件下是否需要进行账务处理程序的设计？为什么？

第八章

内部控制制度设计

学习目标

□知识目标

了解内部控制的基本含义、目标和作用，掌握内部控制的构成要素和基本手段，熟悉货币资金收支业务、材料采购业务、资产盘存业务、产品销售业务、筹资业务、投资业务等内部控制制度的设计内容与要求。

□技能目标

掌握内部控制设计的基本原理与方法。能够为中小型企业设计基本业务的内部控制制度，或针对案例企业货币资金收支、材料采购、资产盘存、产品销售等业务内部控制中存在的不足，提出完善建议。

第一节　内部控制制度设计概述

一、内部控制制度的含义和作用

(一) 内部控制制度的含义

内部控制制度的前身是内部牵制制度。20 世纪初，随着生产社会化程度的空前提高，股份公司逐渐成为西方国家主要的企业组织形式，竞争的加剧迫使许多企业普遍加强了对生产经营活动的控制，在管理理论的指导和企业管理的现实需求下，欧美一些企业在内部牵制思想的基础上，借助各种事先确定的科学标准和程序，纷纷在企业内部组织结构设置、经济业务授权和处理程序等方面实施控制，基本做到了职能部门和人员分工制度化，业务处理程序标准化、规范化，从而达到了防错消弊、保护企业财产物资的安全和完整，保证会计信息的真实、可靠，确保经营管理方针的贯彻落实及提高企业经营效率的目的。1936 年，由美国注册会计师协会发布的《独立公共会计师对财务报表的审查》首次定义内部控制，该文件将内部控制定义为“为了保护公司现金和其他财产的安全、检查账簿记录准确性，而在公司内部采用的各种手段和方法”。

第二次世界大战后，随着西方资本主义国家营运资本趋向集中，企业的规模不断扩大，职能管理部门随之增多，子公司、分公司、派出机构大量出现，经济业务日趋复杂，为了加强母子公司之间、公司内部各职能部门之间的相互控制，保证经济活动的规范进行，进而促使各办事机构的人员尽职尽责，遵循既定的管理方针，提高工作效率和工作质量，增进会计信息的可靠性，内部控制的范围不断扩大，控制方法逐渐增多。适应环境发展的需要，1949 年美国注册会计师协会又将内部控制定义为：“内部控制是企业为了保证财产的安全完整，检查会计资料的准确性和可靠性，提高企业的经营效率以及促进企业贯彻既定的经营方针，所设计的总体规划及所采取的与总体规划相适应的一切方法和措施。”

1963 年，美国审计委员会又首次将内部控制划分为内部会计控制和内部管理控制两个分支，使内部控制理论体系日臻完善。进入 20 世纪 80 年代后，内部控制理论又有了新的进展，美国注册会计师协会于 1988 年 5 月公布的《审计准则公告第 55 号》，以“内部控制结构”取代了“内部控制制度”，开始注意控制环境的作用，并将会计制度正式列为内部控制的构成要素，使内部控制由相互独立的两个分支上升到一个从关注各利害关系主体对内部控制的态度开始，到对内部控制实施最终效果——会计信息的评价这样一个逻辑较为严密的控制体系。

在总结 20 世纪 80 年代后期发生的财务舞弊案经验和教训的基础上，美国反虚假财务报告委员会（Treadway 委员会）的主办组织委员会（COSO）于 1992 年发布，并于 1994 年修改的《内部控制——整合框架》，对内部控制结构进行了重新设计，并将内部控制做了如下描述：内部控制是由企业董事会、经理阶层和其他员工实施的，为营运的效率效果、财务报告的可靠性、相关法律的遵循性等目标的达成而提供合理报告的过程，将内部控制目标重新界定为“合理地确保经营效率和有效性、财务报告的可靠性和对适用法律的遵循”，并承认了风险评估在内部控制中的地位。1994 年美国管理会计师协会在其发布的《内部控制结构》中，又将内部控制定义为：“内部控制是这样一个整体系统，由管理者建立的、旨在以一种有序的和有效的方式进行公司的业务，确保其与管理政策和规章的一致，报告资产，尽量确保记录的完整性和正确性。”

2004 年 10 月，受美国“安然”、“世通”等恶性财务舞弊案的影响，Treadway 委员会结合《萨班斯-奥克斯利法案》（Sarbance-Oxley Act）对内部控制的要求，再次发布内部控制报告——《企业风险管理——总体框架》，提出了风险偏好和风险容忍度等概念，将原风险评估扩展为目标设定、事项识别、风险评估和风险反映，强调了风险管理在内部控制中的重要性，并在内部控制定义中明确了以下内容：是一个过程、被人影响、应用于战略制定、贯穿整个企业的所有阶层和单位、旨在识别影响组织的事件并在组织的风险偏好范围内管理风险、合理保证各类目标的实现等。自此，内部控制制度由注重对经营效率的提高、会计信息的完整性和正确性的保证以及对既定法律的遵循，演变为对经营风险的预防、控制和评估。

分析内部控制制度发展演变史，可以得出如下结论：①内部控制制度是社会化大生产的必然产物，是强化企业管理制度，促进企业发展的客观需要，并随着企业经营环境复杂程度的提高不断丰富其内容，其本身是一个随经济环境的日益复杂化而涉及面越来越广、受影响和制约的因素越来越多的动态概念；②其核心目的是保证资产的安全完整和会计信息的真实可靠；③其基本职能是行为引导和权力制衡；④其未来发展方向是风险导向内部控制。

综上所述，要对内部控制制度给出一个权威性的解释并非易事，但我们可以透过内部控制制度产生和发展历程，得出内部控制制度的最基本解释，即内部控制制度是由管理者所设立的，由企业董事会、管理层和全体员工共同实施的，约定单位内部各职能部门、各有关工作人员之间，在处理经济业务过程中相互联系、相互制约的一种管理制度，是对经济业务的处理过程实施控制的方法、程序和手续的总称。这里的联系，是指经济业务发生时有关经办人员之间如何互相沟通、协调，使经济活动得以顺利进行；这里的制约，是指经办人员之间如何相互牵制，相互监督，以防止权力膨胀、决策失误、营私舞弊和技术错误，保证经济活动的合法合理性和效率性。这种相互联系和相互制约的关系是否明确、有效，是内部控制制度是否严密完善的标志。

完善的内部控制制度，一般应具备四个方面的要素：一是权利与责任，即单位行政领导和各个职能部门拥有的职权和应承担的责任，以及据此确定的他们在处理经济业务时所处的地位和作用；二是程序与手续，即处理每一项经济业务的规定程序和手续，要求明确规定每一项经济业务需要经过哪些手续，由哪些人员负责办理，他们之间如何沟通联系，应当采用哪些具体的处理方法等；三是控制方式，即处理每一项经济业务的人员之间相互制约的方式，要求某人办理的业务必须经过其他人员的核准和同意，必须置于其他人员的监督之下，有关人员之间必须形成制约关系；四是监督机制，即建立独立的监督部门对整个业务管理过程进行监督，并且对所发生的偏差进行必要的修正，以保证制度实施的可行性和效益性。

以上表明，内部控制制度不只涉及财会部门，也不只是会计工作的需要，还牵涉到企业的各个职能部门和各个方面的业务工作。因此，为了保证各部门的经济活动都能符合预定目标，防错消弊，保质保量，各职能部门在制定其业务管理制度时，都应当符合内控制度的要求。由于财会部门在经济业务所牵涉的各个职能部门中处于中心位置，是财务收支的“关口”，任何经济业务的办理都离不开财会机构，因此，在设计会计制度时，更应该将内部控制制度作为一项重要内容设计。

（二）内部控制制度的作用

严格地讲，内部控制制度不是一项独立的制度，其精神和要求应当贯穿于各项管理制度之中，对各项制度的健全完善和有效执行起保护性作用。具体地讲，内部控制制度的作用表现在以下几个方面：

（1）保护会计制度的贯彻执行。内控制度在会计制度体系中，不像会计科目、会计凭证、财务报表等，不能作为独立的部分，而是贯穿于会计制度的各个方面，对整个会计制度的实施起保护作用。从某种意义上讲，会计制度能否顺利执行，实施效果是否理想，关键取决于内部控制制度是否严密完善。如果只有会计制度条文，而缺乏严格的保护性措施，会计工作同样不能规范运行。例如，关于产品销售业务所使用的会计科目、凭证、账簿以及账务处理办法等方面的规定虽已齐备，但如果没有明确规定开票、收款、发货、门卫等有关人员的职责，没有规定他们之间的制约方式，销售业务就可能出现漏洞，给违法乱纪行为造成可乘之机，削弱和降低会计制度的作用。可见，完善的内部控制制度是保证会计制度效用必不可少的措施。

（2）防错除弊，保护企事业单位财产的安全完整。内部控制制度的基本要求是将经济业务的办理工作进行合理的分工，明确规定每一个业务经办人员的职权和责任，设计周密的业务处理程序和手续。可见，内部控制制度强调办理经济业务的多层次性，以保证业务处理过程的透明度和处理结果的客观性，否定经办人员和经办手续的单一性，以防止业务处理过程的隐蔽性和处理结果的主观性。它可以将每一经办人员的职责、行为置于其他经办人员的监督之下，使每一经办人员只享有办理业务的部分权利，保证任何经济业务的发生和完成，都有若干人参与或知晓。这样，就不会给任何不法分子机会，可以有效地防止营私舞弊行为的发生，即使一些经办人员在处理业务时做了手脚，也会立即暴露在其他有关人员的监督之下。同时，还可以避免或减少会计工作中的失误和技术性错误，保证会计工作质量。

所以说，严密完善的内部控制制度，既能形成一种威慑力量，制止一切伪造、篡改会计记录的营私舞弊行为发生，又能产生预防效果，防止工作上的失误，确保单位财产物资的安全完整。

（3）保证会计信息真实、正确、完整和及时，提高其使用价值。会计信息虽然最终由财会部门提供，但由于信息来源渠道复杂，各种资料经过的环节较多，业务办理人员素质参差不齐，这就为保证会计信息的质量造成了困难。要想解决这一问题，必须在设计会计制度时根据内控制度的要求，规定各项业务的标准处理程序，包括业务的发生地点、经过环节、经办人员的职责划分、业务处理时间、审批稽核手续以及使用的凭证账簿等。这样，通过会计制度的实施，就可以保证会计信息的质量。可见，严密完善的内部控制制度，为提供真实、正确、完整、及时的会计信息奠定了基础，而真实、正确、完整、及时的会计信息在经营管理中才具有使用价值。

（4）加强岗位责任制，提高会计工作效率。健全完善的内部控制制度，能够使经办业务的各有关人员按专业分工，明确自己的岗位责任，并在分工的基础上，建立有机的协作关系。这样，既体现了工作的专业化，又增强了工作的协调性，不仅为各有关人员熟练地掌握自己的工作内容、工作方法、工作要求和专业知识创造了条件，有利于发挥专业优势，避免因头绪过多而顾此失彼，提高会计工作效率，还有利于加强岗位责任制，促使业务经办人员尽职尽责。

（5）防范和化解经营风险，提高单位经营效率。内部控制制度通过机构分设、岗位分工、制定标准化业务处理流程、规范业务经办手续，可以有效地防止权力膨胀，预防个体性决策行为的发生，从而起到防范和化解经营风险，提高单位经营效率的作用。

二、内部控制制度的范围与设计原则

（一）内部控制制度的范围

一般来讲，内部控制制度的范围应当涉及企业的各种经济业务，范围扩展的越大，控制就越是严密，作用也就越大。但由于企业的经营规模、业务复杂程度、内部组织机构、办事人员的分工等具体情况各不相同，对内部控制制度的范围和要求也应有所区别。在小型单位，经济业务比较简单，数量较少，单位行政领导人能够经常过问、了解并掌握单位各项业务的发生情况和财务收支情况，因此其内部控制制度不宜过分复杂，范围可相对小一些，重点应放在货币资金的收付业务上。在大中型企事业单位中，经济业务的种类繁多，内部分工较细，对外关系复杂，行政领导人难以随时掌握各方面的情况，因此要设计严密完善的内部控制制度，其范围应当扩展到企业的每一种经济业务，对所有经办业务的部门和人员都提出具体要求，以保证内部控制制度的效用。

企业发生的货币资金收支业务和商品购销业务不仅数量大，而且牵涉的部门和人员多，大多数又是与企业外部发生业务关系，因此发生错误和弊端的可能性也较大，尤其是商品的赊购、赊销业务，更是如此。所以在任何企业里，内部控制制度都应以上述两类业务为中心来设计，将它们作为控制的主要范围和内容。

具体地讲，内部控制制度的范围及内容主要包括：

(1) 货币资金收支业务的内部控制。

(2) 材料采购业务的内部控制。

(3) 资产盘存业务的内部控制。

(4) 产品销售业务的内部控制。

(5) 投资业务的内部控制。

(6) 筹资业务的内部控制。

除上述外，成本费用业务、工程项目、信用担保等，都需要建立内部控制制度。有关各种主要业务内部控制制度的具体设计，将在以后几节中分别讨论。

(二) 内部控制制度的设计原则

为了充分发挥内部控制制度的作用，实现内部控制的目的，企业建立和实施内部控制，应当遵循以下基本原则：

(1) 合法性原则。内部控制应当符合法律、行政法规的规定和有关政府监管部门的监管要求。

(2) 全面性原则。内部控制在层次上应当涵盖企业董事会、管理层和全体员工，在对象上应当覆盖企业各项业务和管理活动，在流程上应当渗透到决策、执行、监督、反馈等各个环节，避免内部控制出现空白和漏洞。

(3) 重要性原则。内部控制应当在兼顾全面的基础上突出重点，针对重要业务与事项、高风险领域与环节采取更为严格的控制措施，确保不存在重大缺陷。

(4) 有效性原则。内部控制应当能够为内部控制目标的实现提供合理保证。企业全体员工应当自觉维护内部控制的有效执行，内部控制建立和实施过程中存在的问题应当能够得到及时地纠正和处理。

(5) 制衡性原则。企业的机构、岗位设置和权责分配应当科学合理，确保不同部门、岗位之间权责分明和有利于相互制约、相互监督，履行内部控制监督检查职责的部门应当具有良好的独立性，任何人不得拥有凌驾于内部控制之上的特殊权力。

(6) 适应性原则。内部控制应当合理体现企业经营规模、业务范围、业务特点、风险状况以及所处具体环境等方面的要求，并随着企业外部环境的变化、经营业务的调整、管理要求的提高等不断改进和完善。

(7) 成本效益原则。内部控制应当在保证内部控制有效性的前提下，合理权衡成本与效益的关系，争取以合理的成本实现更为有效的控制。

(8) 相对稳定性原则。内部控制制度是一项受企业内外部经营环境影响较大的综合性管理制度，无论当时设计如何科学、合理，随着企业经营环境的不断变化，总会表现出局限性。因此，企业应在保持原有内部控制制度相对稳定的基础上，结合现实环境对其不断予以修订和完善。

三、会计工作中常见的错误

如前所述，防错消弊是内部控制制度的一条重要作用，要想充分发挥这一作用，首先必须了解会计工作中可能发生的各种错误，然后才能提出针对性的防范措施，进而设计出严密完善的内部控制制度。会计工作中的错误，按其发生的原因不同，一般可分为两种情况：一是客观技术性错误；二是主观原则性错误。设计内部控制制度时，必须针对各种可能发生的错误，提出相应的防范措施。

(一) 客观技术性错误

发生客观技术性错误的原因，一是会计人员的业务水平低，会计知识不丰富，对会计原理的理解不够，会计处理方法运用不当；二是会计人员的工作态度不认真，会计核算中粗心大意所致。这种错误具有不可避免性、无意性、容易发现和纠正等特征。防止和减少这种错误的根本办法是加强会计人员的责任心，不断提高他们的业务素质。但在这些因素既定的情况下，内部控制制度如果设计的科学合理，无疑能够在一定程度上弥补它们的不足。例如，严格的审批制度一定程度上可以帮助会计人员熟悉业务，正确选择会计处理方法；健全的稽核制度一般可以及时发现会计凭证、账簿、报表中存在的错误，尽快予以纠正，等等。

属于客观技术性的错误，会计工作中经常出现，且种类很多，现择其几例说明如下：

(1) 填制原始凭证时，出现金额计算的错误，如根据数量和单价计算错销售额；根据费用分配标准和分配率计算错费用分配额等。

(2) 编制记账凭证时，用错会计科目或记错借贷方向，致使会计分录错误。

(3) 登记账簿时，发生串户、漏记、多记或少记数字等错误。

(4) 编制财务报表时，有关的项目和数字发生抄写、计算等错误。

(5) 在办理货币资金收支业务时，多收或少收，多付或少付款项，造成账实不符。

(6) 确认收入实现和费用发生的时间错误，导致各会计期间损益计算错误。

(7) 混淆收益性支出与资本性支出的界限，如把购置固定资产的运输费、包装费、安装费等作为期间费用处理。

(8) 存货的实际收发与会计的账务处理手续脱节，时间、内容不相一致，致使存货的账面数与存货的实有数不相符，等等。

(二) 主观原则性错误

会计人员的思想素质不高，法制观念不强，私心杂念严重，办事损公肥私是形成主观原则性错误的主要原因。这种错误具有故意性、复杂性、隐蔽性，不易发现等特征。其性质属于违法乱纪，目的在于通过故意制造会计错误掩盖不可告人的舞弊行为。防止和根治这种错误的根本办法是加强法制建设，提高会计人员的法制意识和思想素质，但建立健全内部控制制度，也是非常重要的措施。例如：通过建立“分权”制度，形成业务经办人员之间的相互牵制、相互监督关系，可以产生威慑力量，迫使舞弊者收敛；通过建立“岗位轮换”和“内部审计”制度，必然会使舞弊者心有余悸，即使产生不规想法也不敢轻易付诸实施。因此，设计严密完善的内部控制制度是消除弊端的有效办法。

一般来讲，主观原则性的错误，大都属于舞弊行为，如隐匿收入，虚列支出、截留现金、挪用公款、侵吞资财等行为发生后，必然使会计凭证、账簿、报表等档案资料失去真实性，发生错误。这些错误纯属于原则性问题，与前述业务技术性错误有本质区别，内部控制制度应重点防范这种错误。

四、内部控制的构成要素

企业内部控制涵盖企业经营管理的各个层级、各个方面和各项业务环节，不同行业、不同规模和不同组织形式的企业可以结合实际情况，从不同的角度入手建立健全内部控制制度。但是，从总体上讲，设计有效的内部控制，所有单位都应当考虑以下要素：

（一）内部环境

内部环境是影响、制约企业内部控制制度建立与执行的各种内部因素的总称，是实施内部控制的基础。内部环境主要包括治理结构、组织机构设置与权责分配、企业文化、人力资源政策、内部审计机构设置、反舞弊机制等。

健全的治理结构、科学的内部机构设置和权责分配是建立并实施内部控制的基本前提，是影响、制约内部环境的重要因素。建立规范的法人治理结构，能够促进企业内部控制的有效运行。科学合理地设置内部机构，能够适应企业经营管理的实际需要和外部环境的变化，减少管理层级和提高管理效能，避免机构重叠和效率低下，促进内部控制的有效实施。科学界定决策、管理、执行、监督各层面的地位、职责与任务，形成有效的分工和制衡机制，能够切实发挥相关机构的职能作用，为企业内部控制的建立和实施提供强有力的组织结构保障和工作机制保障。

企业文化，是指企业在经营管理过程中形成的、影响企业内部环境和内部控制效力的精神、意识和理念，主要包括企业的整体价值观，高级管理人员的管理理念、经营风格与职业操守，员工的行为守则等，为建立和实施内部控制营造良好的氛围和环境。

人力资源政策是影响企业内部环境的关键因素，一般包括员工的聘退与培训，员工的薪酬、考核、晋升与奖惩，财会等关键岗位员工的轮岗制衡要求，对掌握重要商业秘密或核心技术等关键岗位员工离岗的限制性规定。科学、规范、公平、公开、公正的人力资源政策，有利于调动员工在内部控制和经营管理活动中的积极性、主动性和创造性。

健全的内部审计机构和有效的内部审计监督，能够在企业内部形成有权必有责、用权必受监督的良好氛围，是营造守法、公平、正直的内部环境的重要保证。

科学的反舞弊机制，能够对财务报告和信息披露方面的弄虚作假行为，未经授权、滥用职权或者采取其他不法方式侵占、挪用企业资产的行为，在开展业务活动中牟取不当利益的行为，企业高级管理人员的舞弊行为，员工单独或者串通舞弊的行为起到制约和威慑作用。企业应当建立健全反舞弊机制，明确有关部门在反舞弊工作中的职责权限和协调机制，规范反舞弊调查处理程序，建立情况通报制度，有效防范因舞弊而导致内部控制失效的现象。

（二）风险评估

风险是指对实现内部控制目标可能产生负面影响的不确定性因素，风险评估是指及时识别、科学分析和评价影响企业内部控制目标实现的各种不确定因素，并采取应对策略的过程，是实施内部控制的重要环节。风险评估主要包括目标设定、风险识别、风险分析和风险应对。其中，目标设定是风险识别、风险分析和风险应对的前提。

风险识别是指在充分调研和科学分析的基础上，准确识别影响企业内部控制目标实现的内部风险因素和外部风险因素。这里的内部风险因素一般包括：高级管理人员职业操守、员工专业胜任能力、团队精神等人员素质因素；经营方式、资产管理、业务流程设计、财务报告编制与信息披露等管理因素；财务状况、经营成果、现金流量等基础实力因素；研究开发、技术投入、信息技术运用等技术因素；营运安全、员工健康、环境污染等安全环保因素。而外部风险因素一般包括：经济形势、产业政策、资源供给、利率调整、汇率变动、融资环境、市场竞争等经济因素；法律法规、监管要求等法律因素；文化传统、社会信用、教育基础、消费者行为等社会因素；技术进步、工艺改进、电子商务等科技因素；自然灾害、环境状况等自然环境因素。

风险分析包括定性分析和定量分析，企业应当根据风险分析的结果，运用专业判断，按照风险发生的可能性大小及其对企业影响的严重程度进行风险排序，确定应当重点关注的风险。

风险应对一般包括风险回避、风险承担、风险降低和风险分担等策略，一般而言，企业对超出整体风险承受能力或者具体业务层次上的可接受风险水平的风险，应当实行风险回避；对在整体风险承受能力和具体业务层次上的可接受风险水平之内的风险，在权衡成本效益之后无意采取进一步控制措施的，可以实行风险承担；对在整体风险承受能力和具体业务层次上的可接受风险水平之内的风险，在权衡成本效益之后愿意单独采取进一步的控制措施以降低风险、提高收益或者减轻损失的，可以实行风险降低；对在整体风险承受能力和具体业务层次上的可接受风险水平之内的风险，在权衡成本效益之后愿意借助他人力量，采取包括业务分包、购买保险等进一步的控制措施以降低风险、提高收益或者减轻损失的，可以实行风险分担。

（三）控制措施

控制措施是指根据风险评估结果、结合风险应对策略所采取的确保企业内部控制目标得以实现的方法和手段，是实施内部控制的具体方式。控制措施应当结合企业具体业务和事项的特点与要求制定，主要包括职责分工控制、授权控制、审核批准控制、预算控制、财产保护控制、会计系统控制、内部报告控制、经济活动分析控制、绩效考评控制、信息技术控制等。

（四）信息与沟通

信息与沟通是指及时、准确、完整地收集与企业经营管理相关的各种信息，并使这些信息以适当的方式在企业有关层级之间进行及时传递、有效沟通和正确应用的过程。信息与沟通主要包括信息的收集机制以及在企业内部和与企业外部有关方面的沟通机制等。

内部信息主要包括会计信息、生产经营信息、资本运作信息、人员变动信息、技术创新信息、综合管理信息等，企业可以通过会计资料、经营管理资料、调查研究报告、会议记录纪要、专项信息反馈、内部报刊网络等渠道和方式获取所需要的内部信息。外部信息主要包括政策法规信息、经济形势信息、监管要求信息、市场竞争信息、行业动态信息、客户信用信息、社会文化信息、科技进步信息等，企业可以通过立法监管部门、社会中介机构、行业协会组织、业务往来单位、市场调查研究、外部来信来访、新闻传播媒体等渠道和方式获取所需要的外部信息，并保持与投资人、债权人、客户、供应商、监管机构、外部审计师、律师等外部相关利害关系人的沟通。

此外，企业还应当采取互联网络、电子邮件、电话传真、信息快报、例行会议、专题报告、调查研究、员工手册、教育培训、内部刊物等多种方式，实现所需的内外部信息在企业内部准确、及时传递和共享，确保董事会、管理层和企业员工之间有效沟通。

（五）监督检查

监督检查是指企业对其内部控制的健全性、合理性和有效性进行监督检查与评估，形成书面报告并作出相应处理的过程，是实施内部控制的重要保证。监督检查工作应由企业董事会下设的审计委员会、内部审计机构或者实际履行内部控制监督职责的其他有关机构，根据国家法律法规要求和企业有关规定，对内部控制的某一方面或者某些方面进行不定期的、有针对性的专项监督检查，以便提交相应的检查报告，提出针对性的改进措施。

此外，企业应定期对内部控制的健全性、合理性与有效性进行自我评估，形成书面评估报告，并及时声明以下内容：①企业董事会对建立健全和有效实施内部控制负责，并履行了指导和监督职责，能够保证财务报告的真实可靠和资产的安全完整。②已经遵循有关的标准和程序对内部控制设计与运行的健全性、合理性和有效性进行了自我评估。③对开展内部控制自我评估所涉及的范围和内容进行简要描述。④通过内部控制自我评估，可以合理保证本企业的内部控制不存在重大缺陷。如果在自我评估过程中发现内部控制存在重大缺陷，应当披露有关的重大缺陷及其影响，并专项说明拟采取的改进措施。⑤自资产负债表日至内部控制自我评估报告报出日之间（以下简称报告期内）如果内部控制的设计与运行发生重大变化的，应当说明重大变化情况及其影响。

五、内部控制的基本方式

内部控制的具体方式很多，在不同的经济业务处理过程中，应当采用不同的控制方式，才能最大限度地发挥内部控制制度的作用。

（一）分权控制

又称职务分管控制，或不相容职务分离控制。它要求任何一项经济业务的办理，都必须由两人或两人以上分工掌管，不允许任何一个人单独办理任何一项经济业务，以便形成相互制约、相互监督的格局，避免一个人包办经济业务全过程而容易出现的弊端和错误。一般情况下，以下职务和权力应当实行分管：

（1）经济业务的授权批准职务与执行职务应予分离，即将审批权与执行权分离，如审批支付货款的人员不能同时担任出纳，审批发料的人员不能同时担任仓库保管员等。

（2）经济业务的执行职务与记录职务应予分离，即将业务的承办权与记录权分离。如承办购货业务的采购员、承办销售业务的推销员不得兼任账目记载的会计员。

（3）财产物资的保管职务与会计记录职务应予分离，如保管货币资金的出纳员、管理实物资产的仓库保管员等不得兼任会计员，实行钱、账、物分管制。

（4）经济业务的经办职务与稽核职务应予分离，如财产清查及账实核对工作不能由财产保管人员单独进行，银行存款余额调节表不能由出纳员编制等。

（5）货币资金出纳职务与总账记录职务应予分管。有条件的单位，出纳员尽可能只处理货币资金的收支及保管，登记“出纳备查簿”，不登记库存现金日记账和银行存款日记账。人员较少，需要由出纳员兼管库存现金、银行存款日记账登记工作的单位，总分类账必须由专人登记，并对库存现金、银行存款日记账进行经常性的检查和核对，以便利用总账对明细账、日记账的控制作用，形成制约关系。

此外，经济业务的授权批准职务与监督检查等职务也应分离，以确保内部控制的严密性。

（二）授权控制

授权控制是指单位内部的各级工作人员必须获得批准和授权后，方能执行或处理有关的经济业务。其基本要求是：单位内部的各级管理层必须在授权范围内行使相应职权，各级工作人员在处理业务时，必须首先明确自己的职权和责任，在授权范围内开展工作，既不能超越权限去处理那些不属于自己职权范围内的事情，如非出纳员收付货币资金，非会计员处理账务等，也不能推诿责任，对那些属于自己职权范围内的事情不认真办理，如保管员不认真负责物资收发，会计员不按规定登记账簿等。

按授权的性质，授权控制可分为一般授权和特定授权。一般授权也称常规性授权，通常规定处理正常经济业务的标准，授予有关人员处理一般经济业务的权力，如推销员按规定价格销售产品或商品，采购员可在计划指标内购买材料等。特定授权也称临时性授权、应急性授权，是指企业在特殊情况、特定条件下授予有关人员处理特殊经济业务的权力。例如：企业销售闲置设备、削价处理积压的存货，必须经行政领导特别批准授权后才能处理，销售人员不得自行决定。否则，就属于越权行为，销售价格就会失去控制，就有可能产生漏洞。可见，授权控制有利于建立岗位责任制，使各级工作人员在获得权力时，就相应地承担了责任，所任职务与所负责任挂钩，便于有关人员各司其职、各负其责，有效防止问题的出现，即使发生问题也便于查找解决。

（三）岗位轮换控制

岗位轮换是指各个岗位上的工作人员定期或不定期地相互调换职务，避免一个人在一个工作岗位上长期滞留。特别是涉及货币资金收支和财产实物收发的岗位，应尽可能地经常调换。这种控制方式的作用有四个方面：

（1）有利于促使工作人员尽职尽责。由于每一个工作人员随时都有调动职务、移交工作的可能，所以必须按规定及时完成自己的本职工作，不能拖拉疲沓。

（2）防止某些人因长期从事某项工作而产生惰性，或利用工作之便编织“关系网”进行舞弊活动。

（3）有利于及时发现问题，采取措施尽快解决。由于原来的工作人员所从事的工作被轮换后，要受到接替人员的检验，即使发生了差错或舞弊行为，也便于发现和揭露并加以处理，以免长期隐匿，造成大的损失。

（4）有利于培养“多面手”，提高工作人员的业务素质和独立工作的能力。

职务轮换的具体方式，一般有对换和轮换两种：对换即两种职务之间的对调，如材料保管员与产品保管员对换，管应收款项的会计与管应付款项的会计对换等；轮换则是多种职务之间的循环调换，如财会机构内部的材料会计去搞成本核算，成本会计去管销售账务，销售会计去登记总账和编制报表，总账会计则去从事材料核算，以形成一个工作轮换循环圈。

（四）预算控制

预算控制是指单位内部的各项费用开支应当实行预算管理的办法，通过预算的编制、执行、分析和考核，强化费用开支的管理。其基本要求是：

（1）明确预算项目，凡能实行预算管理的项目力求纳入预算控制系统，并建立明确的预算标准。

（2）规范预算的编制、审定、下达和执行程序，划清各环节的控制责任。

（3）及时分析和控制预算差异，反映预算的执行结果，发现问题，采取改进措施。

（4）预算内开支实行责任人限额审批，限额以上的开支实行集体审批，严格控制无预算的资金支出。

（五）凭证控制

凭证控制是指经济业务发生时，通过填制和传递原始凭证，对经济业务实施记录控制，以便在任何时候、任何问题发生时都有据可查。为此，设计足够的凭证联次和合理的凭证传递程序，将业务发生所涉及的各职能部门或个人联系起来，是强化内部控制的有效方式。其主要内容是：

(1) 每发生一笔经济业务，都必须填制或取得合法的、真实的、正确的原始凭证，作为各项业务的证明材料和控制依据。

(2) 根据需要用复写方式填制凭证，即一式几联。

(3) 重要的凭证如收款收据、销货发票等应当事先编号，以防短缺，一般凭证可在使用时按顺序统一编号。

(4) 凭证上必须具备业务经办人员的签名或盖章，以明确其应负责任，强化制约关系。

(5) 建立复查和核对制度，包括对凭证本身的复查和与其他有关凭证的核对。如购货发票，既要审查其是否符合原始凭证填制要求，又要与订货合同、收料单等进行核对。

(6) 建立科学合理的凭证传递程序，与业务的标准处理程序结合起来，使各种凭证在业务经办部门和人员之间合理地流转。既要经过每一个必要的环节，防止遗漏、发生失控现象、分不清责任，又要尽可能地减少传递环节，提高工作效率。

(7) 建立严格的印制、购买、保管、使用、注销和存档等管理制度。

(六) 账簿控制

这一控制方式是通过利用会计账簿对经济业务进行序时、分类记载的功能，实施内部控制。其主要内容是：

(1) 设计完整的账簿组织体系，明确规定各种账簿的作用以及它们之间的关系。做到：总账控制明细账、日记账；明细账控制财产实物和债权债务的数量、金额变化；日记账控制收付款的笔数和金额。

(2) 规定过账、对账、结账的要求，并区别各种账簿作出不同的规定。如总账既可逐笔过账，又可汇总过账，而明细账、日记账必须逐笔登记，尤其是库存现金、银行存款日记账还须逐笔结出余额。

(3) 建立严格的账簿领用、存档、查阅、销毁等方面的管理制度。

(七) 内部报告控制

内部报告控制要求企业建立和完善内部报告制度，明确相关信息的收集、分析、报告和处理程序，及时提供业务活动中的重要信息，全面反映经济活动情况，增强内部管理的时效性和针对性。内部报告方式通常包括例行报告、实时报告、专题报告、综合报告等。

(八) 审批与稽核控制

这种方式是通过事前的审批控制与事后的稽核控制，对经济业务的合法合理性起到前把关、后验收的作用。其主要内容有：

(1) 建立专人审批制度，防止多人插手，“政”出多门，导致分不清责任，统一不了标准。

(2) 严把审批关，按制度、政策办事。要求审有依据、批有理由、审要全面、批要慎重，正确行使权力。防止只批不审、滥用职权、草率从事、越俎代庖等现象。

(3) 健全内部稽核制度，设置专职或兼职稽核员，负责凭证、账簿、报表、合同、计划、预算等的稽查，以及账证、账账、账表、账实之间的核对，保证正确相符。

（九）档案专管控制

这一控制方式是指对会计凭证、账簿、报表等档案资料，实行专人保管，以便对档案所涉及的有关人员的工作情况实施控制，防止根据个人需要更改、调整甚至毁灭档案记录的现象发生。其主要内容是：设置专职或兼职（出纳员不得兼任）档案保管员并规定其岗位责任；规定专门的保管场所；规定各种档案的存续时间；建立严格的档案调阅、销毁等制度。

（十）标准处理程序控制

这一控制方式是指对每种经济业务的处理程序和手续制定出标准化模式，使程序的各个环节之间形成步步核查、环环监督的格局，以便及时发现差错和弊端，加以处理，防止同类业务的处理因程序与手续不同而出现工作扯皮、职责不清、结果各异等现象。其主要内容有：规定每种经济业务应经过的环节和手续；对主要经济业务用文字或流程图的方式制定出标准化处理程序；规定经济业务由哪些部门和哪些人员处理，各环节的流转手续和滞留时间以及审核内容等；规定各个环节和各道手续之间的关系。

采用标准处理程序控制方式实施内部控制，一方面可以把各职能部门串联在一起，形成一个有机的整体，有条不紊地开展工作，及时规范地完成任务；另一方面又可形成相互制约、相互监督的机制，把可能发生的差错和弊端消灭在业务处理过程中。

（十一）信息系统控制

随着电子计算机在会计中的普及应用，一些传统控制方式的作用被削弱，而舞弊手段也在朝着智能化、现代化的方向发展。为适应这种变化，必须运用电子信息技术手段建立控制系统，减少和消除人为控制的影响，确保内部控制的有效实施。同时要加强对电子信息系统开发与维护、数据输入与输出、文件储存与保管、网络安全等方面的控制。

（十二）经济活动分析控制

经济活动分析控制要求企业综合运用生产、购销、投资、财务等方面的信息，利用比较分析、比率分析、因素分析、趋势分析等方法，定期对企业经营管理活动进行分析，发现存在的问题，查找原因，并提出改进意见和应对措施。

（十三）绩效考评控制

绩效考评控制要求企业科学设置业绩考核指标体系，对照预算指标、盈利水平、投资回报率、安全生产目标等方面的业绩指标，对各部门和员工当期业绩进行考核和评价，兑现奖惩，强化对各部门和员工的激励与约束。

此外，制定内部结算制度，强化财产保全和风险控制、定期召开财务分析会议、健全民主理财制度等，都是强化内部控制制度的方式，不再一一详述。

以上各种方式，有些是从总体上考虑，不局限于某种经济业务，例如分权控制、凭证控制、授权控制等；有些则是针对具体的业务而采用，如档案专管控制等。严密完善的内部控制制度取决于各种控制方式的综合效应，在设计各种业务的内部控制制度时必须综合考虑。

六、企业内部控制的设计主体及设计程序

（一）企业内部控制的设计主体

企业可以成立内部控制项目建设委员会或者类似工作机构，负责组织领导和统筹协调本企业内部控制的建立与实施工作，内部控制项目建设委员会负责人一般应由董事长或者总经理担任。

（二）企业内部控制的设计程序

企业应当按照下列五个阶段设计内部控制：

（1）调研阶段。需要设计人员对企业的组织体系、机构设置、营业范围、经营方式、主要业务、营运情况、管理水平、员工情况、财务状况、经营成果以及所处的外部环境等进行全面考察、总结和分析。

（2）相关系统整合阶段。内部控制制度并不是一项独立运作的管理制度，它需要与其他相关的管理制度进行联结，甚至是融合，因此要求设计人员按照一定的方法，合理归集、构建适应企业经营管理状况和内部控制要求的相关子系统，包括职责确定、机构设置、职能划分、人员配备等决策管理系统，采购、生产、销售、储存、运输等经营系统，会计、统计、审计、计算机信息技术等支持保障系统。

（3）确定主要风险和关键控制点阶段。要求设计人员对各相关子系统进行认真研究和梳理，确定各子系统运行过程中的主要风险、关键环节和关键控制点，并针对每一个关键环节和关键控制点制定有效的控制措施。

（4）具体设计阶段。通过前三个环节的工作，设计人员对内部控制制度涉及的业务范围、关键控制点有了清晰的认识，就可以进行具体设计了。在设计中，应采用文字、流程图、风险控制文档等多种形式将各相关子系统及其业务和事项的风险类型、控制目标、关键控制点、控制措施、控制频率加以规定和说明，形成与经营管理制度有机结合的内部控制。

需要注意的是，运用计算机信息技术手段实施内部控制的企业，在设计内部控制制度时，应当充分考虑计算机信息技术的特点以及与手工控制的差异，但不得因实行计算机信息技术控制而免除或减少必要的控制程序。

（5）修改和完善阶段。内部控制制度设计不是一劳永逸的工作，它需要随经营环境的变化而不断修改、补充和完善。

第二节　货币资金业务内部控制制度设计

一、货币资金业务内部控制的基本要求

（一）货币资金业务的特点

货币资金业务是指库存现金、银行存款和其他货币资金的收支业务。它具有以下特点：

（1）业务数量大。由于单位在资金筹集、材料采购、费用支付、工资发放、对外投资、产品销售、税金上交、债权收回、负债偿还等经济活动中，都会发生货币资金收付业务，因此，货币资金收付业务在单位发生的各种业务中占有很大的比重，且内容复杂。

（2）发生范围广。货币资金收付业务的发生范围，不像其他业务一般发生在某个部门或供、产、销某个环节，它可以发生在单位内部的各个职能部门，还可以发生在本单位与其他单位或个人之间；既可以发生在供应环节，也可以发生在生产、销售环节。可以说，有经济活动的地方，就有发生货币资金收付业务的可能。其范围之广，是其他任何种类的业务不可比拟的。

由于以上特点，货币资金收付业务就成为最容易发生差错和舞弊的业务。加之，货币作为流通手段，可以与任何财产物资、商品交换，尤其是现金，既便于携带，又便于储存，因此就成了营私舞弊和贪污盗窃的猎取目标。哪里有货币资金收付业务，哪里就有可能发生舞弊行为。可见，货币资金的管理是整个资金管理的重点，货币资金收付业务的内部控制，是整个内部控制制度设计的关键。如何堵塞漏洞，避免差错，防止弊端，保护货币资金的安全完整，是设计货币资金业务的内部控制制度必须解决好的问题。

（二）货币资金业务内部控制的基本要求

鉴于上述原因，在设计货币资金收付业务的内部控制制度时，必须符合以下要求：

（1）严格遵守现金管理和银行制度。国家规定的现金管理制度和银行结算制度，是管理货币资金业务的准绳，也是设计货币资金收付业务内部控制制度的基本准则。要求：对于每日收取的现金应当及时送存银行，不得坐支；对于库存的现金应当规定限额；支用现金应当符合现金使用范围；超过现金结算限额时应当使用转账结算方式；采用何种结算方式应当符合银行结算办法的有关规定等，保证货币资金收支的合法合理性。

（2）正确使用分权、授权和稽核控制等方式。要求做到：

①坚持钱账分管，将货币资金业务的实际处理与记录工作分离，出纳管银钱收付，会计管账务记录。出纳员只能根据会计主管人员审核后的原始凭证和收、付款记账凭证办理收款和付款，不得擅自收付。

②由业务经办部门和财会部门分管货币资金收付业务的不同环节，使各种收入能够及时足额地纳归财会部门，各种支出能够从财会部门适度、有效、合法、合理地支付出去。形成各种业务的具体处理在有关部门，而货币资金的收支集中到财会部门这一“关口”的格局。

③一切货币资金的收支，除发生在外地或因特殊情况，由财会负责人授权有关人员代收、代付外，一律由出纳员集中办理。

④稽核与出纳职务分离。稽核员负责一切收付款业务及原始凭证的审核，发现问题，及时终止收付款，出纳员根据审核无误的凭证办理款项收付，如发现不符合制度的情况，有权拒绝，并退给稽核员重新处理。任何单位的出纳员都不得兼管稽核、会计档案保管和收入、费用、债权、债务账目的登记工作。

⑤银行印鉴章分管，单位的“财务专用章”与法人代表的个人名章由两人分别掌管。

⑥有条件的单位，最好实行“双出纳”制度，由两个出纳员分别负责货币资金的收支，分别登记库存现金（银行存款）收入日记账和支出日记账，强化牵制作用。

（3）实行永续盘存制度，强化对库存现金的清查盘点和对银行存款的账项核对。要求：

①出纳人员对库存现金必须日清月结，保证其实有数与库存现金日记账的结余数相符。

②会计部门应当定期或不定期地派人对库存现金进行盘点，检查其实有数与库存现金日记账余额、与总账中“库存现金”账户的余额是否相符。如果发现盈亏，应及时查明原因，公正处理。

③定期与开户银行核对账目，至少每月一次，保证银行存款日记账余额与“银行对账单”中的余额相符，如有未达账项，应通过编制“银行存款余额调节表”加以验证。

必须强调，与银行对账应当由非出纳人员进行，而不能让出纳员核对，以防掩盖真相，隐匿作弊行为。“银行存款余额调节表”的编制也应由非出纳人员进行。

（4）健全收付款凭证的管理制度。要求：

①各种收据、发票等办理货币资金收支业务的凭证，应由财会部门统一管理，按顺序编号，领用时办理领用手续，用后的存根及作废的凭证一律收回，按编号顺序核查后统一归档保管，以防私收、私支款项等的发生。

②各种支付款项的凭证，应当由会计部门的有关人员审核签章后，出纳员再行付款。

③支票的签发，除财务专用章外，还必须具有法人代表个人名章。签发空白支票时，必须注明收款单位、款项用途、签发日期以及最高限额内容，并严格控制数量、不得滥用。

（5）特殊结算方式的控制。采用网上交易、电子支付等方式办理货币资金支付业务的企业，应当与承办银行签订网上银行操作协议，明确双方在资金安全方面的责任与义务、交易范围等，操作人员应当根据操作授权和密码进行规范操作。使用网上交易、电子支付方式的企业办理货币资金支付业务，不应因支付方式的改变而随意简化、变更支付货币资金所必需的授权批准程序。企业在严格实行网上交易、电子支付操作人员不相容岗位相互分离控制的同时，应当配备专人加强对交易和支付行为的审核。

此外，为了强化货币资金收支业务的内部控制制度，还应当定期地调换出纳员职务，不要让某一人长期从事出纳工作，必要时还应采用强制休假制度，以防积久生弊。

二、货币资金收入业务的内部控制

收入货币资金的途径，一是通过银行，二是直接收取现金。由于通过银行收款的业务，受到了银行的直接监督，起到了外部控制的作用，客观上能够有效地减少和堵塞货币资金收入业务中的漏洞，是保护货币资金安全的一个有力措施。因此，货币资金收入业务的内部控制制度设计，应主要针对现金收入业务。

现金收入业务的内部控制，除严格按照前述货币资金业务内部控制基本要求设计外，应当重点加强收入业务的记录工作。因为现金收入业务在未被记录下来之前，最易出现漏洞，给舞弊行为造成可乘之机，且在作弊行为发生后无证据、无线索可查。为此，保护现金收入的关键是在现金进入单位时，立即记录下来。及时准确的记录，既可以防止不规范行为发生，又能作为查找错弊的线索。应当针对收入现金的渠道和方式，建立合理的记录方式，并掌握好记录的时间和内容。

一般情况下，企业的现金收入主要有销售货物取得现金和回收欠款取得现金。下面分别介绍它们的控制方式：

（一）销售货物收入现金的内部控制

企业销售产品或商品，应尽可能采用银行转账结算方式收取货款，以强化银行对企业货币资金收入业务的控制作用，但对于小额销售、与个人交易等业务，只得收取现金。随着商品经济的发展，资金市场竞争的加剧，交易方式的多样化，现金收支业务将越来越多，对其控制的要求也就越来越高。对销售货物收取现金实施内部控制，可区别不同情况采用不同的方式。

（1）在工业、商品流通等企业，主要采用填制“销货单”、“提货单”和“提货通知单”的方式。它是“凭证控制方式”在现金收入业务中的具体应用。它要求在顾客购货时，由销售部门开具销货单或提货单，注明所销物品的名称、规格、数量、单价、金额等内容。顾客持销货单向财会部门交付现金，然后持出纳员盖“收讫”章后的销货单向保管员提货。由于填制了销货单，使销售业务在未收取现金、发出货物之前，就在销售部门留下了完整的记录，起到了事前控制的作用，也就保证了现金收入的严密性、合理性，商品发出的准确性。

（2）在专设“收款台”的商品零售企业，控制方式可视同工业和批发企业，即营业员开具“销货票”，顾客持票向收款台交付现金，收款员收款后将盖有“收讫”章的销货票交给顾客办理取货。此时，营业员与收款员各持收入现金的记录，一日营业终了，营业员将销货票汇总上交会计部门，收款员登记现金收入日记簿后，也将汇总单及款项送交会计部门。会计部门将两方面的数据核对无误后，出纳负责将款项送存银行，并将存款回单交与会计，会计编制记账凭证并登记入账。

以上两种情况都是将开票、收款、核对工作进行了分离，分别由业务员、出纳员和会计负责，使他们三者之间形成牵制关系，达到了内部控制的效果。

（3）在无法集中收款的商品零售企业，可考虑采用“售价金额核算法”控制现金收入业务。这种情况下，虽然由营业员直接收取现金，但由于库存商品明细账反映的是各柜组（实物负责人）持有各种商品的总售价，因此，通过定期盘点确定结存商品的总售价后，即可倒挤出各柜组实际收取也是应当交回的现金总额，从而起到内部控制的作用。

（4）在饮食服务等企业，销售业务频繁，但每笔销售业务收入的现金不多时，为简化开票等手续，可采用周转性购货凭证的方式控制现金收入业务。即收款员收取现金后，交给顾客购货凭证，顾客以此为据购货。营业终了，营业员将购货凭证交财会部门，用来与收款员上交的现金数额核对，防止现金收入的短缺，达到控制效果。但由于该方式没有完整的记录，购货凭证又容易丢失，因此，企业最好采用开具“销货单”的方式。

（二）回收欠款收入现金的内部控制

单位在办理回收各种应收及暂付款项的业务时，应尽可能通过开户银行。如果采用收取现金的方式，通常有两种情况，一是由出纳人员直接收取现金，二是通过邮局汇款方式收取现金。分别介绍它们的控制办法如下：

（1）在出纳员直接向交款人收取现金时，必须由出纳员开具事先印有连续编号的“现金收据”，采用复写方式，一式三联。在加盖财务专用章和出纳章以及交款人签章后，将其中一联给交款人作为交款凭证，一联送交会计部门作为记账依据，一联留作存根。为保证现金收据的真实性和完整性，会计部门应当对出纳交来的收据逐一核对，除核实有关内容是否真实、完整外，应重点检查其编号是否连续，如有短缺，应及时查明原因，即使是作废的收据，也应将三张收据加盖“作废”字样后一并送交会计部门检查后归档保管。

应当指出，“现金收据”最好由会计员开具，然后交给出纳员加盖公章和出纳章，同时收取现金。这种方式下，由于票据、印章两人分管，使开票和收款工作分离，可以进一步强化现金收入业务的内部控制。

（2）在通过邮局汇款方式收取现金时，由于不开具“现金收据”，容易发生截留挪用现金等舞弊行为，也容易遗失。因此，在单位之间最好不采用这种方式，非用不可时必须设计严密的防范措施。较好的方法是采用填制“汇款清单”的方式，即收到汇款时，由收件单位的收发室采用复写方式填制汇款收入清单，注明汇款单位、汇款详细地址、汇款数额及原因等内容，一联送交会计部门，一联连同“汇款单”送交出纳员办理取款。会计部门根据“清单”所列内容核查出纳员应收入的现金数额，并与有关现金收入原始凭证相核对，检查无误后进行账务处理，编制收款凭证，登记账簿。

需要指出，不论什么情况、采用什么方式收取现金，除前述重点加强记录工作，即强调原始凭证的作用外，还必须充分利用账簿的功能，按规定及时登记库存现金日记账和“库存现金”总分类账户，并加强二者之间的核对工作。

三、货币资金支出业务的内部控制

货币资金支出业务与收入业务相比，其相同之处在于支出途径也有两条，即通过银行转账支付和由出纳人员直接支付现金，不同之处在于支出用途多样、业务内容繁杂、牵涉范围广、涉及人员多。加之货币资金的支出表示资金离开单位，发生损失不易挽回，现金支出业务又是不法分子作弊的主要目标，因此，在设计会计制度时，对货币资金支出业务的内部控制制度，更应当高度重视。

当通过银行支出货币资金时，要求采用银行规定的结算办法，填制银行统一的结算凭证，客观上受到银行的外部控制，很大程度上起到了防错消弊的作用。因此，对这种业务实施内部控制，重点应放在结算凭证的管理上。基本要求是：建立严密完善的结算凭证管理制度，妥善保管各种凭证，尤其是现金支票和转账支票；严把各种凭证的使用关，出纳员开具支票时，财务主管应当审查批准，而不能让其独自办理；对已用和未用凭证应当由非保管人员定期检查；严格限制签发空白支票；随时与开户银行对账等。

现金支出业务是货币资金支出业务内部控制的重点。该类业务按支出用途不同大致可分为采购物品支出现金、发放工资支出现金和借款支出现金等。由于各业务办理程序和涉及的部门不同，所采用的具体控制方法也不相同。下面分别介绍它们的控制办法。

（一）采购物品支出现金的内部控制

对采购材料、商品等支出现金的业务实施内部控制，关键是在付出现金之前，先取得相应的原始凭证，如支付购货款须取得销货单位的发货票，支付货物运费应取得运输单位的收费单据等，并及时送交财会部门，由财会主管审核批准后，交由复核人对付款批准范围、权限、程序的正确性，手续和相关单据的齐备性，金额计算的准确性以及支付方式、支付单位是否妥当等进行复核，复核无误后，交给出纳员支付现金。这样，就能够保证在现金付出之前，先经过了业务部门、财会部门，使若干人知晓并实施监督，防止出纳员独自支付现金可能发生的弊端。

为了进一步强化内部控制，还应当提倡根据付款凭证而不是原始凭证支付现金的方式。也就是说，会计部门在接到发票等原始凭证后，先由财会负责人审核批准，再由会计人员据其编制付款凭证，注明会计科目、款项用途及金额等，交给出纳员由其根据付款凭证列示的金额支付现金，并登记库存现金日记账。然后将付款凭证退交会计部门，以便登记总账。这样，出纳人员应当付出多少现金，会计部门已经记录在案，更有利于形成控制关系。

（二）发放工资支出现金的内部控制

发放工资是单位支出现金数额最大的一项业务，特别是在企业里，随着经营机制的转换，劳动用工制度的改革，财务自主权的放开，工资的构成内容越来越复杂，发放范围越来越大，发出的数额越来越多，发生错弊的概率也就随之增大。因此，必须设计完善的内部控制制度，保证工资业务的合法合理性。

对发放工资支出现金的业务实施内部控制，主要应采取下列措施：

（1）严格划分劳资部门、财会部门和内部审计部门的职责，使工资发放业务由劳资管理员、工资计算员、现金出纳员和内部审计员分工协作完成。具体要求是：劳资部门负责审查并提供职工名单和考勤记录、工资标准等；财会部门负责计算工资额、编制工资发放表、提取现金发放工资并分配工资费用等；内部审计部门负责审核各种资料。

（2）建立健全劳动用工和考勤制度。要求：①工资表上的人名须经劳资部门审查，临时工须有合格的证明，以防虚设人名，冒领工资；②调动工作和变更工资标准须有劳资部门的正式批准文件，以防多计工资总额，侵吞余额；③考勤记录和产量记录须有车间负责人的签章，以防多记工时、产量等现象；④离职人员应及时从工资表中除去，以防继续领发工资等。

（3）强化审查复核手续。由于工资的构成内容复杂，包括基本工资、职务工资、津贴、奖金以及浮动工资等，而计算手续又相当繁琐，不仅要计算应发工资，还要计算代扣款项、实发工资等。所以，即使不发生作弊行为，差错也在所难免。为此，必须强化审查复核工作。要求：重复计算每一张工资表，至少计算两遍；内部审计人员应当经常性地审查其他人员的工作；每一张工资表都应经过劳资部门、财会部门和内部审计部门多环节的复查等。

（4）创造条件，委托金融机构代发工资。具体做法是：为单位的全体职工在同一定点储蓄所内开设活期存款账户，每月计算出工资总额及每个职工的实发工资后，将工资结算单交给职工，而资金则一并交存储蓄所分别划入每个职工的存款户内。这样，既可简化工资发放手续，减少现金流通，保证现金安全，又可将工资发放业务改变为“集体整存，个人零取”的储蓄业务，将内部控制与外部控制紧密结合起来，有效防止工资业务中的差错和弊端。

（三）借款支出现金的内部控制

一般情况下，发生出差借款和其他公务性借款业务时，需要支付现金。该类业务相对较简单，对其实施内部控制，应符合三个方面的要求：

（1）借款人需要预支现金时，首先应填制“借款单”，并由所在部门负责人签字，然后交财务主管审核批准，再由出纳员据以支付现金。

（2）会计部门应当根据“借款单”编制付款凭证，登记“其他应收款明细账”，发挥账簿控制的作用。待借款人出差归来或完成业务后，根据实际用款数长退短补，注销明细账上的有关记录。

（3）严格禁止非公务性借款行为，不得以便条作为借款手续，更不能搞口头承诺、君子协定。

四、货币资金控制的监督检查制度

为保证货币资金收支业务内部控制制度实施的有效性，单位应当建立对货币资金内部控制制度的监督检查制度，明确监督检查机构和人员的职责权限，定期和不定期地进行检查。通过检查，一方面可以促使货币资金内部控制制度的有效执行，另一方面可以及时发现货币资金内部控制中的薄弱环节，并及时采取措施，加以纠正和完善。

对货币资金监督检查的内容主要包括：

(1) 货币资金业务相关岗位及人员的设置情况，重点检查是否存在货币资金业务不相容职务混岗的现象。

(2) 货币资金授权批准制度的执行情况，重点检查货币资金支出的授权批准手续是否健全，是否存在越权审批的行为。

(3) 支付款项印章的保管情况，重点检查是否存在办理付款业务所需的全部印章交由一人保管的现象。

(4) 票据的保管情况，重点检查票据的购买、领用、保管手续是否健全，票据保管是否存在漏洞。

第三节　采购业务内部控制制度设计

一、采购业务内部控制的基本要求

(一) 采购业务的环节

采购业务是指企业围绕购买材料或商品等所发生的经济业务。它是企业生产经营循环中的第一阶段，从业务的处理过程看，一般分为五个环节。

(1) 请购及审批环节。请购与审批是指由物资需求部门向拥有请购权的部门提出采购申请，拥有请购权的部门根据需求申请、生产计划和采购预算对采购申请审批后，将采购类别、质量等级、规格、数量、相关要求和标准、到货时间等信息通知采购部门的过程。

(2) 询价与确定供应商环节。采购部门接到请购部门的通知后，首先要组织采购员进行询价，然后组织请购部门、生产部门、财会部门、仓储部门等相关部门共同对供应商进行评价，包括对所购商品的质量、价格、交货及时性、付款条件及供应商的资质、经营状况等进行综合评价，并根据评价结果确定供应商。一般情况下，大宗物资采购等必须采用招投标方式确定采购价格，并明确招投标的范围、标准、实施程序和评标规则；其他物资的采购，应当根据市场行情制定最高采购限价，不得以高于采购限价的价格采购；同一企业（或企业集团）下属的分支机构应当尽量避免多头对同一供应商的情况。

(3) 签订购货合同或订货单。确定了供应商后，一般由采购部门根据各用料部门的购货申请，确定供应计划，联系货源，与供货单位签订购销合同或订货单。在合同或订货单中，要求列举所购材料或商品的品名、规格、数量、单价、交货日期、交货方式等内容，作为购销双方共同遵守的契约。对某些采购数量不大、不经常购买的材料，也可以不签合同而直接购买，以简化手续，加快进货速度。

(4) 验收入库环节。这是采购业务的重要步骤，包括验收和入库两个环节。为确保采购安全，无论采用提货制，还是发货制，所购材料或商品运抵企业后，都必须根据规定的验收制度和经批准的订单、合同等采购文件，由独立的验收部门或指定专人对所购物品的品种、规格、数量、质量和其他相关内容进行验收，出具检验、计量等验收证明，对验收过程中发现的异常情况，负责验收的部门或人员应当立即向有关部门报告。有关部门应当查明原因，及时处理。

(5) 结算支付货款。企业财会部门在办理付款业务时，应当对采购合同约定的付款条件以及采购发票、结算凭证、检验报告、计量报告等相关凭证的真实性、完整性、合法性及合规性进行严格审核，对于不符合规定要求的采购事项，应推迟或拒绝付款。

（二）采购业务内部控制的基本要求

从采购业务的环节可以看出，该种业务涉及采购部门和财会部门以及仓库的有关人员，由他们分别负责货物的购买、验收和款项结算工作。因此，设计采购业务的内部控制制度，重点是解决好这些部门及其有关人员之间的相互制约和分工协作关系，使之符合以下基本要求：

（1）正确运用分权、机构独立控制方式，将采购业务中的预算、请购、审批、采购、验收、审核、付款、记账等工作分离开来，分别由专门的预算与审批部门、专门的采购机构或专职采购人员、专职保管人员及财会机构的有关人员完成，避免盲目采购、重复采购和预算外采购行为，严禁采购员擅自采购、代办验收和记录性工作的现象发生。

（2）充分运用审批与稽核控制方式，建立严格的审批制度。任何材料或商品的购买都必须经过供应部门负责人批准，按其批准的品种、数量及质量要求进行采购。采购员不得在未经批准的情况下，擅作主张，以免造成材料或商品的超储积压，导致资金的浪费。

（3）按照授权控制方式，使采购员、保管员、记账员和出纳员在各自的授权范围内处理业务，各负其责，不得相互代替。采购员按审批的材料或商品购进计划，及时保质保量地完成采购任务；保管员对所购物品的数量、质量等严格验收，核实无误后办理入库手续；记账员根据有关的原始凭证编制付款凭证，并计算材料或商品的采购成本，登记总账和明细账；出纳员根据财会主管审批后的付款凭证，向供货单位支付货款。

二、采购业务内部控制的具体方式

结合采购业务的五个环节、涉及的职能部门和有关人员，应当采用下列具体方式，设计采购业务的内部控制制度。

（一）填写“请购单”，办理申请手续

企业各部门所需要的材料、商品和其他物资，或者仓库认为某种货物的储备量已达到最低储备限额而需要补充时，应当通过填写“请购单”的方式，申请购货。“请购单”是通知供应部门进行采购活动的一种业务通知凭证，由申请购货的有关部门负责人签字后，送交供应部门负责人审批，并授权采购人员办理购货手续。采用这种方式，使每一次采购业务都能有相应的依据，并建立在有计划的基础之上，对于防止盲目采购、节约使用资金、分清各有关部门和个人的责任都有一定的作用。

“请购单”一般采用两联复写方式，详细注明：需求部门、请购部门、请购物资名称、规格、数量、质量标准、要求到货日期及用途等内容，一并交供应部门。供应部门据此办理订货手续后，将其中一联退回请购部门，以示答复。

（二）签订“订货单”，规范采购活动

如前所述，企业中除零星物品的采购可随时办理外，大宗购买业务应尽可能签订合同并采用订货单制度，以保证采购活动的规范化。“订货单”是供应部门进行采购活动的一种业务执行凭证，也是购销双方应当共同遵守的一种条约，它不仅使采购业务在开始时就置于控制的范围之内，而且便于使整个采购业务在任何时候、任何环节上都能查询其执行情况。

“订货单”可根据实际情况，采用三联复写方式，其中一联送交供货单位，请求发货；一联转交仓库保管部门，作为核收物品时与发票核对的依据，即验收货物的依据；一联留作存根，在供应部门归档保存，以便对订货与到货情况进行查对、分析。

（三）填制“入库单”，严格验收制度

采购部门购买回的各种材料物品，都应及时送交仓库验收。验收人员应当对照销货单位的发货票和购货订单等，对每一种货物的品名、规格、数量、质量等严格查验，在保证正确、相符的基础上填写“入库单”（或收料单）。“入库单”是证明材料或商品已经验收入库的会计凭证，由仓库验收人员填制。在取得采购人员的签字后，一联留存，登记仓库台账，一联退给采购部门进行业务核算，一联送交会计部门。严格的验收制度，有利于考核采购人员的工作质量，划清采购部门与仓库之间的经济责任，保证入库物资的准确性、安全性。

（四）强化审查制度，严格审核购货业务的各种凭证

对购货业务的各种凭证进行严格的审查，是保证业务的合法合理性、内部控制的严密性的重要手续。会计部门在正式记录采购业务、支付货款之前，应对各有关部门送来的各种原始凭证，包括发货票、运费收据、入库单以及订货单等进行认真的审查、核对。不仅审查每一凭证的购货数量、金额计算的正确性，还要检查各种凭证之间是否内容一致、时间统一、责任明确、手续清楚等。如果发现问题，应及时查明原因，分清责任，合理解决。在此基础上，编制付款凭证，由出纳员结算支付货款，并按货币资金支出业务的内部控制要求和方式实施内部控制，使两种业务的内部控制统一起来。

应当指出，当企业采用赊账方式购买货物时，必然形成债务，由此而引发债务结算业务，对此必须加强控制。具体要求是：①尽可能设置专人专职登记应付账款明细账，充分发挥账簿控制的作用；②由稽核人员定期与供货单位（债权人）核对账目，如果对账中发现问题，应及时查明原因，分清责任，按有关规定予以处理，确保双方的账目相符；③按双方事先约定的条件，及时清理债务，支付欠款后，应取得债权人的收款证明，并以此为依据编制记账凭证，登记账簿；④强化总分类账对应付账款明细账的控制，保证账账相符。

三、采购业务内部控制的监督检查制度

为保证采购业务内部控制制度的有效实施，单位应当对采购业务内部控制建立监督检查制度，明确监督检查机构和人员的职责与权限，通过实施符合性测试和实质性测试，定期或不定期地检查采购业务内部控制制度是否健全，各项规定是否得到有效执行，以便及时发现采购与付款内部控制中的薄弱环节，并采取措施，加以纠正和完善。对采购业务内部控制监督检查主要包括以下内容：

（1）采购业务相关岗位及人员的设置情况，重点检查是否存在采购业务不相容职务混岗的现象。

（2）采购授权批准制度的执行情况，重点检查采购业务的授权批准手续是否健全，是否存在越权审批的行为。

（3）应付账款及预付账款的管理，重点检查应付账款和预付账款支付的正确性、时效性和合法性。

（4）有关单据、凭证和文件的使用与保管情况，重点检查凭证的登记、领用、传递、保管、注销手续是否健全，使用和保管制度是否存在漏洞。

第四节 资产盘存业务内部控制制度设计

一、资产盘存业务的内容和环节

(一) 资产盘存业务的主要内容

资产盘存业务主要指单位的实物资产从入库开始，到出库为止，即在仓库储存或滞留期间的业务。由于该业务一般只涉及公司内部的有关部门，不与企业外部发生关系，很少牵涉到货币资金的收支。因此，在内部控制问题上往往不能引起人们的重视，这是造成许多企业账实不符、家底不清、财产短缺现象时有发生的重要原因之一。其实，资产盘存业务的内部控制制度完善与否，不仅关系到各种存货的安全完整，而且直接影响企业成本计算的准确性、利润指标的真实性。所以，设计内部控制制度时，理应给予资产盘存业务以高度重视。

由于企业的经营方式不同，资产盘存业务的内容也有区别。在工业企业里，资产盘存业务的内容主要是存货，具体包括：

(1) 原材料的盘存。包括各种原料、主要材料、辅助材料、燃料、修理用备件、外购半成品等的盘存。

(2) 在产品和自制半成品的盘存。

(3) 包装物和低值易耗品的盘存。

(4) 产成品的盘存。

商品流通企业的盘存业务主要针对库存商品，此外也有材料物资、包装物和低值易耗品等的盘存。

(二) 资产盘存业务的环节

资产盘存业务是存货在仓库存续期间的业务，因此，它由三个环节所组成。

(1) 存货入库环节。标志着盘存业务的开始，是与前述采购业务相衔接的环节。把好存货的入库关，对于保证各种存货记录准确无误、分清采购人员与仓库保管人员的经济责任有重要作用，能够使盘存业务建立在良好的基础上。

(2) 存货储存环节。它是各种存货在仓库的滞留，特征表现为各种存货处于相对静止的状态，数量保持不变。因此，这一环节的控制重点是使各种存货的质量不受到影响，有一个安全的储存环境。

(3) 存货出库环节。标志着存货盘存期间的结束，是与销售业务或生产业务相衔接的环节。把好存货的出库关，不仅能够使各种存货的减少建立在有据可查的基础上，防止存货的短缺、丢失，而且有利于分清保管人员与销售人员或领料人员的经济责任。

二、资产盘存业务内部控制的具体要求

(一) 资产盘存业务与购销业务的关系

明确资产盘存业务与购销业务之间的关系，既有利于分别设计各种业务的内部控制制度，更有利于使各种业务之间形成完整的内部控制体系，有效发挥内部控制制度的作用。

一般地讲，资产盘存业务的时间顺序介于采购业务与销售业务之间，它的开始意味着采购业务趋于结束，而它的结束又意味着销售业务已经开始发生。采购业务的完成，为仓库提供了各种材料或商品等，使资产盘存业务的开展成为必要，销售业务的发生，减少了

库存的各种产品或商品等，使盘存资产的内容减少。因此，严格地说，资产盘存业务与购销业务并不能彻底分离、各自完全独立。设计资产盘存业务的内部控制制度时，必然要涉及其他业务如何控制的问题。盘存业务与购销业务之间的这种关系，可用图 8-1 表示出来。

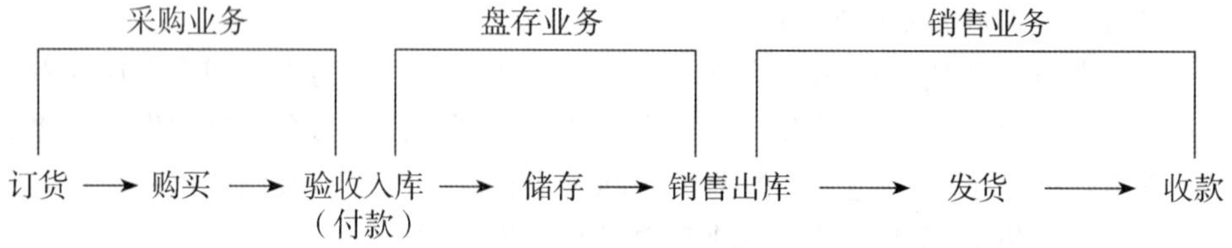

图 8-1　盘存业务与购销业务的关系

从图 8-1 中可以看出，存货的入库、出库分别为两种业务之间的转折点，也是设计各类业务内部控制制度的关键环节。所以，这些环节上，除运用分权、机构独立、授权和审核等控制方式外，一般都要利用“凭证控制方式”，如入库环节须填制“入库单”，销售环节须填制“销货单”，以便使存货的增减都有据可查，出现问题时能够分清责任。

（二）资产盘存业务内部控制的具体要求

鉴于前述资产盘存业务的内容、环节以及与购销业务之间的关系，应当按照下列要求对资产盘存业务实施内部控制：

（1）建立专人保管制度。应当设置专门的仓库，由专人专职负责各种存货的保管，通过仓库“台账”记录各种存货的实物数量变化。无论存货进入仓库还是运出仓库，都必须经保管人员的同意批准，并具备正式的手续和记录。任何非保管人员一律不得擅自变更库存物资。

（2）采用永续盘存制。由于永续盘存制对各种存货的增减变化，都要在会计账簿上作连续的记录，因此，通过采用永续盘存制能够从账面上随时掌握各种存货的结存数量和金额，并可用账面结存数与实物盘点的结果相对照，揭露财产管理中的问题，从而形成一种牵制关系。这种关系具体表现为存货的保管与存货变动的记录相互分离，是分权控制方式的具体运用。

采用永续盘存控制方式，不仅有利于加强会计人员与财产保管人员之间的相互制约，防止资产盘存业务处理中的弊错，保护财产物资的安全完整，而且能够促使保管人员尽职尽责，提高财产管理水平。

（3）严格财产清查制度。对各种存货应当进行定期或不定期的清查，使之经常化、规范化、制度化。清查工作应由专人负责，成立专门的清查小组，不得由实物保管人员独自进行，以保证清查结果的客观公正性。在清查过程中发现盈亏，应及时查明原因，分清责任，区别不同情况予以处理。属于主观原因造成的损失，应当追究当事人的责任，酌情给予行政处分和经济处罚，严重者还应追究法律责任；属于客观因素造成的损失，应吸取教训，引以为戒；对超储积压物资，应尽快处理，以加速资金周转；对储备不足的物资，应催促采购部门尽快购买，以保证生产顺利进行。总之，通过财产清查，不仅要完善资产盘存业务的内部控制，而且要促进企业管理水平的全面提高。

（4）严把“入库”、“出库”两个关口。把好入库关，能够使资产盘存业务有一个良好的开端；把好出库关，能够有效地防止资产盘存业务中的漏洞。各种存货在入库时如何实施内部控制，前面采购业务中已经作了较详细的介绍，这里不再赘述。存货的出库主要有两种原因，一是销售，二是生产领用，对于销售导致存货出库的内部控制，将在下节销售业务内部控制中详细介绍，这里只讨论生产领用材料业务的内部控制。

生产领用材料业务，一般由申请领料、审核批准、仓库发料和会计账务处理四部分组成，涉及的部门有用料单位、供应部门（包括仓库）和财会部门，分别负责领料、审批、发料和账务记录等工作。由此，其内部控制主要应通过填制“领料单”的方式。“领料单”是记录并据以办理材料的领用和发出的一种原始凭证，一般为一式四联，由领料单位填制，注明材料的名称、规格、用途、请领数量等内容。用料单位负责人签字后送交供应部门审批，仓库根据审批后的领料单发出材料，并将实发数量填入单内，一联退回领料单位进行车间核算或费用预算，一联留存仓库登记台账，一联送交供应部门进行业务核算，一联送交会计部门审核后据以进行账务处理。

对于经常领用并有消耗定额的材料，可以使用“限额领料单”，由领料部门直接向仓库领料，不必每次进行审批，月终汇总后送交会计部门作账务处理。这样，既能保证内部控制，又可以简化手续。

材料领发业务的内部控制如图 8-2 所示。

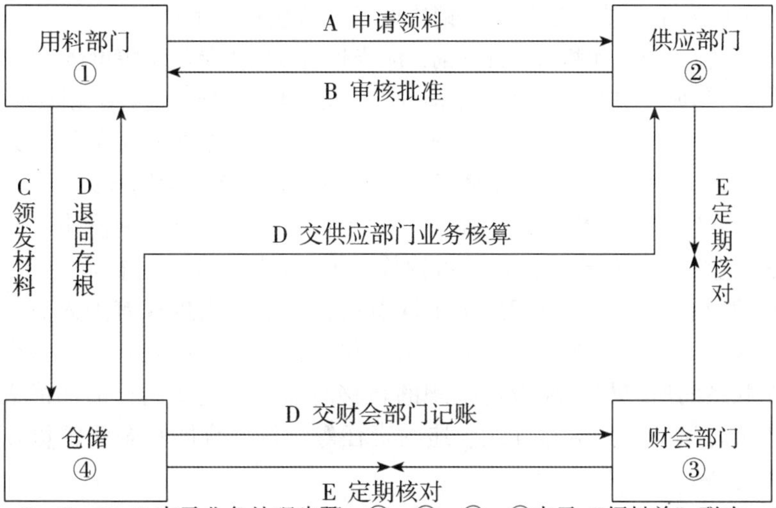

说明：A、B、C、D、E 表示业务处理步骤；①、②、③、④表示“领料单”联次。(后同)

图 8-2　材料领发业务的内部控制图

三、盘存业务内部控制的监督检查制度

对盘存业务内部控制制度应建立监督检查制度，通过定期或不定期的检查，发现其薄弱环节，以便及时采取措施，加以纠正和完善。盘存业务内部控制监督检查主要包括以下内容：

（1）保管业务相关岗位及人员设置情况，重点检查是否设置专人保管制度。

（2）财产清查制度，重点检查是否建立定期与不定期的财产清查制度及对清查结果的责任追究制度。

（3）入出库制度，重点检查是否建立完善的存货入库和领用制度，尤其是领用手续是否健全。

第五节 销售业务内部控制制度设计

一、销售业务的内容和环节

(一) 销售业务的内容

销售业务是指企业围绕推销商品（产品）所发生的经济业务，它是企业生产经营活动的基本内容，是生产经营过程的最后一个环节，其目的在于卖出自己的商品而获得货币收入，实现商品的价值。

企业的经营方式和经营范围不同，销售业务的内容也不相同。在工业企业里，销售业务一般包括：

(1) 产品销售业务。这是企业的主要销售业务，一般指销售产成品、自制半成品等发生的经济业务。

(2) 其他销售业务。一般指销售多余或不需用的材料、销售包装物等发生的经济业务，它属于企业的附营业务。

(二) 销售业务的环节

从销售业务的发生及处理过程看，销售业务一般包括以下环节：

(1) 销售谈判。企业在销售合同订立前，应当指定专门人员就销售价格、信用政策、发货及收款方式等具体事项与客户进行谈判。对谈判中涉及的重要事项，应当有完整的书面记录。

(2) 合同审批。对于谈判成功的事项，由销售部门向企业有关部门或人员提交销售合同草案，审批人员应当对销售合同草案中提出的销售价格、信用政策、发货及收款方式等严格审查并建立客户信息档案；金额重大的销售合同，应当征询法律顾问或专家的意见；有条件的企业，可以指定内部审计机构等对销售合同草案进行初审。

(3) 合同订立。销售合同草案经审批同意后，企业应当授权有关人员与客户签订正式销售合同。签订合同应当符合《中华人民共和国合同法》的规定。销售合同应当明确与销售商品相联系的所有权、风险与报酬的转移时点，明确所销产品的品名、规格、价格、交货方式及时间、货款结算方式、违约责任等。订立合同是企业销售业务的重要环节，也是强化内部控制的手段。

(4) 组织销售。企业销售部门应当按照批准的销售合同编制销售计划，向发货部门下达销售通知单。在采用发货制时，企业的销售部门应根据销售合同填制发货单，并通知仓库和运输部门发货。企业发货部门应当对发货单进行审核，严格按照销售通知单所列的发货品种和规格、发货数量、发货时间、发货方式组织发货，并建立货物出库、发运等环节的岗位责任制，确保货物的安全发运。

(5) 办理货款结算。在发货手续办妥后，由销售部门开具发票，并送交会计部门向购货单位收取货款。

如果采用提货制，则销售业务的环节应当是：①签订销售合同；②销售部门开具“销货单”；③财会部门办理收款手续；④仓库办理发货手续。

二、销售业务内部控制的基本要求

销售业务的发生，一方面引起企业的存货减少，另一方面引起收入的增加、货币资金的流入或债权的增加，因此，销售业务实际上是同时涉及销售和收款的业务，与资产盘存业务和货币资金收入业务密切相关。为销售业务设计严密完善的内部控制制度，不仅可以保证销售业务的合法合理性和安全性，而且可以加强资产盘存业务和货币资金收入业务的内部控制。

根据上述销售业务的环节不难看出，销售业务涉及部门较多，又牵涉到货币资金的收入，因此，对销售业务实施内部控制，应当符合以下基本要求：

（一）严格不相容职务分离制度

销售业务中的下列职务应相互分离：

（1）客户信用调查评估与销售合同的审批签订相分离。

（2）销售合同的审批、签订与办理发货相分离。

（3）销售货款的确认、回收与相关会计记录相分离。

（4）销售退回货品的验收、处置与相关会计记录相分离。

（5）销售业务经办与发票开具、管理相分离。

（6）坏账准备的计提与审批、坏账的核销与审批相分离。

（二）设置专门的销售机构

任何企业都应设置专门的销售机构，配备专职销售人员负责办理销售业务。一般情况下不应该将销售机构与其他业务部门或管理部门合并，也不应当将销售业务交由非销售部门办理。销售部门及其人员不应兼办采购、保管、出纳、会计等工作，直接经手销货的人员，不能参与登记销售和应收账款明细账。

（三）建立销售登记制度，加强各种凭证的管理

任何一笔销售业务，都应开具销售单据。企业应当在销售与发货各环节设置相关的记录、填制相应的凭证，建立完整的销售登记制度，对反映销售业务的合同、发货单、发票（销货单）等要按顺序编号，严格管理，尤其是发票，应当经过非开票人的审核，以防价格、金额等方面发生差错。要加强销售订单、销售合同、销售计划、销售通知单、发货凭证、运货凭证、销售发票等文件和凭证的相互核对工作。

（四）提倡合同销售方式

有条件的企业，应当尽可能采用事先与购货单位签订购销合同的方式，办理销货业务。这样，既可以合同作为销货依据，对销货业务起事前控制作用，又可用合同与销货发票核对，起事后对比分析作用，强化内部控制。

（五）建立健全销售检查制度

为保证销货业务的正确性，应当建立健全各种销售检查制度。对非合同销售，残料和废料的销售、销售折让和折扣、销售退回、固定资产和包装物的出租等特殊的销售业务，应当有专人负责检查，并保持经常化、制度化。

（六）建立销售台账制度

销售部门应当设置销售台账，及时反映各种商品、劳务等销售的开单、发货、收款情况，并由相关人员对销售合同执行情况进行定期跟踪审阅。销售台账应当附有客户订单、销售合同、客户签收回执等相关购货单据。

（七）建立销售退回管理制度

企业的销售退回必须经销售主管审批后方可执行，销售退回的货物应当由质检部门检验和仓储部门清点后方可入库，质检部门应当对客户退回的货物进行检验并出具检验证

明；仓储部门应当在清点货物、注明退回货物的品种和数量后填制退货接收报告；财会部门应当对检验证明、退货接收报告以及退货方出具的退货凭证等进行审核后办理相应的退款事宜，并增加对退货原因进行分析的自我评估控制。

此外，还应当加强销售业务各环节的审批工作。销售合同的签订、发货单的编制、销货发票的开出、销货方式的选择等，都力求经过有关负责人员的审核批准。

三、销售业务内部控制的具体设计

一般企业中，销售业务都可以分为现销和赊销两种情况。

（一）现销业务的内部控制

现销业务是指企业在销售产品或商品的同时，收取货款，强调钱货两清。工业、商品批发等企业对现销业务实施内部控制的主要手段是开具“销货单”，并确定其合理的传递程序。具体做法是：

（1）客户购货时，由销售部门填制一式数联的“销货单”，注明购货单位、货物名称、规格、数量、单价、金额等，经负责人审核签章后，留一联作为存根，进行业务核算，其余交客户办理货款结算和提货。

（2）客户持“销货单”向财会部门交款。财会部门对“销货单”认真审核后，办理收取货款的手续，并加盖财务专用章和有关人员的签章，留一联编制记账凭证，其余退给客户。

（3）客户持“销货单”中的提货联向仓库提货。仓库保管人员对“销货单”复核，确认已办妥交款手续后，予以发货，并将提货联留下登记仓库台账。

现销业务处理程序如图 8-3 所示。

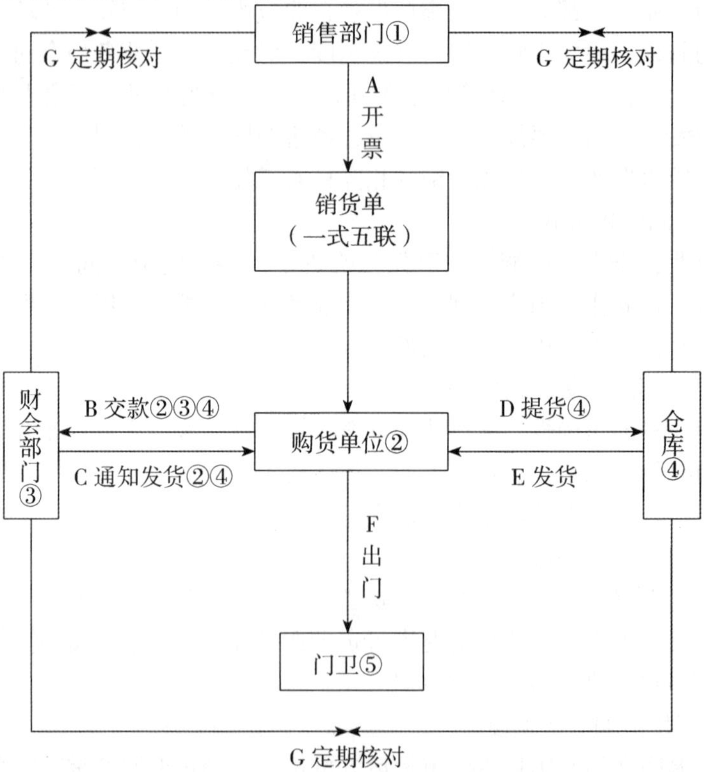

图 8-3 现销业务处理程序图

值得指出，财会部门收取货款，可能通过银行转账，也可能由出纳直接收取现金，但不论采用哪种方式，都必须符合货币资金收入业务的内部控制要求，确保销货款的安全。

商品零售企业的销售业务，大多为现销，其内部控制方法已在货币资金收入业务的内部控制中详细介绍，这里不再赘述。

（二）赊销业务的内部控制

赊销业务是指企业先办理产品或商品发出，然后在规定的时间内收取货款。这种业务使企业收入增加的同时，也使企业的债权结算业务发生。随着商品经济的发展，市场交易方式日趋灵活多样，赊销业务在企业里将日益增多，债权结算业务也随之增多。由于赊销业务涉及的部门较多，销售活动与货款结算的时间不相一致，发生错弊的可能性也就较大。为此，只有合理规定各有关部门之间的制约关系、强化销售业务各环节的衔接，明确债权结算的有关规定，充分发挥凭证控制的作用，才能使赊销业务的内部控制严密完善。

一般情况下，赊销业务的内部控制制度除符合前述基本要求外，还应当采用下列程序和方式：

（1）严格订货单制度，明确定价原则、信用标准和条件，强化销售合同的作用。凡赊销业务，最好采用订货方式，订单确定后列入销售计划，作为日后发货的依据，防止无计划地发出货物。

（2）建立赊销业务批准制度。赊销业务应经过财务负责人的批准，未经批准，销售部门不得指令仓库发货，以防止因不了解客户信用度而可能造成的损失。

（3）尽可能设置专人专职，登记销售明细账和应收账款明细账。在发出货物后，会计部门应对销售部门开具的“销货单”以及相关的合同、订货单等进行审查核对，正确无误后编制记账凭证，并及时登记销售和应收账款明细账，以充分发挥账簿控制的作用。

（4）由稽核员定期与购货单位（债务人）核对账目，对账中发现的问题应及时查明原因，分清责任，按有关规定予以处理，确保双方的账目相符。

（5）准确掌握债务人的资信程度，及时催收货款，避免或减少坏账损失。

四、销售业务内部控制的监督检查制度

为保证销售业务内部控制制度的有效实施，单位应当对销售业务内部控制制度建立监督检查制度，明确监督检查机构和人员的职责权限，定期或不定期地通过实施符合性测试和实质性测试，检查销售业务内部控制制度是否健全，各项规定是否得到有效执行，以便及时发现销售业务内部控制中的薄弱环节，并采取措施，加以纠正和完善。对销售业务内部控制进行监督检查的内容主要包括：

（1）销售业务相关岗位及人员的设置情况，重点检查是否存在销售业务不相容职务混岗的现象。

（2）销售业务授权批准制度的执行情况，重点检查授权批准手续是否健全，是否存在越权审批行为。

（3）销售的管理情况，重点检查信用政策、销售政策的执行是否符合规定。

（4）收款的管理情况，重点检查单位销售收入是否及时入账。应收账款的催收是否有效，坏账核销和应收票据的管理是否符合规定。

（5）销售退回的管理情况，重点检查销售退回手续是否齐全，退回货物是否及时入账。

第六节　对外投资业务内部控制制度设计

一、对外投资业务的内容与特点

（一）对外投资业务的内容

市场经济环境下，企业除传统的经过原材料投入、加工、销售方式取得利润外，通常采用投资、收购、兼并、重组等方式拓宽生产经营渠道，提高获利能力。对外投资指企业为了获取收益或实现资本增值，向被投资单位投放资金的一种经济行为。通过不同的分类可以看出对外投资业务的内容。从投资性质上划分，可以分为债权性投资和权益性投资；从管理层持有意图划分，可以分为交易性投资、可供出售投资、持有至到期投资；从持有时间上划分，又可以分为短期投资和长期投资，如交易性投资和可供出售投资属于短期投资，而持有至到期投资和长期股权投资则为长期投资，其中，长期股权投资主要包括对子公司投资、对联营企业投资和对合营企业投资。

（二）对外投资业务的特点

对外投资业务主要有以下特点：

（1）企业以货币资金、固定资产、无形资产等向被投资单位进行投资，可以获得被投资单位的股权或债权，能够获取收益或实现资本增值。

（2）有些投资是在证券交易市场上进行的，如股票、债券或基金等，其交易性强，价值变化快，舞弊隐蔽性强。

（3）由于投出资金是在被投资单位运作的，除债权性投资外，投资收益取决于被投资方的经营业绩，尤其是长期股权投资。因此，为规范对外投资行为，防范对外投资风险，保证对外投资的安全，提高对外投资效益，企业应当建立健全对外投资业务的内部控制制度。

二、对外投资业务的环节

企业的对外投资，无论是债权性投资，还是权益性投资，一般都需要经过对外投资项目建议书编制，可行性研究、评估与决策，执行，持有和处置等五个环节。

（一）对外投资项目建议书编制

为确保对外投资的计划性和安全性，应当由具有对外投资业务办理权的部门，根据经股东大会（或者企业章程规定的类似权力机构）批准的年度投资计划，编制对外投资项目建议书，并提交给企业相关部门或人员。

（二）对外投资可行性研究、评估与决策

企业收到对外投资项目建议书后，应当及时开展对被投资单位的调查或实地考察，然后组织相关部门或人员，或委托具有相应资质的专业机构对投资项目进行分析与论证，并形成评估报告。最后，由企业董事会根据经股东大会（或者企业章程规定的类似权力机构）批准的年度投资计划，按照职责分工和审批权限，对投资项目进行决策审批。重大的投资项目，应当根据公司章程及相应权限报经股东大会或董事会（或者企业章程规定的类似决策机构）批准。

（三）对外投资执行

对外投资业务部门收到经审批的对外投资项目建议书后，应积极组织投资项目的实施。一是制定对外投资实施方案，明确出资时间、金额、出资方式及责任人员等内容；二是在签订合同时，要征询企业法律顾问或相关专家意见，并经授权部门或人员批准后签订。

（四）对外投资持有

对外投资持有环节是指从投资形成到投资处置的环节，该环节的主要任务是保管投资证书、对投资项目进行跟踪管理、控制投资收益、核对投资账目、计提减值准备、进行投资核算等。

（五）对外投资处置

对外投资处置环节是对外投资的最后环节，这一环节主要涉及对处置方式、处置时间的选择，以及对处置结果的会计处理等具体工作。

三、对外投资业务内部控制的基本要求

（一）严格不相容职务分离制度

对外投资业务是一项高风险业务，企业应当科学合理地设置投资专业机构，配备具备良好职业道德，掌握金融、投资、财会、法律等专业知识的合格人员，并明确职责分工、权限范围和审批程序。其中，最为关键的是准确划分不相容职务，实行对外投资项目的可行性研究与评估、决策、执行、处置审批、绩效评估的分离，并结合具体情况对投资业务经办人员进行岗位轮换。

（二）建立对外投资授权和审核批准制度

企业的对外投资业务应由具有对外投资业务办理权的部门和人员，按照规定的权限和程序办理投资项目建议书的编制、调查、评估、预审和审批工作，以及对外投资的收回、转让与核销事宜。转让对外投资时，应当由相关机构或人员合理确定转让价格，并报授权批准部门批准，必要时，可委托具有相应资质的专门机构进行评估；核销对外投资时，应当取得因被投资企业破产等原因不能收回投资的法律文书和证明文件。

（三）建立实地调查和跟踪制度

为确保对外投资项目的安全性和收益性，企业应当对拟投资项目和已投资项目开展实地调查和跟踪调查制度。例如，在企业接到投资部门提交的对外投资项目建议书后，应当及时组织有关人员对被投资企业的资信情况进行调查或实地考察，尤其要关注被投资企业管理层或实际控制人的能力、资信等情况。对外投资项目如有其他投资者，还应当根据情况对其他投资者的资信情况进行了解或调查，以便为投资项目的可行性研究提供证据。对已投资项目，应当指定专门的部门或人员进行跟踪管理，掌握被投资企业的财务状况、经营情况和现金流量情况，定期组织对外投资质量分析，发现异常情况，应当及时向有关部门和人员报告，并采取相应措施，以尽量减少投资损失，降低投资风险。

（四）建立凭证记录控制和管理制度

为加强对外投资全过程的有效控制，对实际发生的对外投资业务，应当建立凭证记录控制制度，包括：审批文件、投资合同或协议、投资方案书、对外投资付款申请书、对外投资处置决议书等，以如实记载各环节业务的开展情况，加强内部审计。企业对上述文件资料应当加强管理，明确各种文件资料的取得、归档、保管、调阅等各个环节的管理规定及相关人员的职责权限。

（五）建立权益证书专人保管制度

企业对外进行投资，尤其是长期债权性投资和权益性投资，往往有能够证明其投资的证券或证书。为防治丢失和舞弊行为发生，企业应当指定专门部门或人员保管权益证书，建立详细的记录，未经授权人员不得接触权益证书。此外，财会部门应当定期和不定期地与相关管理部门和人员清点核对有关权益证书，以加强对外投资有关权益证书的管理。

（六）加强对外投资核算制度

为加强对外投资的管理，财会部门要建立严格的投资核算制度，具体包括：

(1) 严格审核投资项目计划书、投资付款申请书、对外投资处置决议书是否符合规定审批程序。对于获取的投资收益，要根据投资合同、被投资方股利分配公告和证券公司的利息或股利收入划账单编制投资收益表，以保证投资收益及时、正确入账，严防投资收益账外设账情况的发生。

(2) 设置对外投资业务登记簿，及时反映对外投资的购入和处置，以及投资收益的取得情况，作为会计凭证和账簿记录的补充。

(3) 定期和不定期地与被投资单位核对有关投资账目，保证对外投资的安全完整。

(4) 加强对外投资项目减值情况的定期检查和归口管理，按照有关规定准确及时地计提减值准备。

（七）建立责任追究和奖励制度

对外投资的责任人因投资品种和性质不同而有别，但一般会涉及投资项目负责人，向被投资企业派出的董事、监事、财务负责人或其他管理人员等，为防范责任人舞弊，企业应当建立责任追究制度和业绩考评制度。

第七节　筹资业务内部控制制度设计

一、筹资业务的特点

筹资，也称融资，是指企业为了满足生产经营发展需要，通过发行股票、债券或者银行借款，或者抵押、质押等形式筹集资金的活动，融资一般按照资本的来源，分为权益性融资和债务性融资。

企业在筹集资金时必然会产生筹资成本，不同筹资渠道的筹资成本所带来的经济后果不同，权益性筹资成本由税后利润列支，债务性筹资成本税前列支。不同筹资渠道的筹资成本的固定性也有差别，权益性筹资成本不具有固定性，而债务性筹资成本在融资前就已确定，具有固定性。可见，任何筹资渠道都会给企业带来财务压力，但相比之下，债务性筹资的财务压力较大。对筹资业务建立内部控制制度，其目的就是合理确定筹资比例，控制筹资风险，降低筹资成本，防止筹资过程中的差错与舞弊。

二、筹资业务的环节

从内部控制制度角度出发，不论是权益性融资，还是债务性融资，都应经过如下环节：

（一）拟订筹资方案

拟订筹资方案是保证筹资方式合法、筹资金额合理的关键环节，企业应当在符合国家有关法律法规、政策和企业筹资预算要求，并充分考虑企业经营范围、投资项目的未来效益、目标资本结构、可接受的资金成本水平和偿付能力以及财务风险等因素的前提下，明确筹资规模、筹资用途、筹资结构、筹资方式和筹资对象，并对筹资时机选择、预计筹资成本、潜在筹资风险和具体应对措施以及偿债计划等作出安排和说明。对于在海外筹集资金的，还应当考虑筹资所在国的政治、法律、汇率、利率、环保、信息安全等风险。

（二）评估、审批筹资方案

企业对重大筹资方案应当进行风险评估，形成评估报告，报董事会或股东大会审批。评估报告应当全面反映评估人员的意见，并由所有评估人员签章。对于重大筹资方案，企业应当实行集体决策审批或者联签制度，决策过程应有完整的书面记录。

（三）签订筹资合同或协议

筹资合同或协议是维护筹资方与出资方双方利益的法律文书，也是订立双方权利与责任的重要凭证，因此，企业应当根据经批准的筹资方案，按照规定程序与筹资对象，与中介机构或银行等金融机构订立筹资合同或协议，对筹资合同的订立与审核、资产的收取、股利（利润）或利息的支付方式等作出明确规定。企业相关部门或人员应当对筹资合同或协议的合法性、合理性、完整性进行审核，审核情况和意见应有完整的书面记录。

（四）偿付

偿付环节主要是由企业按照合同或协议规定，向出资方偿还本金，支付利息、租金、股利（利润）等工作，是出资方权利的实现和受资方责任履行的重要环节。

三、筹资业务内部控制的基本要求

（一）严格不相容职务分离制度

企业应当明确有关部门和岗位的职责权限，使办理筹资业务的不相容岗位相互分离，确保筹资方案的拟订与决策、筹资合同或协议的审批与订立、款项偿付的审批与执行等由不同的部门和人员完成。筹资业务的人员应具备必要的筹资业务专业知识和良好的职业道德，熟悉国家有关法律法规、相关国际惯例及金融业务。

（二）建立授权批准制度

要明确授权批准方式、程序和相关控制措施，规定审批人的权限、责任以及经办人的职责履行要求。企业在支付筹资利息、股息、租金时，应当履行审批手续，经授权人员批准后方可支付。企业的股利（利润）分配方案应当按照企业章程或有关规定，经审批后执行。

（三）建立凭证记录和保管制度

企业应当制定筹资业务流程，明确筹资决策、执行、偿付等环节的内部控制要求，并设置相应的记录或凭证，包括筹资决策、审批过程的书面记录制度以及有关合同或协议、收款凭证、支付凭证等资料的存档、保管和调用制度，并指定专人管理，明确其职责权限，以便如实记载各环节业务的开展情况，确保筹资全过程得到有效控制。

（四）建立筹资决策责任追究制度

企业应当按照筹资方案所规定的用途使用筹集的资金，因市场环境变化等特殊情况导致确需改变资金用途的，应当履行审批手续，并对审批过程进行完整的书面记录，严禁擅自改变资金用途。对重大筹资项目，明确相关部门及人员的责任，定期或不定期地进行检查，对没有按照筹资计划和筹资程序进行的筹资业务责任人，以及变更筹资用途的直接责任人，按照产生不良后果的严重程度予以处罚。

（五）加强筹资业务核算制度

筹资业务的核算应当符合国家统一会计制度的规定。企业取得货币性资产时，应当按实有数额及时入账；取得非货币性资产时，应当根据合理确定的价值及时记录，并办理有关财产转移手续，对需要进行评估的资产，应当聘请有资质的中介机构及时进行评估。要严格按照筹资合同或协议规定的本金、利率、期限及币种计算利息和租金，并与债权人定期核对，如有不符，应查明原因，按权限及时处理。企业委托代理机构支付股利（利润）时，应清点、核对代理机构的股利（利润）支付清单，并及时取得有关凭据。

基本训练

一、单项选择题

1. 企业整个内部控制制度设计的关键是(　　)。

A. 采购业务的管理　　B. 销售业务的管理
C. 投资业务的管理　　D. 货币资金的管理

2. 建立健全内部控制制度主要在于防止和根治会计人员的(　　)。

A. 主观原则性错误　　B. 客观技术性错误
C. 登账错误　　D. 金额计算错误

3. 投资业务内部控制制度设计的首要目标是(　　)。

A. 防范投资风险　　B. 实施保密控制
C. 获取高额回报　　D. 保护投资资产的安全与完整

4. 下列各项中，不能体现货币资金控制重要性的是(　　)。

A. 流动性最强　　B. 安全性最高
C. 风险最大　　D. 使用范围最广

5. 库存现金支出审批人员同出纳人员、业务经办人员和记账人员相分离，这种安排属于(　　)。

A. 授权审批控制　　B. 不相容职务分离控制
C. 会计核算控制　　D. 职责分工控制

6. 内部控制最基本的控制方式是(　　)

A. 岗位轮换控制　　B. 职务分管控制
C. 授权审批控制　　D. 预算控制

7. 在内部控制的各要素中，内部控制实施的基础是(　　)。

A. 风险评估　　B. 监督检查
C. 内部环境　　D. 控制措施

8. 内部控制制度未来发展的方向是(　　)。

A. 风险导向的内部控制　　B. 财务报告可行性导向的内部控制
C. 经营效率性导向的内部控制　　D. 经营有效性导向的内部控制

9. 内部控制的核心目的是(　　)。

A. 确保经营的效率和有效性

B. 确保对适用法律的遵循

C. 保证资产安全完整和会计信息真实可靠

D. 进行行为引导和权力制衡

10. 会计人员的下列错误中，属于主观原则性错误的是(　　)。

A. 登记账簿时发生串户

B. 混淆收益性支出与资本性支出的界限

C. 编错会计分录

D. 虚列支出

二、多项选择题

1. 下列职务中属于不相容职务的有(　　)。

A. 审批权与执行权　　B. 承办权与记录权

C. 保管权与记录权　　D. 经办权与稽核权

E. 审批权与监督权

2. 企业在进行风险应对时一般应包括(　　)。

A. 风险回避　　B. 风险承担

C. 风险降低　　D. 风险分担

E. 风险转移

3. 货币资金业务内部控制监督检查的内容包括(　　)。

A. 有无不相容职务混岗现象

B. 有无越权审批行为

C. 支付款项的印章是否由一人保管

D. 票据保管是否存在漏洞

E. 支出授权批准手续是否健全

4. 企业内部控制风险评估主要包括(　　)。

A. 目标设定　　B. 风险识别

C. 风险分析　　D. 风险应对

E. 风险承担

5. 在内部控制的基本方式中，按授权的性质，授权控制可分为(　　)。

A. 一般授权　　B. 岗位授权

C. 审批授权　　D. 特定授权

E. 监督授权

6. 内部控制制度是由管理者设立的，由(　　)共同实施的。

A. 管理层　　B. 董事会

C. 全部股东　　D. 全体员工

E. 监事会

7. 内部环境是内部控制制度设计的影响因素，主要包括(　　)。

A. 治理结构　　B. 组织机构设置

C. 权责分配　　D. 企业文化

E. 人力资源政策

8. 企业出纳人员不得兼任的职务有(　　)。
A. 会计档案保管　　B. 稽核
C. 债权、债务账目的登记　　D. 银行存款日记账的登记
E. 审批货款支付
9. 下列各项中属于货币资金业务内部控制基本要求的有(　　)。
A. 严格遵守现金管理、银行制度
B. 坚持钱账分管
C. 银行印鉴章分管
D. 实行实地盘存制
E. 出纳人员定期与开户银行核对账目
10. 下列各项中属于采购业务内部控制具体方式的有(　　)。
A. 填写“请购单”，办理申请手续
B. 发出“询价单”，选择供货商
C. 签订“订货单”，规范采购活动
D. 填制“入库单”，严格验收制度
E. 强化审查制度，严格审核购货业务的各种凭证

三、思考题

1. 什么是内部控制制度？设计内部控制制度有何作用？
2. 设计内部控制制度应遵循哪些原则？
3. 内部控制的基本方式有哪些？简述各种方式的要点。
4. 为什么说“分权控制”是内部控制的关键？业务处理的哪些权力应当分管？
5. 货币资金业务内部控制的基本要求是什么？货币资金收支业务如何分别实施控制？
6. 采购业务内部控制的基本要求是什么？各环节分别使用哪些凭证？
7. 资产盘存业务内部控制的具体要求有哪些？
8. 销售业务内部控制的具体要求是什么？现销业务与赊销业务各如何实施控制？

四、案例分析题

(一) 资料：B公司属制造业企业，近年来应收账款额居高不下，导致企业经营出现困难。该公司当年年末资产总额2 000万元，其中应收账款520万元，占总资产额的26%，占流动资产的45%。除市场原因外，企业自身的内部控制不健全是导致上述状况的主要原因。会计师事务所在对该公司的年度会计报表进行审计时，将该公司的应收账款做了如下分类：

1. 尚未做账务处理的被骗损失40万元。
2. 账龄长且原销售经办人员已调离，其工作未交接，债权催收难以落实，可收回金额无法判定的应收账款150万元。
3. 账龄较长、回收有一定难度的应收账款220万元。
4. 未发现异常情况的应收账款110万元。

要求：

1. 请分析B公司销售与收款业务中存在的问题。
2. 针对问题为该公司提出改进建议。

（二）资料：A 公司出纳员李某很受领导器重，该公司所有与出纳相关的业务，领导均交由李某办理，包括库存现金及银行存款收支与日记账的记录业务、从银行获取对账单及编制银行存款余额调节表、财务印鉴章的保管等。然而事实上，李某在其工作期间，利用管理漏洞先后贪污 90 多万元，具体情况如下：

1. 隐匿多笔结汇收入和会计开好的收汇转账单（记账联），共计 98 万元，将其提现的金额与隐匿收入相抵，使收支业务均未在银行存款日记账和银行存款余额调节表中反映。

2. 伪造银行对账单，将提现银行代码改成托收银行代码未被发现。

3. 公司在清理逾期未收汇业务时曾发现 2 笔已结汇收入未在银行存款日记账和余额调节表中反映，但未引起重视，未进行专项检查。

要求：

1. 请根据以上资料分析 A 公司在货币资金管理中存在的漏洞。

2. 针对管理漏洞为该公司提出改进建议。

第九章

成本核算制度设计

学习目标

□知识目标

明确成本核算制度的设计意义和设计原则，掌握成本核算制度设计的主要内容，熟悉成本核算对象、成本计算期、费用要素、成本项目、费用归集分配程序、成本计算方法的设计理论。

□技能目标

掌握成本核算制度设计基本程序和方法。能够根据成本核算制度设计理论和设计方法发现案例企业成本核算制度中存在的问题，并提出相应的改进建议。

第一节　成本核算制度设计概述

一、成本核算制度设计的含义

成本核算即指产品成本核算，广义上讲，产品是指企业日常生产经营活动中持有以备出售的产成品、商品、提供的劳务或服务；产品成本是指企业在生产产品过程中所发生的材料费用、职工薪酬等，以及不能直接计入而按一定标准分配计入的各种间接费用；产品成本核算是指应用会计原理、会计准则，系统地记录企业产品生产过程中所消耗的一切资源，按照一定的成本核算对象进行归集与分配，并最终计算出产品的单位成本和总成本的会计核算活动。成本核算是成本会计中的核心内容，是提供成本信息和准确计算销售利润的基础，是企业实现成本管理的有效保障。成本核算制度是组织和处理成本会计工作的规范，是企业会计制度的重要组成部分，因此，企业必须设计相应的成本核算制度，以保证成本核算工作的正常进行，促进成本管理水平的提高。

成本核算制度设计，是指根据国家的有关会计法规制度，结合企业的生产特点和成本管理需求，制定成本核算方面的有关制度。成本核算，表面上看似乎就是对生产过程中发生的各项费用进行的汇集和分配，但是，从整个会计工作中看，成本核算是一项涉及业务领域最宽、核算内容最复杂、核算结果最重要的核算，成本核算制度必须涉及成本核算的事前、事中和事后事项，并强调算管结合，因此，这套制度应包括如下主要内容：

（1）成本核算方法和成本项目的设计；

（2）成本核算基础制度的设计；

（3）成本核算对象的设计；

（4）成本计算期的设计；

（5）生产费用归集和分配方法的设计；

（6）成本报表的设计。

二、成本核算制度设计的意义

成本的高低，直接决定着企业经济效益的好坏。在其他因素一定的情况下，成本愈高，盈利愈少；成本愈低，盈利愈多。加强成本核算是节约费用支出、降低产品成本、扩大经营利润、提高经济效益的需要。因此，设计成本核算制度的意义，可归纳为以下几方面：

（1）保证成本核算和成本管理工作的有序进行。成本核算制度包括成本预测、核算、控制、分析和考核等内容，健全的成本核算制度不仅可以为生产费用的确认、计量提供指导依据，规范汇集和分配生产费用、计算产品成本的行为，监督和考核生产费用预算执行情况，正确反映产品成本水平，而且还可以依据成本核算资料，分析成本升降的原因，落实成本管理责任制，加强对产品生产事前、事中、事后的全过程控制，从而促进企业经营管理的全面改善和经济效益的全面提高。

（2）优化企业会计工作。设计完善的成本核算制度，不仅有利于成本核算和成本管理工作的顺利进行，而且可以通过完善材料领用、固定资产折旧、工资结算分配、各种费用确认、损益计算等方面的会计制度，实现会计制度的统一完整，从而促进整个会计工作的优化。

（3）保障产品定价的合理性。设计科学合理的成本核算制度，能够保证产品成本的真实性和可靠性，防止弄虚作假，减少和避免工作中的失误，因而有利于制定各种产品的价格。

三、成本核算制度设计的原则

为了保证成本核算制度的科学性、完整性和有效性，在设计成本核算制度时应当遵循以下原则：

（一）合法性原则

《企业会计准则》（2006）、《企业产品成本核算制度（试行）》等会计规范对企业的成本计算方法、成本核算对象、成本项目以及产品成本归集、分配和结转方法等均作了明确的规定，是企业设计成本核算制度的依据和准绳。各企业在设计本企业的成本核算制度时，必须严格贯彻执行，不得与此相抵触。否则，各企业的成本信息将失去统一性，降低企业间会计财务状况、经营成果和成本等财务信息的可比性，影响国家宏观调控和企业经营管理措施的改进。

（二）适应性原则

由于各企业产品生产过程的特点、生产经营组织的类型、产品种类的繁简和成本管理的要求不同，制定的成本核算制度也应有所不同。因此，各企业必须在强调统一性的同时体现各企业的生产经营特点，注重制度的适用性，将制度的统一性与适用性有机结合起来，以适应各企业的具体情况，设计出科学合理的成本核算制度。例如，企业成本计算方法的设计在很大程度上取决于企业的生产类型和产品的生产工艺组织特点，单步骤大量生产的企业应采用品种法，单件小批生产的企业应采用分批法，连续加工式生产的企业应采用分步法。

（三）简化性原则

要正确地归集和分配生产费用、计算产品成本、为经营管理提供准确的成本信息，必须具有严密、完整的成本核算制度。但是，为了保证成本信息的及时性，简化会计工作，提高工作效率，必须在设计成本核算制度时坚持保证成本指标真实可靠与简化手续相结合的原则，一些对成本影响不大的费用支出尽可能地采用简化的方式。例如，许多低值易耗品价值低、使用年限短、其一次进入产品成本还是分次进入产品成本对成本信息的影响很小，因此，设计与此有关的成本核算制度时应考虑“一次摊销法”。

(四) 全面性原则

成本核算制度应当保证和促进成本管理各项职能的充分发挥。成本管理的职能，一般包括成本预测、成本计划、成本控制、成本核算、成本分析和成本考核等。它们相互联系，共同促进成本管理工作的改善，充分发挥这些职能，有利于控制各种生产费用的支出，降低产品成本。为此，成本核算制度的设计，必须坚持有利于提高成本管理水平的原则。

第二节　成本核算方法和成本项目设计

一、成本核算方法的设计

成本核算方法是用来规范成本开支范围的专门方法。新中国成立以来，我国制造业企业经历了两种成本核算方法。

(一) 完全成本法

1993 年 7 月 1 日以前，我国成本开支范围中包括企业行政管理部门发生的经营管理费用、销售费用、银行借款利息，不包括职工付出超额劳动而得到的奖金部分，由于成本开支范围涉及生产经营活动的全过程，成本核算的空间领域为整个企业，因而将这种成本计算方法称为完全成本法。

(二) 制造成本法

1993 年 7 月 1 日以后，我国进行了会计改革，与国际会计惯例接轨，产品成本核算采用制造成本法，在制造成本法下，产品成本包括企业在生产产品过程中所发生的材料费用、职工薪酬等，以及不能直接计入而按一定标准分配计入的各种间接费用。很显然，与完全成本法相比，制造成本法把原属于成本开支范围的行政管理费用、财务费用和销售费用划分出来，作为期间费用直接计入当期损益，成本核算的空间领域为加工制造产品的生产车间，成本内容只包括与产品生产直接相关的耗费。这样，随着成本开支范围的缩小，不仅简化了成本核算工作，而且提高了成本计算的准确性，正确考核企业生产经营单位的成本管理责任，方便了成本预测和成本决策，强化了成本管理。

二、成本项目的设计

成本项目，是指产品成本的构成要素，是根据国家会计规范和企业管理的要求，对计入产品成本的生产费用按照经济用途和生产要素内容相结合的原则或者成本性态等所进行的分类。根据《企业产品成本核算制度（试行)》的规定，在制造成本法下，制造企业一般设置直接材料、燃料和动力、直接人工和制造费用等成本项目。

(1) 直接材料，是指构成产品实体的原材料以及有助于产品形成的主要材料和辅助材料。

(2) 燃料和动力，是指直接用于产品生产的燃料和动力。

(3) 直接人工，是指直接从事产品生产的工人的职工薪酬。其包括应支付给生产工人的工资、奖金、津贴、补贴、职工福利费、医疗保险费、工伤保险费、生育保险费、住房公积金、工会经费、职工教育经费、职工带薪缺勤、短期利润分享计划、非货币性福利、长期带薪缺勤、长期残疾福利和长期利润分享计划等项目。

（4）制造费用，是指企业为生产产品和提供劳务而发生的各项间接费用，包括企业生产部门（如生产车间）发生的办公费、水电费、固定资产折旧、无形资产摊销、机物料消耗、管理人员的职工薪酬、经营性固定资产租赁费、劳动保护费、国家规定的有关环保费用、季节性和修理期间的停工损失等。

需要指出，各企业在设计成本项目时，可根据自己的生产特点和管理需求，在上述四个项目的基础上拆分、合并、增加、删减。如果企业消耗的燃料和动力比重较大，可将“燃料和动力”项目一分为二，设置“燃料”、“动力”两个成本项目；对于管理中要求单独进行废品损失和停工损失核算的企业，可增加设置“废品损失”和“停工损失”成本项目；如果企业的零件经常委托外单位加工且费用开支大，可设置“外部加工费”成本项目；如果企业属于多步骤生产的企业，可增加“自制半成品”成本项目；如果企业发生的某些专用费用较多，可设置“专用费用”项目；如果企业有大量的间接费用需要单独核算，可设置“间接费用”或“其他间接费用”项目。此外，对于企业内部管理有相关要求的，还可以按照现代企业多维度、多层次的成本管理要求，利用现代信息技术对有关成本项目进行组合，输出有关成本信息。总之，要想使成本项目设计得科学合理，便于成本核算使用，必须兼顾企业的具体情况。

第三节　成本核算基础制度设计

成本核算基础制度是保证企业日常成本核算工作顺利进行的前提。主要内容包括：

一、定额管理制度

产品的消耗定额是企业根据本单位目前的设备条件、技术水平和管理水平，对生产产品所消耗的物化劳动和活劳动确定的消耗标准，属于成本预算范畴。制定消耗定额的目的是为成本费用的控制提供一个切实可行的目标，以此为标准实施成本管理，加强成本管理的计划性，减少盲目性；加强主观性和可预测性，减少被动性。在制造成本法下，需要制定的消耗定额主要有：

（1）物资消耗定额，包括原材料、燃料、动力等的消耗定额。

（2）劳动消耗定额，包括产品生产工时定额、劳动生产率、停工率等方面的定额。

（3）设备利用定额，包括各种机器设备的利用率（或平均开工时间）等。

（4）制造费用消耗定额，包括各制造费用项目的消耗定额，制定时，应划分制造费用项目分别进行，对发生数额较大的力求精确，不常发生且数额不大的费用可适当估算。

二、原始记录制度

原始记录是直接反映产品生产活动的第一手资料，是成本核算的基础，也是定额管理制度的必要补充。进行成本核算，开展成本分析等，都必须根据内容齐全、数字可靠的原始记录，这就要求会计部门在进行成本会计工作之前，必须设计健全的原始记录制度，通过设计相应的记录凭证，并最好责成专人负责记录，以保证成本核算的第一手资料真实可靠。原始记录制度主要包括材料领用、工时消耗、设备运转、动力消耗、零部件和半成品内部转移、废品发生、质量检验、产品入库以及财产清查的盘盈盘亏等方面的记录制度。

需要指出，成本核算工作涉及企业的许多生产部门和职能管理部门，建立原始记录制度，是由企业内部的生产技术、供应、销售、劳资、设备、质检、车间和会计等部门共同完成的，因此，保证制度的贯彻落实，也必须由各有关部门通力合作，如材料领用、产品入库要由仓库记录，设备运转、工时消耗要由生产部门记录，质量检验结果要由质检部门记录等。只有各个部门根据规定的制度，并按一定的程序将记录结果传递到会计部门，才能保证成本核算的规范进行。

三、材料的收发、领退和清查制度

材料的收发、领退和清查制度是指在进行材料的收发、领退和清查工作时，要有原始凭证、业务流程、经办人签字、审批手续，对于财产清查还应涉及清查时间和报批手续等内容。只有建立健全的材料收发、领退和清查制度，才能保证材料、在产品和产成品的账实相符以及成本信息的真实、正确和可靠，有效防止停工待料或积压浪费，并明确当事人的经济责任。

四、内部结算制度

内部结算制度是指企业内部各部门之间发生经济往来时，按照价值规律要求和物质利益原则进行计价结算的一种内部经济核算制度。实行内部结算制度，有利于明确企业内部各部门的经济责任，考核其工作业绩，促进各部门节约费用开支，降低成本。要开展内部结算，必须制定内部结算价格，对企业内部原材料、燃料、在产品、半成品、劳务等在各部门的转移按照计划价格结算。内部结算价格如何制定，应根据企业的管理要求，但一般应以各种材料和产品的计划单位成本或计划单位成本加上预测的利润为结算价格。由于内部结算价格制定得合理与否，直接影响各部门的工作业绩和工作积极性，它是内部结算制度是否行之有效的关键。因此，必须征求各方面的意见，掌握各方面的资料，妥善制定，一经制定应保持相对稳定，不得朝令夕改。

第四节　成本核算对象和成本计算期设计

一、成本核算对象的设计

（一）影响成本核算对象设计的因素

成本核算对象是指成本核算过程中为归集和分配费用而确定的承担费用的载体，通常包括产品、劳务或工程项目等。合理确定成本核算对象是设置生产成本明细账、归集和分配生产费用以及正确计算产品成本的前提。通常情况下，设计产品成本核算对象应考虑如下因素：

（1）产品生产组织方式。产品生产组织方式是指企业在较长时期内生产同种（或同类）产品的重复方式，通常可分为三种类型：

①大量生产。表现为经常不断地重复生产同种或同类产品，且生产数量较大。

②成批生产。表现为周期性地重复生产同种或同类产品，按生产批量的大小又可分为小批生产和大批生产，其中小批生产类似于单件生产，大批生产类似于大量生产。

③单件生产。生产数量少，产品不重复或很少重复生产。

实践中，上述三种组织方式又组合为大量大批生产、小批单件生产两种方式。一般情况下，大量大批单步骤生产的企业宜以产品品种为成本核算对象，而小批单件生产的企业宜以每批或每件产品为成本核算对象。

（2）产品生产工艺特点。产品生产工艺特点是指企业产品生产工艺过程的复杂程度，通常分为以下两种类型：

①单步骤生产，又称简单生产，是指产品从原材料投入到产品完工，其生产工艺过程不能间断，或者由于工作地点限制不便于分散在几个不同地点进行生产，如采煤、发电等企业。单步骤生产的企业宜以产品品种为成本核算对象。

②多步骤生产，又称复杂生产，是指在生产工艺上可以间断，由若干生产步骤组成的生产，一般分为多步骤连续式加工和平行式加工两种类型。前者的特点是每一生产步骤的半成品依次转移到下一步骤加工，最后的生产步骤制造出产成品；后者的特点是各生产步骤的半成品全部交由最后生产步骤组装成产成品，所以也称装配式生产。多步骤生产的企业因每一个生产步骤都产生一种半成品，所以宜以各步骤半成品为成本核算对象。

实践中，产品生产的组织方式和生产工艺又组合为大量大批单步骤生产、大量大批多步骤生产、小批单件单步骤生产和小批单件多步骤生产等四种类型，如图 9-1 所示。

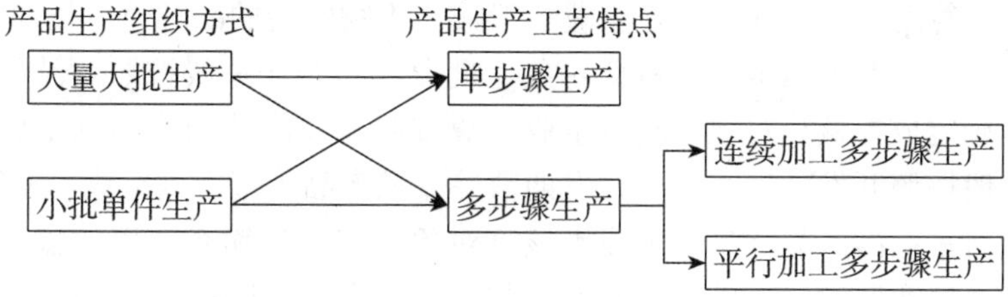

图 9-1 生产类型关系图

（二）成本核算对象的具体设计

针对制造企业的生产组织形式和工艺特点，一般按照产品品种、批次订单、生产步骤或产品类别等确定成本核算对象。具体设计方法如下：

（1）以每批或每件产品为成本核算对象。对于小批单件生产产品的企业，每一批次或单件产品为一个独立的生产循环，费用的承担者较为明确，生产工艺的繁简不会影响成本的归集、分配和结转，一般适合于以每批或每件产品为成本核算对象，如飞机制造企业、轮船制造企业等。

（2）以产品品种为成本核算对象。对于大量大批单步骤生产产品的企业，其生产的特点是工艺简单、生产不间断地进行，费用的承担者不像小批单件生产产品的企业那样明确，涉及成本的归集、分配和结转问题，一般适用于以产品品种为成本核算对象，如矿山开采企业。对于管理上不要求分步提供有关生产步骤成本信息的大量大批多步骤生产的企业，也视同单步骤生产，以产品品种为成本核算对象，如服装加工企业。

（3）以每种（批）产品及各生产步骤为成本核算对象。对于多步骤加工且管理上要求分步提供有关生产步骤成本信息的，既需要计算产成品的成本，又必须计算各步骤的半成品成本，所以一般按照每种（批）产品及各生产步骤确定成本核算对象，如汽车制造企业、机械制造企业、电视机生产企业等。

（4）以产品类别为成本核算对象。对于产品规格繁多的，可以将产品结构、耗用原材料和工艺过程基本相同的产品，适当合并为一类产品作为成本核算对象，如食品加工企业。

需要强调的是：

第一，成本核算对象确定得是否合理，直接影响产品成本的准确性和成本计算的工作量以及成本信息的及时性。因此，各企业在确定成本核算对象时，应当坚持“分别主次、区别对待、主要从细、次要从简、细而有用、简而有理”的原则，在保证成本信息准确、及时的前提下，尽量简化。

第二，考虑到企业生产工艺越复杂，成本核算工作量越大、核算越复杂，在设计成本核算制度时，还应考虑成本核算的组织形式（或成本核算体制）问题，一般采用二级核算制。

第三，理论上通常按照成本核算对象界定成本计算方法，如以产品品种为成本核算对象，则成本计算方法为“品种法”；如以批次订单为成本核算对象，则成本计算方法为“分批法”；如以生产步骤为成本核算对象，则成本计算方法为“分步法”；如以产品类别为成本核算对象，则成本计算方法为“分类法”。

除制造企业外，其他需要进行成本核算的行业也需要根据生产经营特点和成本管理要求，确定成本核算对象。例如，农业企业一般按照生物资产的品种、生长期、批别、与农业生产相关的劳务作业等确定成本核算对象。批发零售企业一般按照商品的品种、批别、订单、类别等确定成本核算对象。建筑企业一般按照订立的单项合同确定成本核算对象。房地产企业一般按照开发项目、综合开发期数并兼顾产品类型等确定成本核算对象。采矿企业一般按照所采掘的产品类型确定成本核算对象。交通运输企业以运输工具从事货物、旅客运输的，一般按照航线、航次、单船（机）、基层站段等确定成本核算对象；从事货物等装卸业务的，可以按照货物、成本责任部门、作业场所等确定成本核算对象；从事仓储、堆存、港务管理业务的，一般按照码头、仓库、堆场、油罐、筒仓、货棚或主要货物的种类、成本责任部门等确定成本核算对象。信息传输企业一般按照基础电信业务、电信增值业务和其他信息传输业务等确定成本核算对象。软件及信息技术服务企业的科研设计与软件开发等行业一般按照科研课题、承接的单项合同项目、开发项目、技术服务客户等确定成本核算对象。文化企业一般按照制作产品的种类、批次、印次、刊次等确定成本核算对象。其他行业企业应当比照以上类似行业的企业确定产品成本核算对象。

二、成本计算期的确定

成本计算期，也称成本计算间隔期，是指计算产品或劳务等成本时，对发生的费用计入产品或劳务等成本的时间界限。成本计算期的确定，主要受产品生产周期的影响，一般有两种方法：

（1）以会计期间作为成本计算期。这种成本计算期与编制月度会计报表的时间相一致，每月计算一次成本。一般适用于生产周期小于30天的大量大批组织生产的企业。

（2）以生产周期作为成本计算期。这种成本计算期从产品投产开始到产品完工为止计算一次成本，与编制月度会计报表的时间不一定相符，通常适用于小批单件组织生产的企业，或生产周期大于30天的大量大批组织生产的企业。

从理论上讲，以生产周期作为成本计算期有利于保证成本计算的准确性，但在生产周期短的企业里则不易采用，所以实际工作中较多选择会计期间，并通常以月为时间单位。

成本计算方法设计参考表9-1。

表 9-1 **成本计算方法设计参考表**

<table>
<tr><th>生产类型</th><th>成本核算对象</th><th>成本核算期</th><th>成本计算方法</th><th>成本指标</th><th>主要适用范围</th></tr>
<tr><td>大批大量单步骤生产</td><td>产品品种</td><td>会计期间</td><td>品种法</td><td>产成品成本</td><td>采煤、采矿、发电等企业</td></tr>
<tr><td>小批单件多步骤生产</td><td>产品批别或订单</td><td>生产周期</td><td>分批法</td><td rowspan="2">产成品成本
零部件成本</td><td>轮船、机车、飞机制造等企业</td></tr>
<tr><td>大批大量多步骤生产</td><td>各生产步骤</td><td>会计期间</td><td>分步法</td><td>机械、冶金、纺织、化工、电子等企业</td></tr>
<tr><td>多品种生产</td><td>产品类别（中间性）、产品品种（最终）</td><td>会计期间</td><td>分类法</td><td>产成品成本</td><td>服装、鞋帽、针织、陶瓷等企业</td></tr>
</table>

第五节 成本归集和分配设计

成本核算就是将企业在生产活动中发生的费用，能确定由某一成本核算对象负担的，按照所对应的产品成本项目类别，直接计入产品成本核算对象的生产成本；由几个成本核算对象共同负担的，选择合理的分配标准分配计入的过程，这一过程就是在进行成本的归集和分配。因此，成本归集和分配的设计应包括归集和分配程序的设计、分配标准和分配方法的设计。

一、成本归集和分配程序的设计

（一）按照制造成本法的要求，划清生产性费用和非生产性费用

在制造业企业，为制造产品而支出的直接费用和基本生产、辅助生产车间为组织和管理产品生产而发生的间接费用应归集计入产品成本，企业行政管理部门、销售部门、采购部门等非生产部门发生的各种费用，为筹集资金发生的筹资费用，以及与生产无关的其他各种支出，均不应列入产品成本，而作为当期损益列支。此外，各种资本性支出也不应计入产品成本。

（二）按照权责发生制原则，确定费用的受益期限

制造企业在一定时期内发生的生产费用，不一定都由该期生产的产品负担，有些费用虽在本期支付，但应由本期和以后几期生产的产品负担；有些费用应由本期产品负担，但在本期尚未支付。因费用的支付期和归属期不一致，这就需要我们在归集和分配时，必须根据费用的受益期限确定其归属期，解决是否计入本期产品成本的问题，以便在此基础上将属于本期的费用在各成本核算对象之间进行归集和分配。

（三）按照成本核算对象或成本归集中心，确定费用的受益对象

归集和分配的目的就是将应计入产品成本的各项目金额，最终归集到各成本核算对象上。在成本核算对象数量较多的企业，如多种产品品种、多个批次或多种产品类别，费用由哪个成本核算对象负担、负担多少，应根据各成本核算对象的受益程度决定，做到各成本核算对象负担的费用与其受益程度成正比。

需要指出的是，对于成本核算对象与成本归集中心不相一致的企业，生产费用的归集和分配则应根据各成本归集中心的受益程度决定。

（四）按照完工程度，确定完工产品和在产品各自负担的生产费用

归集和分配到各成本核算对象的费用，如果月末有未完工的产品，还需采用一定的方法，在完工产品和在产品之间进行分配，合理确定各自负担的部分。对于采用“品种法”、“分批法”和“分步法”的企业，可直接计算出各成本核算对象完工产品的成本；而采用“分类法”时则先按各类产品归集，然后再分配计入各种产品。

成本归集和分配的一般程序如图 9-2 所示。

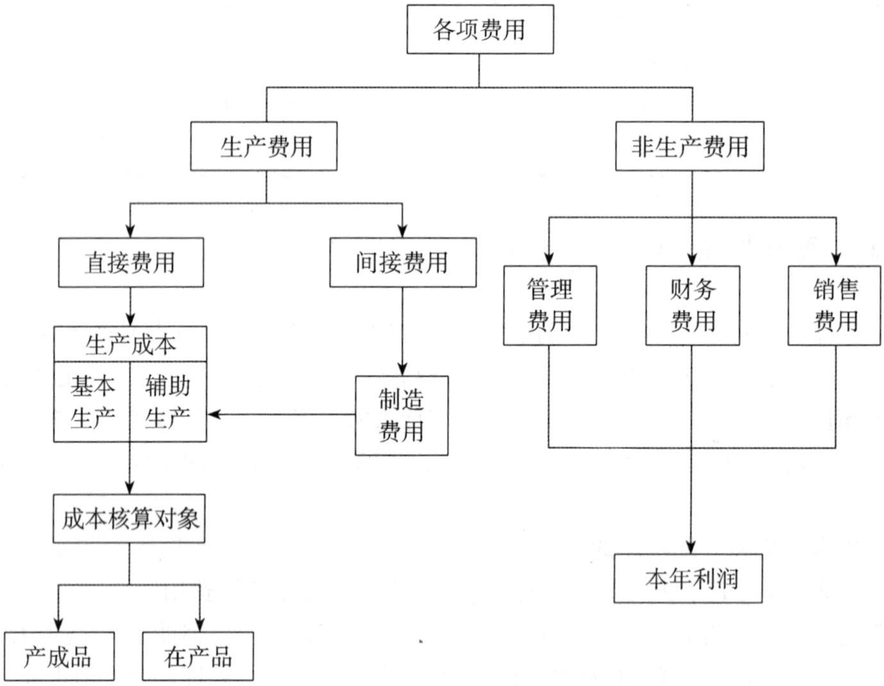

图 9-2 成本归集与分配程序图

图 9-2 中，“生产成本”、“制造费用”等表示费用在归集和分配时应记入的会计账户。从中不难看出，直接费用发生时可直接记入“生产成本”账户，如直接材料费用、直接人工费用等等；而间接费用发生后，需在“制造费用”账户中归集，并定期分配记入“生产成本”账户，期末计算出完工产品成本后，从“生产成本”账户转入“库存商品”账户，至此，费用的归集和分配即告结束。

需要指出，设计费用的归集和分配程序，不仅有利于了解和掌握成本计算的过程，而且在一定范围内说明了账务处理程序。这一程序必然需要设置相应的账户和进行成本计算，因此，设计成本的归集和分配程序，必须与有关的会计账户和成本计算方法联系起来。

二、生产费用分配的设计

生产费用分配包括直接材料费用的分配、直接人工费用的分配、辅助生产费用的分配、制造费用的分配、成本在完工产品和在产品之间的分配等内容。为保证成本信息的可靠性、合理性和可比性，无论哪一项费用的分配都应选择科学合理的分配标准和分配

方法。

（一）生产费用分配标准设计的原则

（1）相关性原则。即分配标准必须与待分配的费用有正相关关系，以保证成本信息的正确性。例如，在对直接人工费用进行分配时，应选择产品的生产工时作为分配标准，在对直接材料费用进行分配时，应选择单位产品消耗的材料重量或材料价值作为分配标准。

（2）简捷性原则。即分配标准数据的选取要容易、简单。

（3）相对稳定性原则。即分配标准一旦确定，就可保持一定时期的稳定不变，切忌朝令夕改，影响成本信息的可比性。

（二）生产费用分配标准和分配方法的具体设计

（1）直接材料费用分配标准和分配方法的设计。直接材料费用的分配标准一般为单位产品材料的定额消耗量或材料价值，通常称为定额消耗量比例法或定额费用比例法。燃料和动力费用的分配参照直接材料费用分配。

（2）直接人工费用分配标准和分配方法的设计。直接人工费用的分配标准一般为单位产品的定额工时，分配方法为定额工时比例法。

（3）辅助生产费用分配标准和分配方法的设计。辅助生产费用的分配可以采用直接分配法、交互分配法、计划成本分配法、顺序分配法和代数分配法等，各种分配计算方法虽然不同，但分配标准都是各受益部门的受益数量。具体如下：

①直接分配法，是将各辅助生产车间发生的费用，直接分配给辅助生产车间以外的各受益对象的一种分配方法。其特点是各辅助生产车间之间不进行费用的交互分配，只对外，不对内；优点是计算简单；缺点是计算结果不够准确、不公平。直接分配法适用于各辅助生产车间之间相互提供劳务不多，不进行交互分配对成本信息质量影响不大的企业。

②交互分配法，是首先将各辅助生产车间发生的费用在辅助车间之间进行交互分配，然后再将各辅助生产车间经交互分配之后的费用在辅助生产车间以外的各受益部门之间进行分配的一种分配方法。该方法的特点是先对内，后对外；优点是各辅助生产车间的费用在各受益部门之间进行了分配，分配结果准确、公平；缺点是如企业辅助生产车间数量较多，则计算较为繁琐，计算工作量较大。因此，一般适用于辅助生产车间数量较少、相互间提供劳务较多，如不进行交互分配会严重影响成本信息质量的企业。

③计划成本分配法，是按各辅助生产车间提供劳务的计划单位成本和实际受益数量进行分配，并将各辅助生产车间的实际费用与按照计划单位成本分配总额间的差额直接计入管理费用的一种分配方法。该方法的特点是对内对外同时分配；优点是不仅完全体现了交互分配，而且计算简单，便于考核各辅助生产车间的业绩；缺点是如计划单位成本确定不科学、不准确，会影响企业成本信息和利润信息的质量。该方法适用于辅助生产车间数量较多、相互间提供劳务较多、计划成本管理水平较高的企业。

④顺序分配法，是按辅助生产车间相互之间受益多少为序，先分配受益少的辅助生产车间的费用，然后再分配排列在后的辅助生产车间费用的一种分配方法。如某企业的供水、供电和供气三个辅助生产车间，供电车间耗用水、气都较少；供水车间耗用气较少，但耗用电较多；供气车间耗用电和水都较多。这样，企业就可以按照供电、供水和供气的顺序排列，依次分配供电、供水和供气车间的费用。该分配方法的优点

是计算简便，各种辅助生产费用只分配一次；缺点是排列在前的辅助生产车间不分配排列在后的辅助生产车间的费用，分配结果的准确性会受到一定影响。因此，该方法适用于各辅助生产车间数量较多，相互之间受益差异较大，不进行交互分配不会影响成本信息质量的企业。

⑤代数分配法，是根据解联立方程的原理，先计算确定各辅助生产车间的费用分配率，然后再根据各受益单位（包括辅助生产车间）耗用劳务的数量进行分配的一种分配方法。其特点是对内对外同时分配；优点是分配结果最为正确；缺点是辅助生产车间较多的情况下，未知数较多，计算工作较为复杂。因而适宜在计算工作已实现电算化的企业采用。

(4) 制造费用的分配标准和分配方法的设计。基本生产车间的制造费用可以采用产品的生产工时、机器工时、生产工人的工资、年度计划分配率等传统的分配标准进行分配。对于信息技术应用水平较高的制造业企业，还可以根据自身经营管理特点和条件，利用现代信息技术，采用作业成本法对制造费用进行归集和分配。

(5) 废品损失分配标准和分配方法的设计。对于管理上要求单独核算废品损失的企业，可根据废品实际成本或定额成本法，扣除回收残料价值和责任人赔偿部分计算废品损失。

(6) 停工损失分配标准和分配方法的设计。对于管理上要求单独核算停工损失的企业，可根据停工时间计算停工期间发生的材料费用、人工费用和制造费用，在扣除过失单位或保险公司负担的赔款后，计算停工净损失。

(7) 成本在完工产品和月末在产品之间分配标准和分配方法的设计。以会计期间为成本计算期的企业，经常会出现既有完工品又有月末在产品的情况，这时，就需要选择恰当的分配标准将已归集到某产品的生产费用在该产品的完工产品和月末在产品之间进行分配。常用的分配标准和分配方法如下：

①不计算月末在产品成本。该方法适用于月末在产品数量很少且成本很低的企业。

②月末在产品成本按年初数固定计算。该方法适用于各月生产任务和费用消耗稳定，且月末在产品数量相差不多的企业。

③月末在产品成本只计算所耗原材料费用。该方法适用于月末在产品数量较大，且原材料费用在总成本中占绝对比重的企业。

④月末在产品成本按完工产品成本计算。该方法适用于月末在产品数量较多，且已基本接近完工的企业。

⑤月末在产品成本按约当产量计算。该方法简称约当产量法，适用于月末在产品数量较多、各月间在产品数量变化较大、各成本项目占总成本的比重相差不多，且在产品完工率较低的企业。

⑥月末在产品成本按定额成本计算。该方法简称定额成本法，适用于各月在产品数量变化不大、定额管理水平较高、各项费用的消耗定额比较准确和稳定的企业。

⑦月末在产品成本按定额费用比例计算。该方法简称定额比例法，适用于各月在产品数量变化较大、定额管理水平较高、各项费用的消耗定额比较准确和稳定的企业。

第六节 成本核算流程设计

一、成本核算基本流程

成本核算，就是依据国家相关会计规范，结合企业自身行业特点和管理要求，按照成本核算对象将生产费用进行归集和分配，并计算出其成本的过程。其一般流程设计如下：

（一）审核原始凭证，确定费用归属

根据审核无误的原始凭证和费用的受益对象，确定费用的归属期和归属对象。对于基本生产车间发生的可直接计入成本的直接材料费用和直接人工费用，直接记入“生产成本——基本生产成本”账户，如需要分配，应先编制“直接材料费用分配表”、“直接人工费用分配表”、“燃料及动力费用分配表”在各核算对象之间进行分配后计入；对于间接计入的费用，先记入“制造费用——基本生产车间”账户，月末经分配后转入“生产成本”账户，并登记相关账户的总账和明细账。对于辅助生产车间发生的费用，先记入“生产成本——辅助生产成本”、“制造费用——辅助生产车间”账户，并登记相关账户的总账和明细账。

（二）根据受益情况，编制费用分配表

（1）月末，编制“辅助生产车间制造费用分配表”，将“制造费用——辅助生产车间”账户的金额分配转入“生产成本——辅助生产成本”账户，并登记相关账户的总账和明细账。

（2）月末，编制“辅助生产费用分配表”，根据确定的费用分配方法，将本月发生的辅助生产费用在各受益对象之间进行分配，对于各成本核算对象应负担的辅助生产费用，先记入“制造费用——基本生产车间”账户，并登记相关账户的总账和明细账。

（3）月末，编制“基本生产车间制造费用分配表”，根据确定的费用分配方法，将本月发生的制造费用在各成本核算对象之间进行分配，记入“生产成本——基本生产成本”账户，并登记相关账户的总账和明细账。

（4）月末，编制“废品损失计算表”，根据确定的废品损失计算方法，计算废品净损失，并转入“生产成本——基本生产成本”账户，并登记相关账户的总账和明细账。

（5）月末，编制“停工损失计算单”，计算停工净损失，转入“生产成本——基本生产成本”账户，并登记相关账户的总账和明细账。

（三）根据完工情况，编制“完工产品成本计算单”

月末，根据完工情况和确定的费用分配方法，编制“完工产品成本计算单”，计算完工产品成本和月末在产品成本，将完工产品成本转入“库存商品”账户。

二、成本核算流程的具体设计

（一）品种法

采用品种法计算产品成本，如果只生产一种产品，则只需要设立一张成本计算单，将发生的全部费用直接计入该产品成本，不需进行分配；如果生产多种产品，就需要按品种分别设立成本计算单，直接费用直接计入各种产品成本，间接费用按照一定的方法分配计入各种产品成本。如果月末没有在产品，则各成本计算单上归集的费用就是完工产品成本；如果月末有在产品，还需将成本计算单上汇集的费用在产成品和在产品之间进行分配。在品种法下，成本计算的一般程序是：

（1）按产品品种设置生产成本明细账或成本计算单，并分别成本项目设置专栏。

（2）分配生产费用，编制各种费用要素分配表。对于直接材料费用、直接人工费用，应直接计入各产品的成本计算单；对于间接费用，如制造费用应按一定的标准分配计入不同产品之中。

（3）将成本计算单中归集的费用在完工产品和在产品之间进行分配，确定产成品成本。完工产品应负担的各种费用加总后，就是完工产品的总成本，除以完工产品的数量即为每一完工产品的单位成本。

（二）分批法

小批组织生产的产品，通常不需要计算在产品成本，因此应采用分批法，以每批产品或每一“订单”作为成本核算对象。在计算成本时，即使是相同产品，只要批别不同，也要划分费用，对于直接费用，应直接计入各批别的成本，如果是几批产品共同负担的费用，则应分配计入。分批法下成本计算的程序一般为：

（1）按产品批别或每一订单设置成本明细账或成本计算单，并分别成本项目设置专栏。

（2）分配生产费用。首先在反映直接费用的原始凭证上注明订单号或产品批号，反映间接费用的原始凭证上注明发生地点。然后将直接费用按凭证所标批别或订单直接计入各批产品的成本计算单，间接费用则先归集到有关账户中，采用合理的分配标准，分配计入各批产品的成本计算单。

（3）产品完工时，汇总各批次产品成本计算单中的费用总额，确定完工产品的总成本和单位成本。

（三）分步法

（1）逐步结转分步法成本核算流程的设计。逐步结转分步法又称顺序结转分步法，是按照产品生产步骤的顺序，计算并结转半成品成本，上一生产步骤的半成品成本随半成品实物转移到下一步骤的产品成本中，直到最后步骤累计计算出产成品成本。其计算成本的程序一般是：

①设置成本明细账或成本计算单。在一个车间为一个步骤的企业，应在各车间按产品品种设置；如果一个车间里又有若干步骤，还应在成本计算单中按加工步骤设置专栏，以便分别归集各加工步骤的费用。

②归集生产费用，计算各步骤在产品成本。首先将发生的费用按各生产步骤进行归集，然后把各步骤的费用直接或分配计入各种产品的成本计算单，领用上步骤的半成品要全部计入本步骤的成本计算单，以便确定各步骤的在产品成本。

③结转半成品成本。将各步骤生产费用总额减去该步骤在产品成本后计算出半成品的成本，从本步骤成本计算单内转销后记入下一步骤的成本计算单。

④进行成本还原。即将最后生产步骤投入的半成品还原为具体的成本项目。

⑤计算完工产品成本。即在成本还原后，加上最后步骤的各项费用，求出其生产费用总额，再扣除最后步骤的在产品成本，计算出最后的完工产品成本。

逐步结转分步法的成本计算程序如图 9-3 所示。

（2）平行结转分步法成本核算流程的设计。平行结转分步法与逐步结转分步法的主要区别：各步骤只计算本步骤的加工费用，一般不计算完工半成品的成本，半成品成本不

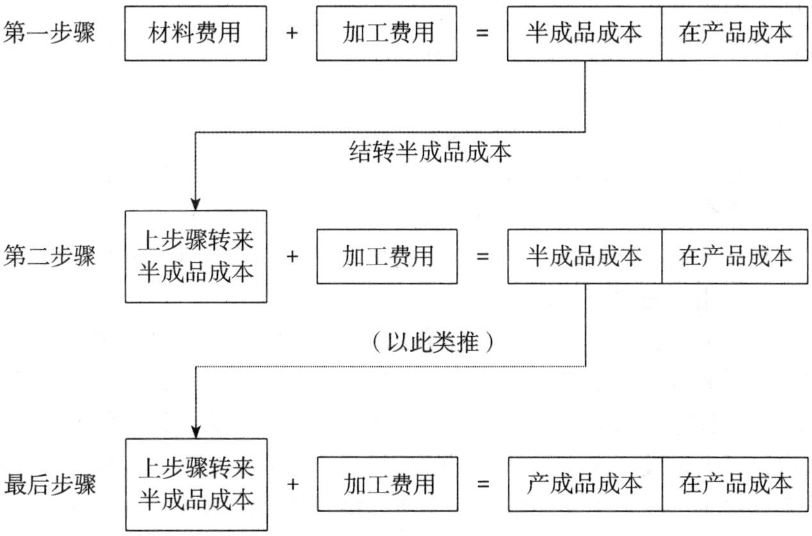

材料费用 = 直接材料 + 燃料和动力

加工费用 = 直接人工 + 制造费用

图 9–3　逐步结转分步法成本计算程序

随着半成品实物向下一步骤转移，各步骤应计入产成品的加工费用，平行地计入产成品成本，再加上原材料成本即可计算出产成品的成本。采用这种方法，半成品成本不随半成品实物的转移而结转，仍留在各加工步骤的成本计算单内，直到最后加工成产成品才将其成本从各步骤中转出来。平行结转分步法成本计算的具体程序是：

①设置成本计算单。其要求与逐步结转分步法基本相同。

②归集和分配生产费用。其具体方法和要求与逐步结转分步法类同。

③计算各步骤的单位半成品加工费用，并确定应计入产成品的费用数额。

④计算产成品成本和在产品成本。由于各步骤计入产成品的费用数额已经确定，所以只要把它们加总起来就是产成品成本，而各步骤归集的费用总额扣除计入产成品的部分，所剩余额即是在产品成本。

平行结转分步法下的成本计算程序如图 9–4 所示。

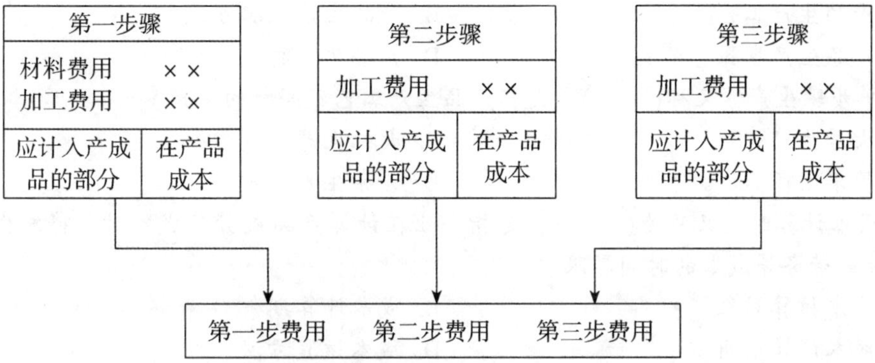

图 9–4　平行结转分步法成本计算程序

（四）分类法

对于多品种生产的情况，不论生产组织方式、生产工艺过程特点如何，为了简化成本计算过程，均可采用分类法。这种方法是上述三种基本方法的演变发展。因此，可采用其中任何一种方法，以各类产品作为中间成本核算对象，以各类产品中的每种产品作为最终成本核算对象，先按各类产品及其成本项目归集生产费用，计算出各类产品总成本后，再按一定的比例或系数分配计算每类产品中各品种的总成本和单位成本。至于该种方法的成本计算期，应根据其依附的基本方法决定，例如，在品种法基础上采用应为会计期间，而在分批法基础上采用则是生产周期。

此外，还有定额法、平行结转差异法等方法，都是在上述三种基本方法的基础上，结合定额成本（或计划成本）管理而采用的。它们的成本核算对象、成本计算期以及生产费用归集和分配的程序等都应根据基本方法确定，如同分类法一样，因此不再赘述。

需要指出，以上是设计成本核算方法的一般规律，而不是唯一的模式，具体设计某企业的成本计算方法时，可根据实际情况，变通和结合使用。因为任何一种方法都是以特定条件为依据的，即使是同一产品，在不同的企业或同一企业的不同时期，也可能因特定条件改变而采用不同的成本计算方法。同样，在同一个企业里，针对各种产品的生产特点不同，也可同时采用几种方法分别计算它们的成本。各企业在设计成本制度时，必须灵活掌握。

基本训练

一、单项选择题

1. 按制造成本法要求设计成本开支范围时，下列不属于成本开支范畴的是(　　)。

A. 直接材料　　B. 直接人工

C. 制造费用　　D. 期间费用

2. 在成本核算过程中，为归集和分配各项费用而确定的承担费用的载体，称为(　　)。

A. 成本核算对象　　B. 产品成本

C. 成本计算期　　D. 会计主体

3. 按照(　　)标准，可以将企业生产类型分为大量生产、成批生产和单件生产三类。

A. 产品生产工艺　　B. 产品生产组织方式

C. 产品生产步骤　　D. 产品生产种类

4. 单步骤生产，又称(　　)，是指产品生产工艺不间断的生产。

A. 大量生产　　B. 大批生产

C. 简单生产　　D. 复杂生产

5. 成本计算时间又称为(　　)，是指企业在计算产品或劳务成本时，将发生的费用计入产品或劳务等成本的时间界限。

A. 成本核算对象　　B. 成本计算期

C. 成本计算空间　　D. 成本核算方法

6. 在大量大批多步骤连续加工的企业，成本管理体制应采用二级核算，成本计算期为会计期间，成本核算对象应当为(　　)。

A. 产品加工步骤　　B. 产品加工品种
C. 产品加工批别　　D. 产品加工种类

7. 在大量大批多步骤平行加工的企业，成本管理体制应为二级核算，成本计算期为会计期间，成本核算对象应当为(　　)。

A. 产品加工步骤　　B. 产品加工品种
B. 产品加工批别　　D. 产品加工种类

8. 将一定时期内发生的全部生产费用按照其经济性质所做的分类，称为(　　)。

A. 成本项目　　B. 费用要素
C. 制造费用　　D. 期间费用

9. 将一定时期计入产品成本的生产费用按照其经济用途所做的分类，称为(　　)。

A. 成本项目　　B. 费用要素
C. 制造费用　　D. 期间费用

10. (　　)指企业基本生产车间和辅助生产车间为组织和管理生产而发生的各项间接费用。

A. 直接人工　　B. 直接材料
C. 制造费用　　D. 管理费用

二、多项选择题

1. 成本核算制度设计的主要内容包括(　　)。

A. 成本项目的确定　　B. 成本核算对象、成本计算期的确定
C. 生产费用的归集与分配方法的设计　　D. 成本计算方法的选择与确定
E. 成本报表的设计

2. 在制造成本法下，需要制定的各类消耗定额主要包括(　　)。

A. 材料消耗定额　　B. 工时定额　　C. 出勤定额
D. 设备利用定额　　E. 费用消耗定额

3. 按照产品生产组织方式的不同分类，企业的生产类型包括(　　)。

A. 大量生产　　B. 成批生产　　C. 单件生产
D. 单步骤生产　　E. 多步骤生产

4. 成本核算对象的选择，一般分为(　　)。

A. 以全厂作为成本核算对象
B. 以各生产车间作为成本核算对象
C. 以产品的各生产步骤作为成本核算对象
D. 以产品的各种类型作为成本核算对象
E. 以产品的生产批次作为成本核算对象

5. 一般制造业企业的产品成本项目可以包括(　　)。

A. 直接材料　　B. 直接人工　　C. 制造费用
D. 废品损失　　E. 期间费用

6. 下列属于制造费用的核算范围的有(　　)。

A. 生产车间管理人员的工资薪酬
B. 销售部门管理人员的工资薪酬

C. 生产车间计提的固定资产折旧费和修理费

D. 生产车间一般消耗的水费、电费、运输费等

E. 行政管理部门计提的固定资产折旧费

7. 产品成本计算的基本方法包括(　　)。

A. 品种法　　B. 分批法　　C. 分步法

D. 分类法　　E. 定额法

8. 生产费用归集与分配的基本程序是(　　)。

A. 费用要素的归集与分配，即按照费用发生的性质与种类进行归集与分配

B. 部门费用的归集与分配，即按费用发生的部门与用途进行归集与分配

C. 制造费用的归集与分配，即制造费用在各成本核算对象之间进行的归集与分配

D. 完工产品与期末在产品的成本分配

E. 各种产品成本的归集与分配

9. 分批法成本核算特点有(　　)。

A. 以产品的生产步骤作为成本核算对象

B. 以产品的生产批别作为成本核算对象

C. 以产品的生产周期作为成本核算期

D. 以会计期间作为产品的成本核算期

E. 一般要求计算各步骤的半成品成本

10. 分步法成本核算特点有(　　)。

A. 以产品的生产步骤作为成本核算对象

B. 以产品的生产批别作为成本核算对象

C. 以产品的生产周期作为成本核算期

D. 以会计分期作为产品的成本核算期

E. 一般要求计算各步骤的半成品成本

三、思考题

1. 试述成本核算制度设计的意义与内容。
2. 设计成本核算制度应当遵循哪些原则？
3. 成本开支范围应如何界定？
4. 成本核算对象如何确定？
5. 如何根据企业的生产特点选择成本计算方法？
6. 生产费用的归集和分配应符合哪些要求？其程序如何设计？
7. 费用要素和成本项目是何关系？如何分别设计？

四、制度设计题

(一) 资料：××公司为煤炭开发企业，主要从事煤炭加工及煤炭批发经营等业务，产品的品种包括原煤、洗煤、无烟煤和泥煤等。目前公司旗下设有 3 个洗煤厂、2 个堆煤场。其中，水洗煤厂占地约 20 000 平方米，其固定资产投资总额约 1 080 万元；干洗煤厂占地约 20 000 平方米，办公房建筑面积达到 7 000 平方米，其固定资产投资总额约 870 万元；综合洗煤厂占地 32 000 平方米，其固定资产投资总额约 1 800 万元。一号堆煤场占地 4 000 平方米，总投资约 25 万元；二号堆煤场占地 3 333 平方米，总投资约 18 万元。洗

煤厂拥有风式洗煤机2台、跳台式洗煤机2台、电子汽车衡3台、水洗精煤烘干设备1套。这些先进的设备构成了一流的生产流水线，大大地提高了工作效率和产品的质量。

要求：请结合该企业的生产组织特点设计成本核算制度。

（二）资料：××服饰有限公司是集设计、生产、研发、销售于一体的综合性服饰企业。公司由最初的60几台缝纫机和70几名员工的家庭式小作坊开始，经过几年的艰苦创业和公司所有员工的共同努力，以惊人的速度发展并建设成为拥有400多名员工和强大的分销网络系统，并在各省、自治区、直辖市设立营销网点的知名企业。公司拥有现代化的办公大楼和标准化的厂房，以及一流的先进生产设备，实现了面料、工艺、款式的完美结合。

企业服装加工流程为：接单、打样、裁剪、缝制、后整、包装、质检、入库或出运。

要求：请结合企业生产组织特点设计成本核算制度。

（三）资料：××汽车集团有限公司成立于1958年，是中国五大汽车集团之一。旗下拥有4家整车制造公司，以及涉及汽车零部件、汽车研发、新能源汽车、服务贸易、汽车人才培养等方面的17家子公司。企业发展的自主品牌，不仅注重产品的研发与制造绝不走“外包设计，拿来生产”的功利主义低端发展路线，而且要形成从产品研发、采购、生产制造到销售和售后服务的“全价值链”核心竞争能力。为此，企业建设了自主创新产业研发基地，极大提升了研发实力，同时在供应商管理、质量控制、销售网络开发等方面下大力气，努力提升自主品牌体系运营能力。

除了整车集成开发，企业生产打造了从整车到动力设备，及其他核心零部件等完整产业链。企业注重资源配置、产能节约、产业创新，企业战略管理力争占领行业领先地位，企业成本管理要求较高，要求产品成本信息及时可靠。

要求：请结合企业生产组织特点设计成本核算制度。

第十章

会计政策及其选择

学习目标

□知识目标

了解会计政策、宏观会计政策和企业会计政策的基本含义，明确我国现行会计准则中有关会计政策的规定，掌握选择会计政策的原因、立场和需要处理的关系。

□技能目标

掌握会计政策选择的要求和方法。能够结合案例企业的业务特点和管理要求，为其选择适当的会计政策。

第一节　会计政策概述

一、会计政策的定义

“政策”一词包括三个方面的含义：（1）政策是某一主体制定的，有意识地用以指导、影响某一方面工作的产物；（2）政策有预定的目标，并通过主体某一方面的活动直接或间接地予以贯彻实施；（3）政策是介于理论与实践之间，以正确的理论为指导，以现实状况为依据而制定的准则、规章、方法和措施。任何政策都是人们在一定的客观环境下，从主观愿望和目的出发，为达到一定目的或为实现一定目标而制定的，会计政策也不例外。一般认为，会计政策就是某一主体为指导会计工作、完成会计工作的任务、实现会计工作目的而制定的有关会计核算和会计报告的具体原则和具体会计处理方法。

关于会计政策的理解，目前因政策制定主体不同有如下两种观点：

1. 企业主体观，该观点认为企业是会计政策的制定主体。较具有代表性的解释有：①1975 年 1 月公布的《国际会计准则第 1 号——会计政策的说明》中对会计政策的定义，说明中指出：“包括在编制会计报告时，管理人员所采用的原则、基础、惯例、规则和程序。即使同一题目，在使用中也有许多不同的会计政策，需要根据企业的具体情况选用最能恰当地表明其财务状况和经营成果的政策。”②我国在 2006 年发布的《企业会计准则第 28 号——会计政策、会计估计变更和差错更正》中对会计政策的定义为：“会计政策，是指企业在会计确认、计量和报告中所采用的原则、基础和会计处理方法。”

2. 双层主体观，该观点认为会计政策的制定主体包括有权制定会计准则的权力机关和企业两个主体。较具有代表性的解释是美国财务会计准则委员会于 1980 年 5 月发表的《会计信息质量特征》专辑中所指出的：“人们所作的各种会计抉择至少有两个层次。第一个层次是本委员会所作的抉择，或其他有权作出规定的机构所作的抉择，要求企业按照某些特定的方法提供报告，或者从反面来规定，禁用它们认为不适当的方法。第二个层次是各种抉择还在个别企业这一层次中作出。随着公布的会计准则越来越多，个别企业抉择的范围不可避免地会变得越来越窄。但是编制报告或在奉行准则时，在各种允许方法中作一抉择，不仅现在如此，将来也会如此。”

从企业主体观来看，该观点强调企业在会计政策制定中的自主权，认为企业是生产经营的主体，会计政策的制定是企业自己的事情，企业有完全和充足的理由制定适用于自己的会计政策，无需他人的干涉。从某种程度上讲，如果我们站在强调会计职业自律的角度，该观点确实有一定道理，因为对于强调会计职业自律的国家来讲，由民间职业团体所制定的会计规范并不具有法律效力，仅仅是一种指导性的规范而已，只有被企业接受的会计规范才能发挥作用。但从国民经济运行的全局出发，会计事务并非完全是企业自身的事情，会计工作秩序的好坏和工作质量的高低，会直接影响到整个国民经济的运行状况，甚至会影响到国家社会的安定和政治的稳定，这种完全忽视国家政府机关或权力机构在会计管制中的作用的观点是不可取的。从一些西方国家成立由会计职业团体和利益集团代表所组成的会计准则委员会来看，其制定和发布会计准则的目的也是规范企业会计工作，以最大限度地减少由企业自行制定会计政策所带来的种种问题，提高企业会计信息的有用性。因而，撇开上层干涉，片面强调企业对会计政策的决定权，也是不现实的。近些年，一些国家已改组了会计准则的制定机构，逐步确立政府部门在会计准则制定机构中的地位，或政府部门越来越多地参与会计准则的制定。有的国家通过设立会计准则的审查机构，审定民间机构制定的会计准则，以增强其法律效力，约束企业会计政策选择的范围。这足以说明这些国家在逐步加强政府对企业会计工作的监管力度，美国财务会计准则委员会在《会计信息质量特征》中对会计政策所下的定义也充分证明了这一点。所以说，在西方国家片面强调企业对会计政策制定的自主权是不符合时代潮流的一种观点。而对于由国家政府机关对会计进行管制的集中与立法型的国家（如中国、日本、法国和德国）来讲，由于任何会计规范自颁布之日起就具有法律效力，企业只能在国家会计规范的指导和约束之下进行选择，无权超越国家会计规范去自主抉择，企业主体观显然是不正确的。

综合上述分析，我们认为，双层主体观是目前比较符合现实环境和会计发展趋势的一种观点。双层主体观强调国家的会计政策应是一个由上下两个层次构成的完整的系统，上层为由国家或有权制定会计政策的机构制定的会计政策，我们可以称之为国家会计政策或宏观会计政策，下层为由企业在国家或有权制定会计政策的机构制定的会计政策指导和约束下制定的适合于企业具体情况的会计政策，我们可以称之为企业会计政策或微观会计政策。正确理解会计政策的层次性，将有利于我们对会计政策的正确运用。

二、宏观会计政策

宏观会计政策是指由国家政府机关或有权制定会计政策的机构，在现实的政治、经济、法律环境下，对企业进行会计核算和编制财务报表所应遵循的会计原则和所应采用的具体会计处理方法作出的规范。一般由国家政府机关或有权制定会计准则的权力机构通过会计制度或会计准则予以发布。它体现的是国家意志，具有普遍的可选择性、适用性、指导性和较强的约束性等特点，尤其对于由国家政府机关制定发布的会计政策，则更具有法律约束力。考虑到宏观会计政策的地位和作用，任何一个国家的宏观会计政策都应做到既具有现实性，同时又必须有一定的前瞻性和先进性，以避免政策的朝令夕改。

宏观会计政策中所指的会计原则是指某一类会计业务所应遵循的特定原则，而不是笼统地指所有的会计原则。如谨慎性原则、重要性原则、实质重于形式原则、客观性原则、及时性原则、历史成本原则等属于会计核算一般原则，不属于特定会计原则。一般会计核算原则不属于宏观会计政策，因为它是为了满足会计信息质量要求而进行的统一规定，企业必须遵守，没有选择余地。宏观会计政策中所指的具体会计处理方法是指对某一类会计业务所允许使用的各种会计处理方法，如果对某一类会计业务的处理只存在一种具体处理方法，则不能称其为宏观会计政策。所以说，可选择性应是宏观会计政策的首要特点。宏观会计政策的主要类型有如下几项：

1. 合并政策，是指编制合并财务报表所采纳的原则。例如，母公司与子公司的会计年度不一致的处理原则，合并范围的确定原则，母公司和子公司所采用会计政策是否一致等等。

2. 外币折算政策，是指外币折算所采用的方法，以及汇兑损益的处理。例如，外币报表折算是采用现行汇率法，还是采用时态法或其他方法。

3. 收入确认政策，是指收入确认的原则。例如，建造合同是按完成合同法确认收入，还是按完工百分比法或其他方法确认收入。

4. 存货政策，是指企业存货的计价方法。例如，企业的存货是采用历史成本法，还是采用成本与可变现净值孰低法；对历史成本法是采用先进先出法，还是采用其他允许的计价方法，如具体辨认法、移动加权平均法、月末一次加权平均法等。

5. 周转材料摊销政策，是指包装物和低值易耗品的价值转移方法，是采用一次摊销法，还是采用分次摊销法。

6. 坏账损失政策，是指坏账损失的具体会计处理方法。例如，企业在计提坏账准备时，是采用应收账款余额百分比法，还是账龄分析法等。

7. 长期股权投资核算政策，是指长期股权投资的具体会计处理方法。例如，企业对被投资单位的股权投资是采用成本法，还是采用权益法。

8. 固定资产折旧政策。是采用直线折旧法，还是采用加速折旧法。例如，采用加速折旧法，是采用双倍余额递减法，还是年限总和法等。

9. 借款费用政策，是指借款费用的处理方法，即是采用资本化，还是采用费用化。

10. 资产减值准备政策，是指存货、固定资产项目在会计期末计提减值准备时所应用的方法。如对于存货项目，国家规定采用成本与可变现净值孰低法予以期末计价，在具体计算时是按存货总额计算，还是按存货类别或是单项存货计算。

三、企业会计政策

相对于宏观会计政策而言，企业会计政策也可以称为微观会计政策，是指在宏观会计政策的指导和约束下，企业根据自身情况所选择的适合于本单位使用，有利于最恰当地反映本单位财务状况和经营成果的会计政策。各单位由于所面临的内外部环境不同，所选择的会计政策不可能是一样的。即使是同一企业，由于在不同经营时期所处的内外部环境、经营策略和经营目标不同，会计政策也可能是不一致的。因而，企业会计政策的选择既要受到宏观会计政策的约束，随宏观会计政策的改变而变更，又要受在不同经营时期所处的内外部环境、经营策略和经营目标的影响。当原有的会计政策不再能够最恰当地反映企业的财务状况和经营成果时，就应在不违反宏观会计政策的前提下，变更原有会计政策，而去选择能够最恰当地表达企业财务状况和经营成果的新会计政策。因此，我们既要强调企业会计政策的相对稳定，又要允许企业在原有会计政策不能保证最恰当地反映其财务状况和经营成果时予以更正。

四、企业会计政策与宏观会计政策的联系与区别

（一）企业会计政策与宏观会计政策的联系

1. 宏观会计政策是企业会计政策的指导和规范，为企业会计政策提供了可供选择的领域和范围，而企业会计政策是宏观会计政策的具体化，只有被企业选用的会计政策，才能发挥作用。

2. 二者所规范的都是有关会计核算和财务报表编制方面的具体会计原则和会计处理方法。

3. 二者所要达到的最终目的是一致的，即二者都是为了能够最恰当地反映企业的财务状况和经营成果，保证会计信息质量，提高会计信息的决策有用性。

（二）企业会计政策与宏观会计政策的区别

1. 制定政策的主体不同。宏观会计政策的制定主体是国家政府机关或有权制定会计政策的其他机构，而企业会计政策的制定主体是企业。

2. 作用范围不同。宏观会计政策作用于一个国家或地区的所有企业单位或经济组织，而企业会计政策仅仅适用于一个企业。

3. 可选择性不同。宏观会计政策必须具有可选择性，否则，不称其为宏观会计政策，而企业会计政策不能具有可选择性，也就是说，企业的会计政策必须明确具体，一个企业对某一类会计业务，只能选用一个会计政策，不能出现对同一会计业务有两个或两个以上会计政策并存的现象。

4. 目标的侧重点不同。宏观会计政策侧重于提高所有企业会计信息的质量，强调不同企业之间会计信息的可比性，对于由政府制定宏观会计政策的国家而言，则以国家利益为重。而企业会计政策主要关注企业自身会计信息的质量，侧重于所选会计政策能否更恰当地反映本企业的财务状况和经营成果，能否使本企业受益，以企业利益或经营者利益为重。

5. 制定会计政策的依据不同。宏观会计政策的制定要考虑国家的各项财经政策、法律和法规，要做到与有关财经方针、政策相吻合、相协调。而企业会计政策的制定仅仅是在宏观范围内进行选择，一般无需考虑上述因素，它所关注的是哪项会计政策对企业最为有利。

第二节　会计政策选择

一、选择会计政策的原则

（一）选择会计政策的前提和基础

从上节内容我们知道，只有企业会计政策的制定才会涉及选择问题，因此，一个国家或一个地区，其宏观会计政策是否具有可选择性，是否赋予企业会计政策的选择权，是会计政策选择存在的前提和基础。而一个国家或地区的会计规范是否给企业留有自主选择会计政策的余地，是否允许企业选择会计政策，很大程度上与该国家或该地区的经济管理体制密切相关。在高度集中的计划经济管理体制下，一方面，由于国家对企业实行全方位的集中统一领导和管理，统一考核，并统一评价企业的经营业绩，在会计事务中也由国家制定内容详尽具体的会计法规制度，在会计事项的处理方法上，一般只允许采用一种具体的

会计处理方法，基本不给企业留有任何选择的余地，企业必须无条件地遵照执行。另一方面，在计划经济管理体制下，由于企业无独立的生产经营和筹资的自主权，企业的供、产、销一律按照国家计划进行，企业并不是完全意义上的市场主体，只是国家宏观计划的执行者，无需制定自己的经营计划和经营目标，因而也就无选择会计政策的主观要求和积极性。

市场经济体制的建立，改变了国家与企业之间的关系，企业成为独立核算、自主经营、自负盈亏的经营者和管理者，具有完全的生产经营和筹资决策自主权，企业如何经营、采用何种筹资方式筹集资金、筹集多少资金完全由企业自己决定，国家不再直接干涉企业的生产经营活动，不再对企业实施行政管理，只能通过制定各种法规指导和约束企业的经营行为，只要企业能够依法经营、照章纳税，国家是无权干涉的。国家与企业之间的这种关系反映在会计问题上，客观上要求国家应改变传统的做法，实现会计规范从强制型向指导型转化，增加国家会计政策的选择范围，为企业制定会计政策创造宽松的环境，以便企业能够从自身情况出发，建立适合企业需要的财务管理制度和会计核算制度，以充分发挥企业生产经营和管理的自主权。尤其是进入 20 世纪 90 年代以来，随着世界经济一体化格局的形成，企业所面临的经济形势更是复杂多变，市场竞争更加激烈，对企业会计工作的要求更多也更高。从某种程度上讲，企业能否抵御来自国内和国际的风险与压力，能否在激烈的市场竞争中立于不败之地，国家宏观会计政策的制定将起十分重要的作用。因此，在市场经济体制和当前的客观经济环境下，宏观会计政策的制定不仅是必需的，而且是必要的。在具体制定宏观会计政策时，不仅应考虑中国国情，具有中国特色，做到松而不散、管而不死，而且还应考虑在不影响国家利益的前提下，尽量与国际会计惯例相协调。这就是说，市场经济体制为企业会计政策的选择提供了客观条件。那么，从企业角度考虑，企业有无自主制定会计政策的主观要求和积极性呢？

企业经营自主权的扩大，加大了企业的经营风险，拓宽了企业的经营领域和业务范围，从而也扩展了企业会计活动的范围，充实了企业会计业务的内容。但是，由于各个企业的经济实力、经营理念和经营目的不同，所涉及的具体业务也不一样，比如，有的企业不仅涉及国内贸易，而且涉足国外贸易；有的企业是单一化经营，而有的企业则是综合性经营；有的企业仅有国内投资，而有的企业则进行跨国经营等。经营业务不同，经营理念和经营目的不同，导致各企业对会计政策的需求和制定的出发点也不一样，国家很难制定出同时满足各企业需要的会计政策。从另一个方面讲，企业经营自主权的扩大、企业会计活动范围的拓宽和会计业务内容的充实，也提高了对会计工作的要求，改变了会计工作的目标。会计不再是仅提供历史数据的报账型会计，而必须贯穿于企业经营活动全过程，对企业的经营活动进行全方面、多角度、多层次的反映和监督，既要发挥其事后反映的功能，又应充分发挥其事前的分析、预测和决策及事后的考核评价功能。会计所提供的历史数据，必须能够最恰当地反映企业的财务状况和经营成果，以满足企业内外部利害关系集团对会计信息的需求，妥善处理企业与各利害关系人的经济关系，实现会计从传统的报账型向管理型的转变。这一切，决定了企业会计不能再坐视等待，必须寻求和选择有利于恰当反映企业经营情况、全面满足企业会计工作要求、正确处理企业与各方面经济关系且切实可行的会计政策。

（二）选择会计政策应遵循的原则

1. 合法和合规性原则。会计政策选择是企业在宏观会计政策的指导和约束下所进行的，不能超越宏观会计政策的规范范围，因此，企业选择会计政策，必须符合宏观会计政策的要求。

2. 适用性原则。企业选择会计政策的目的是使会计信息能够最恰当地表达企业的财务状况和经营成果，因此，企业在进行会计政策选择时，必须从企业自身情况出发，从企业当前面临的经济环境、所制定的经营目标和所建立的经营理念出发。

3. 成本效益原则。会计政策实际上就是具体会计事务中所应用的核算原则、程序和方法，目的是能够最恰当地反映企业的财务状况和经营成果，向信息使用者提供决策所需要的会计信息。因此，在选择会计政策时，应权衡会计信息的提供成本与效益之间的关系，避免因盲目追求会计信息的质量而忽视信息提供成本，也要避免过分强调降低成本而忽视会计信息质量等偏激行为，力争做到在不影响会计信息有用性的前提下，尽量选取成本较低的会计政策。

4. 相对稳定原则。企业会计政策是指导企业会计工作的具体原则、程序和方法，为保证企业会计信息的可比性，使会计报告的使用者在比较企业不同会计期间的会计信息时，能够正确判断企业的财务状况、经营成果和现金流量的趋势。一般情况下，企业应保持会计政策在不同会计期间的连续性，不应也不能随意变更会计政策。否则，既会使会计信息失去可比性，给信息使用者带来困难，影响其正确决策，又容易造成企业利用会计政策随意操纵利润，使会计信息缺乏可靠性。但必须指出，强调会计政策在前后会计期间的一致性，并不完全否定会计政策的变更，这是因为，经济环境是复杂多变的，当国家法律或会计制度发生变化，或会计政策的变更能够提供有关企业财务状况、经营成果和现金流量等更可靠、更相关的会计信息时，企业应及时变更会计政策。

二、选择会计政策的立场

选择会计政策的立场，是指企业站在哪个利益集团的角度选择会计政策。在现代企业里，相关的利益集团主要有投资者、经营者、债权人、国家财政和税务部门、金融机构以及职工等，他们所追求的利益各不相同，对企业会计信息的要求也不一样。会计政策的选择对于正确处理企业与各利益集团的经济关系、协调经济矛盾、分配经济利益起着十分重要的作用。这是因为，对同一会计事项的处理，往往因选择的会计政策不同而产生不同的甚至是相反的会计结果，从而会影响到各利益集团的经济利益。例如，按照稳健原则，采用加速折旧法计提固定资产折旧、使用备抵法处理坏账损失、使用成本与市价孰低法确定期末存货的价值等，就会减少企业当期的应纳税所得额，减少国家的税收和投资者的收益。如果企业此时有准备上市、增发股票或发行企业债券的筹资计划的话，还会因利润额的下降而影响其筹资计划的落实，从而影响了企业的利益。因此，会计政策的选择绝不是一个简单的会计问题，也不仅仅是会计部门或会计人员的事情，企业内部各权力层都与之密切相关。因此，如何选择正确的会计政策就需要各职权部门的通力协作与密切配合。另一方面，由于会计信息是各利益集团进行决策的主要依据，不同的会计政策下产生的会计信息还可能导致各利益集团作出不同的决策。例如，在通货膨胀时期，采用先进先出法确定发出存货成本，很可能使投资者认为企业的盈利能力强，而向企业投入资本；如辅以对期末存货进行计量采用成本与市价孰低法，则可能会使投资者改变投资方向。因此，各利益集团在使用会计信息时，必须搞清企业选择会计政策的立场，以防决策失误。同样，企业在选择制定自己的会计政策时，也应首先明确所持立场，以保证会计信息的透明度和清晰性，有效地为信息使用者服务。

选择是带有一定的倾向性的，何况会计政策的选择又涉及多方利益集团的利益，基于现代企业所涉及的利益集团，会计政策的选择立场可分为五种类型：

1. 投资者立场，即以企业投资者或公司股东为主要考虑对象，服从投资者利益，以投资者或股东的投资收益最大化为选择会计政策的出发点和目标，一般在社会资金紧张，向社会筹资为主要筹资方式时较多采用。

2. 经营者立场，即以经营管理者为主要考虑对象，立足于解除经营者的受托责任而选择会计政策，在经营者由行政指派，且经营者的报酬和其个人发展前途与上报利润数字密切相关的情况下较多采用。

3. 国家立场，即以国家利益为主要考虑对象，选择有利于满足国家税收要求、扩大税源、增加国家财政收入的会计政策，一般在国家控制企业会计事务，且国家财政吃紧，税收任务较重时较多采用。

4. 劳动者立场，即以企业职工利益为主要考虑对象，选择的会计政策将有利于增加企业职工的收入，提高职工的福利待遇，以调动企业职工的工作积极性，在劳动力短缺或劳资关系紧张时较多采用。

5. 企业立场，即以企业的生存和发展为主要考虑对象，立足于保存企业财务实力、减少企业经营风险、促进企业长期稳定发展而选择会计政策。此乃兼顾各方利益的选择立场。

三、我国企业选择会计政策应持有的立场

每一种会计政策的选择立场都代表了某一方的经济利益，都有各自所适用的经济环境，那么，企业究竟应当站在哪种立场上选择会计政策呢？考虑到国家会计规范不允许企业随意变更会计政策，因此，企业只能根据自身实际情况和所处的内外部经济环境，确立某一立场，选择会计政策。必须明白，任何一项会计政策都很难做到兼顾各方利益，达到双赢或多赢，我们只能尽最大努力做到“突出重点，兼顾一般”。由于上述五种选择立场中的投资者立场、经营者立场、国家立场和劳动者立场，都是突出某一方的利益，而忽视其他利益集团的利益，都会或多或少地损害其他利益集团的经济利益，因此，对于我国的企业来讲，是不可取的。而企业立场，虽然从表面上看，是站在企业立场去选择制定会计政策，究其实质，却是反映了所有利益集团的根本利益。这是因为，任何一个利益主体，其利益的最终实现都不可避免地要建立在企业长期稳定和持续发展的基础之上，撇开企业的生存和发展，去追求个别利益主体的经济利益是没有现实意义的，也是不会长久的。具体分析如下：

其一，企业作为我国国民经济的基本组成细胞，其经营水平的高低，经济效益的好坏，财务实力的强弱，不仅决定企业自身的生存和发展，而且会直接影响到一个国家或地区的经济形势。站在企业立场上选择会计政策，有利于提高企业经营管理水平，优化企业资源配置，增强企业财务实力，促进整个国民经济形势的好转。

其二，现代企业制度的建立，虽然使企业成为自主经营、自负盈亏的市场竞争主体，但企业适应市场经济所必需的自我约束、自我发展的能力还不强，其竞争应变能力、风险承受能力还相当脆弱。站在企业立场上选择会计政策，将有利于扭转上述现象。

其三，从当前企业的经营现状来看，虽然已有很多国有企业实行了股份制改造，也有一部分改制后的国有企业扭亏为盈，经济效益有了一定的提高，但和发达国家的股份制企业相比，无论是在经营管理水平上，还是从经营理念和经营战略上，都有很大的距离，我国企业的市场竞争能力、抗风险能力都还较低，在准确把握经济形势，正确处理企业与各利益集团的关系上还不尽如人意。此外，我国的资本市场尚不完善，人才市场尚不规范，在这样的环境下，我们最好能够站在企业立场选择会计政策，这既有利于缓解各利益主体之间的矛盾，协调企业与各利益主体之间的经济关系，又有利于企业保存财务实力，集中精力应付各种各样的竞争和挑战，争取经济效益的最大化。

需要注意的是，坚持企业立场选择会计政策，从短期看，可能会影响国家的财政收入以及投资者、经营者和企业员工的收益，但从长远来看，企业将因此而保存了财务实力，改善了经营环境，提高了经济效益，会为国家、为社会提供更多的财源，投资者、经营者、国家、职工也会获得更多的收益。而这也正是我国进行经济体制改革的方向和目标。所以说，坚持企业立场，是选择会计政策的正确思路，也是完全符合我国现实的明智之举。

四、选择会计政策应处理好的几个关系

为保证按照企业立场所选择的会计政策，既能实现企业的持续稳定发展，又能得到与企业有关的各利益集团的理解和支持，企业在选择会计政策时，必须妥善处理以下几个关系：

一是中立性与倾向性的关系。站在企业立场选择会计政策，无疑会或多或少地伤及其他利益集团的经济利益，过分强调企业利益，将可能引发其他利益集团的反对，使企业出现危机，阻碍正常的生产经营，上市公司尤其如此。因此，如何合理把握中立性与倾向性的关系，至关重要。

二是稳定性与调整性的关系。会计政策既不能绝对稳定不变，也不能朝令夕改，只能在一定时期和一定环境下保持相对稳定不变。我国允许企业在国家法律或统一会计制度发生变动，或变更的会计政策能够提供有关企业财务状况、经营成果和现金流量等更可靠、更相关的会计信息时予以变更。对于前一种原因，由于纯属客观原因，企业很好把握，但对于后者，纯属主观原因，完全依靠主观判断，企业在变更时机的把握上会有一定的难度。因为频繁变更会有操纵利润之嫌，墨守成规则可能导致会计信息失真。因此，企业必须妥善处理会计政策的稳定与调整之间的关系，要求企业在变更任何会计政策时应严格遵守谨慎性、重要性和实质重于形式原则的要求。

三是成本与效益的关系。企业选择会计政策的最终目的是提供能够最恰当地反映企业财务状况、经营成果的会计信息，保证会计信息的质量，满足各信息使用者的信息需求。一般而言，会计信息的提供受两个因素的制约：一是信息提供成本，必须解决好信息所产生的效益与提供该信息的成本之间的关系，避免因盲目追求会计信息的质量而导致会计信息提供成本太大的现象发生；二是误差，由于会计分期假设的存在，使得一些会计业务必须依靠职业判断来进行，还有一些会计业务不能取得精确值，只能取近似值，因此，会计信息中是允许有一定误差的，只要这种误差不致扭曲企业的真实情况，不降低会计信息的使用价值，不影响决策的正确性就是允许的。正确理解会计信息质量的两个制约因素，有利于企业在制定会计政策时权衡信息提供的成本与效益，以免在一些会计政策的制定上争论不休，徒耗精力。

基本训练

一、单项选择题

1. 国家会计政策的首要特点是(　　)。

A. 适用性　　B. 指导性　　C. 可选择性　　D. 约束性

2. 企业会计政策与国家会计政策的最大差异是(　　)。

A. 适用性　　B. 不可选择性　　C. 约束性　　D. 指导性

3. 会计的基本准则中不包括(　　)。

A. 各行业共同业务准则　　B. 会计基础

C. 会计假设　　D. 会计要素

4. 会计政策是指(　　)。

A. 企业在会计确认、计量和报告中所采用的原则、基础和会计处理方法

B. 企业在会计确认中所采用的原则、基础和会计处理方法

C. 企业在会计计量中所采用的原则、基础和会计处理方法

D. 企业在会计报告中所采用的原则、基础和会计处理方法

5. 下列会计核算的原则和方法中，不属于企业会计政策的是(　　)。

A. 存货期末计价采用成本和可变现净值孰低法核算

B. 投资性房地产采用成本模式进行后续计量

C. 实质重于形式要求

D. 低值易耗品采用一次摊销法核算

6. 下列事项中，属于企业会计准则允许采用会计政策的有(　　)。

A. 固定资产交付使用后的借款费用计入固定资产价值

B. 资产负债表日存货按照成本计价

C. 资产负债表日可供出售金融资产按照公允价值计价

D. 坏账准备按照直接转销法核算

7. 下列会计核算原则和方法中，不属于企业会计政策的有(　　)。

A. 会计核算应遵循实质重于形式原则

B. 低值易耗品采用分次摊销法核算

C. 长期股权投资采用权益法核算

D. 对坏账采用备抵法核算

8. 某股份公司在会计核算中采用了以下会计政策，其中属于会计准则不允许的会计政策是(　　)。

A. 固定资产交付使用后的借款费用计入当期损益

B. 固定资产交付使用后的借款费用计入当期固定资产价值

C. 开始和完成分属不同年度的劳务按照完工百分比法确认收入

D. 在同一年度开始和完成的劳务在劳务完成时确认收入

9. 某上市公司发生的下列交易或事项中，属于会计政策变更的是(　　)。

A. 因固定资产改良将其折旧年限由8年延长至10年
B. 期末对按业务发生时的汇率折算的外币长期借款余额按期末市场汇率进行调整
C. 年末根据当期发生的暂时性差异所产生的递延所得税负债调整本期所得税费用
D. 发出存货的计价方法由先进先出法改为加权平均法
10. 宏观会计政策通常是由(　　)制定的。
A. 企业　　B. 投资者
C. 准则制定部门　　D. 国际会计准则委员会

二、多项选择题

1. 国家会计政策的特点一般应包括(　　)。
A. 适用性　　B. 指导性　　C. 可选择性
D. 约束性　　E. 权衡性
2. 选择会计政策的立场一般包括(　　)。
A. 投资者立场　　B. 经营者立场　　C. 国家立场
D. 企业立场　　E. 劳动者立场
3. 选择会计政策应处理好的关系，一般包括(　　)。
A. 稳定性和调整性的关系　　B. 中立性与倾向性的关系
C. 成本与效益的关系　　D. 经营者与投资者的关系
E. 国家与企业的关系
4. 通常应在会计报表中加以披露的会计政策的项目有(　　)。
A. 外币报表折算采用时态法还是现行汇率法
B. 提供劳务收入的确认是采用完工百分比法还是完成合同法
C. 存货计价方法采用先进先出法还是加权平均法
D. 借款费用是资本化还是费用化
E. 投资性房地产采用成本模式还是公允价值模式进行计量
5. 下列各项中，符合会计准则规定的会计政策变更是(　　)。
A. 根据会计准则、规章的要求而变更会计政策
B. 为提供更可靠、更相关的信息采用新的会计政策
C. 对初次发生的事项采用新的会计政策
D. 本期发生的交易或事项与以前相比具有本质差别而采用新的会计政策
E. 对本期发生与以前相类似的交易或事项采用新的会计政策

三、思考题

1. 什么是会计政策？会计政策包括哪两个层次？
2. 什么是宏观会计政策？宏观会计政策应具有哪些特点？
3. 什么是企业会计政策？
4. 宏观会计政策和企业会计政策有什么关系？
5. 我国现行会计准则中涉及的会计政策具体体现在哪几个方面？
6. 在现代企业里，选择会计政策有哪几种立场？
7. 我国企业在选择会计政策时应持哪种立场？为什么？
8. 选择会计政策时应妥善处理哪几种关系？为什么？

会计制度设计综合模拟试题

一、单项选择题（共10小题，每题1分，共计10分）在每小题列出的四个备选项中只有一个选项是符合题目要求的，请将其代码写在题后的括号内，错选、多选或未选均不得分。

1. 会计规范体系的核心是(　　)。

A. 会计法律　　B. 会计规章制度

C. 会计职业道德　　D. 单位内部会计制度

2. 企业因增加新业务而进行的会计制度设计属于(　　)。

A. 联合制度设计　　B. 全面性制度设计

C. 局部性制度设计　　D. 修订性制度设计

3. 下列选项中，属于小型企业会计主管岗位基本职责与要求的是(　　)。

A. 编制财务报表　　B. 审核原始凭证

C. 负责纳税申报　　D. 负责财务分析

4. 下列选项中，属于“共同类”会计科目的是(　　)。

A. 商誉　　B. 衍生工具

C. 研发支出　　D. 所得税费用

5. 在设计原始凭证时，重点是要(　　)。

A. 真实地记录经济业务的发生过程

B. 充分体现企业内部控制的要求

C. 科学地建立凭证的传递程序

D. 合理地安排原始凭证的基本要素

6. 每年必须更换的账簿有(　　)。

A. 库存商品明细账　　B. 总分类账簿

C. 原材料明细账　　D. 固定资产卡片

7. 在我国上市公司的利润表中，单独作为一个项目列示的是(　　)。

A. 主营业务收入　　B. 主营业务成本

C. 资产减值损失　　D. 其他业务利润

8. 各种账务处理程序之间的关键区别是(　　)。

A. 总账的外表形式不同　　B. 总账的账页格式不同

C. 总账的登账依据和方法不同　　D. 总账的作用不同

9. 内部控制最基本的控制方式是(　　)。

A. 岗位轮换控制　　B. 职务分管控制

C. 授权审批控制　　D. 预算控制

10. 会计人员的下列错误中，属于主观原则性错误的是(　　)。

A. 登记账簿时发生串户

B. 混淆收益性支出与资本性支出的界限

C. 编错会计分录

D. 虚列支出

二、多项选择题（共 5 小题，每题 2 分，共计 10 分）在每小题列出的五个备选项中至少有两个选项是符合题目要求的，请将其代码写在题后的括号内，错选、多选、少选或未选均不得分。

1. 根据企业会计人员的业务素质、知识水平状况，会计制度设计可以采用的方式有(　　)。

A. 自行设计　　B. 委托设计

C. 集中设计　　D. 会议设计

E. 联合设计

2. 下列应当设置总会计师岗位的是(　　)。

A. 国有大型企业　　B. 国有控股公司

C. 外商独资企业　　D. 小型国有企业

E. 中外合资企业

3. 下列属于成本会计工作岗位的职责是(　　)。

A. 制定成本管理与核算制度

B. 参与编制成本计划

C. 计算产品生产成本

D. 登记生产成本明细账

E. 编制成本报表

4. 设计原始凭证时(　　)体现了内部控制制度的要求。

A. 多联复写　　B. 连续编号

C. 设计过账栏　　D. 有关单位或个人签章

E. 与货币资金有关的业务设计大写金额栏

5. “收料单”一般是一式三联，这三联主要是提供给(　　)。

A. 保管部门　　B. 会计部门

C. 销售部门　　D. 采购部门

E. 生产部门

三、名词解释（共 4 小题，每题 3 分，共计 12 分）

1. 企业会计制度设计

2. 全面性会计制度设计

3. 成本核算制度设计

4. 会计机构与财务机构合设

四、简答题（共 3 小题，每题 4 分，共计 12 分）

1. 销售业务的不相容职务除坏账准备的计提、审批与核销相分离外，还包括哪些内容？

2. 简述企业会计制度设计的意义。

3. 会计科目的设计步骤除列示主要会计事项的账务处理办法外，还包括哪几步？

五、制度设计题（共 4 小题，每题 14 分，共计 56 分）

1. 欣欣服装厂接受客户订单，成批生产女士春装风衣，生产过程分为裁剪、缝纫和成衣三个加工步骤。为加强成本管理，管理者要求成本核算部门及时提供产品成本资料和每一生产步骤的成本资料。在所发生的生产费用中，布料费用和人工费用所占的比重较大。

要求：

（1）为该企业设计成本核算方法。

（2）为该企业设计成本核算业务的各种原始凭证（指明名称即可）及其用途。

2. 某企业为增值税一般纳税人，属于机械制造业，根据我国会计准则，该企业应设置“坏账准备”科目。

要求：为该企业编写“坏账准备”科目的使用说明，具体包括：

（1）该科目核算内容；

（2）计提坏账准备的方法；

（3）计提坏账准备的账务处理方法；

（4）发生坏账时冲销坏账准备的账务处理；

（5）说明本科目期末贷方余额的含义。

3. 某企业属于食品加工业，管理水平较高。

要求：为该企业设计材料核算制度，具体包括：

（1）材料核算的计价方法；

（2）材料核算应设置的会计科目；

（3）材料明细账账页格式；

（4）材料明细账的登记方法；

（5）材料入出库业务原始凭证。

4. 某企业属于汽车制造业，生产活动中有大量大型不需安装机器设备。

要求：为该企业设计固定资产报废清理核算制度，具体包括：

（1）固定资产进入企业业务原始凭证及其传递程序；

（2）固定资产清查业务原始凭证及其传递程序；

（3）固定资产报废清理业务原始凭证及其传递程序。

附录一

各章基本训练参考答案

第一章　会计制度设计综述

一、单项选择题

1. B　2. A　3. C　4. A　5. C　6. B　7. A　8. C　9. A　10. D

二、多项选择题

1. ABC　2. ABC　3. ABE　4. ABD　5. ABE　6. ABC　7. AB　8. ABD　9. ABCE　10. BC

三、思考题

略

第二章　会计工作组织制度设计

一、单项选择题

1. A　2. A　3. C　4. D　5. C　6. D　7. C　8. A　9. D　10. C

二、多项选择题

1. ABCDE　2. ABCDE　3. AB　4. AB　5. ABCD　6. BCDE　7. BCDE　8. ABCD　9. ABCD　10. AE

三、思考题

略

四、制度设计题

（一）

1. 该公司会计机构设置存在的主要问题包括：①按照公司治理结构的要求，董事长不能直接领导财会部经理。应当按照“董事会→总经理→总经济师（或总会计师）→财会部经理→职能科室”的程序来履行职责。②按照内部控制的要求，审计科不能设在财会部之内，否则，审计人员就没有独立性可言。

2. 财会部内部各职能科室的管理权限应作以下调整：①财务科：融资、筹资；②会计科：出纳、账务处理、成本管理、资产管理、内部结算；③综合科：预算编制及分析、税务；④技术科：结算软件开发、计算机系统维护、档案管理。

（二）

该公司财会机构内部的工作小组可划分为：设备组、采购及应付款组、成本核算组、工资结算组、销售及应收款组、总账报表组、出纳组、资金管理组及利润管理组。

其财会机构组织体系结构可作如下设计：

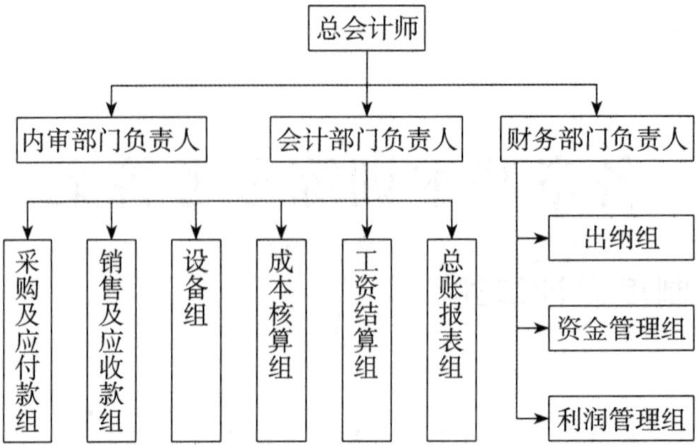

第三章　会计科目设计

一、单项选择题

1. C　2. C　3. B　4. B　5. D　6. B　7. C　8. A　9. C　10. A

二、多项选择题

1. ABCDE　2. ABDE　3. BE　4. ABE　5. CDE　6. BCE　7. BC　8. AC　9. ABCDE　10. AE

三、思考题

略

四、制度设计题

(一)

1. 公司外购材料时，需设置“原材料”、“在途物资”、“应交税费——应交增值税(进项税额)”、“银行存款（应付账款/应付票据/预付账款)”、“资产减值损失”、“存货跌价准备”等科目。

2. 该公司对被投资单位实施控制，采用成本法核算，需设置“长期股权投资——X公司”、“银行存款”等科目，当被投资单位宣告分派现金股利时，需设置“应收股利”、“投资收益”等科目。

3. 对该公司的无形资产业务，应当设置“无形资产”、“累计摊销”、“管理费用”、“资产减值损失”、“无形资产减值准备”、“营业外收入（或营业外支出)”等科目。

(二)

1. 设置“银行存款”、“股本”科目，当发行价高于面值时，还应设置“资本公积——股本溢价”科目进行核算。

2. 设置“固定资产”、“应交税费——应交增值税（进项税额)”、“银行存款（应付账款/应付票据/预付账款)”等科目。

3. 需设置“所得税费用”、“应交税费——应交所得税”、“递延所得税资产”、“递延所得税负债”等科目。

第四章 会计凭证设计

一、单项选择题

1. D 2. A 3. C 4. C 5. C 6. C 7. B 8. D 9. A 10. B

二、多项选择题

1. ABCE 2. ABCDE 3. ABDE 4. ABCD 5. ABC 6. BCDE 7. ABD 8. ABCD 9. ABDE 10. BCE

三、思考题

略

四、制度设计题

（一）

材料请购单格式如下：

立新公司材料请购单

请购部门： 年 月 日 字第 号

材料种类		品名		规格		型号	
请购数量		最低储量			现存数量		
质量标准		可替代材料名称			可替代材料单价		
用途		要求到货日期			备注		

供应部门负责人　　请购部门负责人　　审核　　制单

该材料请购单可设计成一式三联——存根联、供应联、采购联，其传递程序如下：

（1）当材料现存数量接近最低存量时，由仓储管理部门提出采购申请，交供应部门审批；

（2）供应部门根据企业相关规定对请购单内容进行审批；

（3）供应部门将审批后的请购单存根联返还仓储管理部门，并将采购联交采购部门，由采购部门据以组织采购。

（二）

该公司应在存货入库环节设计“材料入库单”或（收料单）和“产品入库单”。

“材料入库单”用以分清仓库和采购部门的责任，可设计成一式三联：一联由仓库盖章后留在仓库登记台账；一联给交料单位存查；一联送交财务部门进行入库的账务处理。

“产品入库单”用以分清仓库和生产部门的责任，可设计成一式三联：一联由仓库盖章后留在仓库登记台账；一联交还生产部门存查；一联送交财务部门进行账务处理。

公司应在存货出库环节设计“领料单”和“销货单”（或提货单，产品出库单）。

对生产领料业务设计的“领料单”可设计成一式四联，由用料部门填制，送生产计划管理部门审批（留存一联），仓库发料时留一联登记台账并返还用料部门一联存查，一联交财务部门进行账务处理。

对销售引起的出库业务设计“销货单”，一式四联，由销售部门填制，送财会部门交款（留一联记账）后一联返还销售部门，一联交仓库据以发货并登记台账，一联留交顾客。

（三）

固定资产原始凭证的设计，应涉及各项固定资产的购建、调拨、报废清理及折旧和后续支出等业务。相关原始凭证主要包括：

①取得固定资产时，填制“固定资产交接单”，用以办理验收交接手续。

②为反映、监督每项固定资产，开设“固定资产卡片”，为专用式明细账。

③为了正确反映企业固定资产的原价，按每类固定资产开设“固定资产登记簿”，用以登记各类固定资产的增减变化和结余情况。

④固定资产报废时，由固定资产的使用或保管部门填制“固定资产报废单”，经批准后对该固定资产进行报废清理。

⑤为了反映企业固定资产原价的增减变动情况，加强固定资产的明细核算，保证固定资产的安全完整，可按月编制“固定资产原价增减变动表”，为有关部门提供分析控制固定资产的增减变动情况。

⑥为了保证固定资产核算资料的真实性，考核固定资产的账面数和实存数是否一致，企业应对固定资产进行盘点，并填制“固定资产盘点明细表”。

⑦对盘盈、盘亏的固定资产，应如实填制“固定资产盘盈盘亏表”，并按规定的程序报上级主管部门审核。

⑧在计算出每月的固定资产折旧额后，按月编制“固定资产折旧计算分配表”，作为编制固定资产折旧记账凭证的原始凭证。

第五章　会计账簿设计

一、单项选择题

1. B　2. D　3. C　4. A　5. C　6. A　7. B　8. D　9. C　10. B

二、多项选择题

1. BCE　2. CDE　3. BCD　4. ABC　5. BCD　6. ABCD　7. ABC　8. ABCE　9. ABCDE　10. ABCD

三、思考题

略

第六章　财务报表设计

一、单项选择题

1. A　2. D　3. B　4. B　5. A　6. D　7. A　8. D　9. C　10. C

二、多项选择题

1. ADE　2. ABCD　3. ABC　4. ADE　5. BDE　6. AD　7. ACD　8. BCD　9. ABCD　10. ABDE

三、思考题

略

四、制度设计题

1. 为加强管理费用的管理，建议该公司设计“管理费用明细表”、“管理费用分析表”。

2. “管理费用明细表”应突出反映各分（子）公司及集团各职能部门（处、室）每月的管理费用发生情况，可与上年同期实际数做比较。

“管理费用分析表”应突出反映各分（子）公司及集团各职能部门（处、室）各期管理费用实际发生情况与预算的比较情况，包括差异额、差异率，并可就其中主要控制项目的差异原因做进一步分析或文字性分析说明。各分（子）公司和职能部门（处、室）按月编制，集团公司按季度编制。

第七章　账务处理程序设计

一、单项选择题

1. B　2. C　3. C　4. D　5. D　6. B　7. D　8. B　9. C　10. A

二、多项选择题

1. ACE　2. BD　3. ABD　4. ACE　5. ABDE　6. AB　7. ACDE　8. ABCDE　9. BC　10. ABC

三、思考题

略

第八章　内部控制制度设计

一、单项选择题

1. D　2. A　3. D　4. B　5. B　6. B　7. C　8. A　9. C　10. D

二、多项选择题

1. ABCDE　2. ABCD　3. ABCDE　4. ABCD　5. AD　6. ABD　7. ABCDE　8. ABCE　9. ABC　10. ABCDE

三、思考题

略

四、案例分析题

（一）

1. 根据案例资料分析，可以发现，B公司销售与收款业务中存在以下问题：

（1）公司未制定详细合理的信用政策，盲目放宽赊销条件及范围，导致受骗发生损失。

（2）公司未树立正确的应收账款管理目标，片面追求利润最大化，从而忽视了企业的现金流量。

（3）公司未明确规定应收账款管理的部门责任，未建立健全应收账款管理办法，导致应收账款催收不力、长期难以收回而造成损失。

（4）对应收账款回收业务的会计监督不力。

（5）财务部门未能定期与往来客户核对账目，无法及时发现应收账款管理中的异常情况。

2. 针对以上漏洞，公司应贯彻不相容职务分离原则，建立健全应收账款管理的岗位责任制，并着重抓好以下几项工作：

（1）制定合理的信用政策，明确规定具体的信用额度、信用期间、信用标准并健全赊销的授权审批制度。

（2）建立客户信用档案，调查核实客户情况。

（3）建立健全应收账款管理的部门责任，并落实岗位责任制，做到事有专责。

（4）加强内部审计部门的事后监督力度，定期检查督促，并将应收账款回收率与相关部门和人员的业绩考核结合起来，强化应收账款回收工作的监督和管理。

（5）强化财产清查制度，要求财务部门定期与往来客户核对账目，以及时发现应收账款管理中的异常情况并采取对策。

（二）

1. 根据案例资料分析，可以发现，A 公司内部控制制度不健全，内部监督机制失灵是导致出纳员李某走上犯罪道路的主要原因。该公司管理上主要存在以下几个漏洞：

（1）出纳兼任与银行对账、编制银行存款余额调节表的工作。

（2）印鉴章交由出纳一人管理。

（3）未建立支票购入、使用、注销的登记制度。

（4）凭证保管制度不健全。

（5）发现问题追查不及时、监督制度不到位。

2. 针对以上漏洞，公司可采取以下措施健全相关制度，堵塞漏洞：

（1）重新制定工作岗位责任制，明确出纳员职责权限及不得从事的工作。

（2）银行对账、编制银行存款余额调节表的工作要指定出纳员以外的专人负责，以防止出纳员挪用款项、营私舞弊。

（3）企业财务印鉴章不得由一人保管。

（4）建立支票购入、使用、注销的登记制度。

（5）建立健全凭证保管制度。

（6）强化内部稽核部门职责并加强监督，保证所有业务发生后均能及时入账。

（7）建立健全问题汇报清查制度，对管理过程中发现的问题要向指定的部门汇报，并由该部门负责所有问题的清查落实工作。

第九章 成本核算制度设计

一、单项选择题

1. D 2. A 3. B 4. C 5. B 6. A 7. A 8. B 9. A 10. C

二、多项选择题

1. ABCDE 2. ABDE 3. ABC 4. CDE 5. ABCD 6. ACD 7. ABC 8. ABCD 9. BC 10. ADE

三、思考题

略

四、制度设计题

（一）由于煤炭开采和加工企业生产步骤单一，产品种类较少，可以采用品种法进行成本核算，其成本核算制度的设计包括：

1. 确定企业的成本开支范围。

2. 确定企业的成本计算对象、成本计算期与成本项目。具体内容有：①以企业生产的各种产品类型作为成本计算对象；②以会计分期作为成本计算期；③以“直接材料费用”、“燃料及动力”、“直接人工费用”、“制造费用”、“其他费用”等作为产品成本项目。

3. 确定生产费用归集与分配的程序：

①按产品品种设置生产成本明细账或成本计算单，并分别成本项目设置专栏；

②分配生产费用，编制各种费用要素分配表。对于直接材料费用、直接人工费用，应直接计入各产品的成本计算单，对于间接费用，如制造费用应按一定的标准分配计入不同产品之中；

③将成本计算单中汇集的费用在完工产品和在产品之间进行分配，确定产成品成本。完工产品应负担的各种费用加总后，就是完工产品的总成本，除以完工产品的数量即为每一完工产品的单位成本；

4. 确定产品成本的计算方法为品种法。

5. 确定成本报表的编制与报送制度。

6. 确定其他成本核算的制度。

（二）服装加工企业生产的特点是产品种类、生产批次繁多，企业按照订单或批别组织产品生产，一般采用分批法进行成本核算，这类企业的成本核算制度设计包括：

1. 确定企业的成本开支范围。

2. 确定企业的成本计算对象、成本计算期与成本项目。具体内容有：①以所生产各种服装的批别或订单作为成本计算对象；②以每批产品生产周期作为成本计算期；③以“直接材料费用”、“直接人工费用”、“制造费用”、“其他费用”等作为产品成本项目。

3. 设计生产费用归集与分配的程序，包括：

①按产品批别或每一订单设置成本明细账或成本计算单，并分别成本项目设置专栏；

②分配各种要素费用，首先在反映直接费用的原始凭证上注明订单号或产品批号，反映间接费用的原始凭证上注明发生地点，然后将直接费用按凭证所标批别直接计入各批产品的成本计算单，间接费用则汇集到有关账户中；

③采用合理的分配标准，对间接费用进行分配，计入各批产品的成本计算单；

④产品完工时，汇总各批产品成本计算单中的费用总额，确定完工产品的总成本和单位成本。

4. 确定产品成本的计算方法为分批法。

5. 确定成本报表的编制与报送制度。

6. 确定其他成本核算的制度。

（三）汽车制造企业成本管理要求同时提供产成品与半成品信息时，需要采用分步法进行产品成本核算，具体结合产品的生产组织特点可以分为逐步结转分步法与平行结转分步法。以逐步结转分步法为例，这类企业的成本核算制度设计包括：

1. 确定企业的成本开支范围。

2. 确定企业的成本计算对象、成本计算期与成本项目。具体内容有：①以生产各种类型汽车的各生产步骤及其步骤半成品作为成本计算对象；②以会计分期作为成本计算期；③以“直接材料费用”、“直接人工费用”、“制造费用”、“其他费用”等作为产品成本项目。

3. 设计生产费用归集与分配的程序，包括：

①设置成本明细账或成本计算单。在一个车间为一个步骤的企业，应在各车间按产品品种设置，如果一个车间里又有若干步骤，还应在成本计算单中按加工步骤设置专栏，以便分别归集各加工步骤的费用；

②归集生产费用，计算各步骤在产品成本，首先将发生的费用按各生产步骤进行归集，然后把各步骤的费用直接或分配计入各种产品的成本计算单，领用上步骤的半成品要全部计入本步骤的成本计算单，以便确定各步骤的在产品成本；

③结转半成品成本，将各步骤生产费用总额减去该步骤在产品成本后计算出半成品的成本，从本步骤成本计算单内转销后记入下一步骤的成本计算单；

④进行成本还原，即将最后生产步骤投入的半成品还原为具体的成本项目；

⑤归集最后步骤的费用，计算完工产品成本，即在成品还原后，加上最后步骤的各项费用，求出其生产费用总额，再扣除最后步骤的在产品成本，计算出最后的完工产品成本。

4. 确定产品成本的计算方法为逐步结转分步法。

5. 确定成本报表的编制与报送制度。

6. 确定其他成本核算的制度。

第十章　会计政策及其选择

一、单项选择题

1. C　2. B　3. A　4. A　5. C　6. C　7. A　8. B　9. D　10. C

二、多项选择题

1. ABCD　2. ABCDE　3. ABC　4. ABCDE　5. AB

三、思考题

略

附录二

会计制度设计综合模拟试题参考答案

一、单项选择题

1. B 2. C 3. A 4. B 5. C 6. B 7. C 8. C 9. B 10. D

二、多项选择题

1. ABE 2. AB 3. BCDE 4. ABDE 5. ABD

三、名词解释

1. 企业会计制度设计：企业会计制度设计，就是根据国家有关会计法律法规，运用一定的会计理论，结合企业实际，采用文字或图表等形式，对企业会计工作应遵循的原则、应采用的程序和方法、应满足的要求、应达到的目的等，作出明确的规定，作为会计工作的指导规范。

2. 全面性会计制度设计：全面性会计制度设计是指对会计工作所应遵循的一切规范进行的设计，通过设计，构成会计制度的基本框架，并产生一套完整的会计制度体系，通常情况下，对于新建企业较为适用。

3. 成本核算制度设计：成本核算制度设计，是指根据国家的有关会计法规制度，结合企业的生产特点和成本管理需求，制定成本核算方面的有关制度。

4. 会计机构与财务机构合设：会计机构与财务机构合设，是指将负责资金的筹集、调拨、使用、分配、保护和归还的财务机构，与负责资金运动的过程及结果进行确认、记录、计算、报告和分析的会计机构合并设置一个机构的一种设置模式。

四、简答题

1. 销售业务的不相容职务还包括：

(1) 客户信用调查评估与销售合同的审批签订相分离。

(2) 销售合同的审批、签订与办理发货相分离。

(3) 销售货款的确认、回收与相关会计记录相分离。

(4) 销售退回货品的验收、处置与相关会计记录相分离。

(5) 销售业务经办与发票开具、管理相分离。

2. 企业会计制度设计的意义，概括地讲，主要有以下几个方面：

(1) 完善会计规范体系。

(2) 优化会计组织结构，规范企业的会计行为。

(3) 完善会计内部控制，强化企业的经营管理制度。

(4) 提高会计工作效率。

(5) 保证会计工作质量，提高会计信息的使用价值。

3. 会计科目设计步骤：

(1) 明确与会计科目设计直接相关的会计法规制度。

(2) 全面了解本单位的经济业务内容。

(3) 对经济业务进行科学分类，确定会计科目的名称。

(4) 为会计科目编号，建立会计科目体系。

(5) 编写会计科目的使用说明。

五、制度设计题

1. 该服装厂属于多步骤连续加工的企业，加之根据客户的订单组织生产，因而适宜采用分批法与逐步结转分步法相结合计算产品成本。(4分)

成本核算制度如下：(10分)

领用材料业务：领料单、限额领料单和直接材料费用分配表。

退料业务：退料单。

工资业务：工资单、直接人工费用分配表。

燃料和动力消耗业务：燃料及动力费用分配表。

废品损失核算业务：废品损失报告单（报告表）。

停工损失核算业务：停工损失计算单。

辅助生产费用核算业务：辅助生产费用分配表。

制造费用核算业务：制造费用分配表。

完工产品成本计算业务：产品成本计算单。

在产品盘点业务：存货盘点报告单。

2.

(1) 该科目核算企业提取的坏账准备。(3分)

(2) 该企业计提坏账准备的方法是应收账款余额百分比法（或账龄分析法）。(3分)

(3) 企业提取坏账准备时：

借：资产减值损失

　贷：坏账准备 (3分)

(4) 发生坏账，冲销提取的坏账准备时：

借：坏账准备

　贷：应收账款 (3分)

(5) "坏账准备"科目期末贷方余额表示企业已提取的坏账准备金。(2分)

3.

(1) 材料核算方法为计划成本核算法（或实际成本核算法）。(3分)

(2) 其核算账户有"材料采购"、"原材料"、"材料成本差异"（或"在途物资"、"原材料"）。(3分)

(3) 材料明细账应采用"数量金额式"。(2分)

(4) 材料明细账登记方法为永续盘存制。(3分)

(5) 材料入出库业务原始凭证主要有：材料入库单（或"收料单"）、材料出库单（或"领料单"）和限额领料单。(3分)

4.

(1) 固定资产进入企业业务原始凭证及其传递程序：(5分)

投资者投入、企业购进不需要安装的固定资产业务，通常由固定资产验收小组对固定资产进行验收，并出具"固定资产验收单"，交财会部门结合其他有关资料进行账务处理。

（2）固定资产清查业务原始凭证及其传递程序：（4分）

首先应按盘点结果详细填写“固定资产盘点表”，作为盘点结果的依据；并据此与固定资产卡片相核对，编制“固定资产盘盈、盘亏表”，作为固定资产清查的账务处理依据。

（3）固定资产报废清理业务原始凭证及其传递程序：（5分）

固定资产报废清理时，应由固定资产的使用或保管部门填制固定资产报废单，经批准后对该固定资产进行报废清理。该单一式两联，一联送清理执行部门，一联送会计部门核算。

主要参考文献

［1］中华人民共和国财政部．企业会计准则 2006［M］．北京：经济科学出版社，2006.

［2］中华人民共和国财政部．企业会计准则——应用指南 2006［M］．北京：中国财政经济出版社，2006.

［3］中华人民共和国会计法讲话编写组．中华人民共和国会计法讲话［M］．北京：经济科学出版社，2000.

［4］财政部会计司编写组．企业会计准则讲解 2008［M］．北京：人民出版社，2008.

［5］王玉兰．对《企业会计制度设计》若干教学问题的思考［J］．山西财经大学学报，2002（4）．

［6］李端生．铁路运输企业内部控制框架［M］．北京：中国财政经济出版社，2011.

［7］李端生．基础会计学［M］．3 版．北京：中国财政经济出版社，2012.

［8］曲远洋．会计制度设计［M］．上海：上海财经大学出版社，2013.

［9］于长春．会计制度设计［M］．北京：首都经济贸易大学出版社，2014.

［10］王清刚．会计制度设计［M］．北京：中国财政经济出版社，2013.